JOURNAL

D'UN

BOURGEOIS DE PARIS

PENDANT LA TERREUR

II

1793

OUVRAGES DE EDMOND BIRÉ

Journal d'un Bourgeois de Paris pendant la Terreur
Ouvrage couronné par l'Académie française. Second
prix Gobert).

 I. La Convention. 1792, du 21 septembre 1792 au
  21 janvier 1793. Nouvelle édition, 1 volume in-
  16. . . . . 3 fr. 50

 II. 1793, du 21 janvier au 2 juin 1793. Nouvelle édition,
  1 volume in-16. . . . . 3 fr. 50

 III. La Gironde et la Montagne, du 2 juin au 31
  octobre 1793. Nouvelle édition, 1 volume in-
  16. . . . . 3 fr. 50

 IV. La Chute des Dantonistes. 5 novembre 1793. —
  6 avril 1794. 1 volume in-16. . . . . 3 fr. 50

La Légende des Girondins. Nouvelle édit. 1 volume
 in-16 . . . . 3 fr. 50

Etude critique sur Victor Hugo, en quatre volumes :

 I. Victor Hugo avant 1830. — Nouvelle édition, 1
  volume in-12. . . . . 3 fr. 50

 II. Victor Hugo après 1830. 2 volumes in-12. (épuisé)

 III. Victor Hugo après 1852. *L'Exil, les dernières
  années et la mort du poète,* 1 vol. in-12. 3 fr. 50

Victor de Laprade, sa vie et ses œuvres, 1 vol.
in-12. . . . . 3 fr. 50

JOURNAL
D'UN
BOURGEOIS DE PARIS
PENDANT LA TERREUR

PAR

EDMOND BIRÉ

OUVRAGE COURONNÉ PAR L'ACADÉMIE FRANÇAISE

Second prix Gobert.

II

1793

21 Janvier — 2 Juin

NOUVELLE ÉDITION

PARIS
LIBRAIRIE ACADÉMIQUE DIDIER
PERRIN ET Cⁱᵉ, LIBRAIRES-ÉDITEURS
35, QUAI DES GRANDS-AUGUSTINS, 35
1897
Tous droits réservés

JOURNAL
D'UN
BOURGEOIS DE PARIS
PENDANT LA TERREUR

I

LES FUNÉRAILLES DE MICHEL LEPELETIER

Samedi 26 janvier 1793.

Si les Parisiens aiment les fêtes, ils sont servis à souhait par la République. Elle vient de leur donner, dans la même semaine, le spectacle d'un roi montant à l'échafaud et celui d'un représentant du peuple porté au Panthéon.

Dans la séance de l'Assemblée nationale du 24 août 1789, un député donna lecture d'un projet d'adresse au roi, à l'occasion de sa fête, projet ainsi conçu :

« Sire, le monarque dont Votre Majesté porte le nom vénéré, dont la religion célèbre aujourd'hui les vertus, était, comme vous, l'ami de son peuple.

« Comme vous, Sire, il voulait la liberté française. Il la protégea par des lois qui honorent nos annales ; mais il ne put en être le restaurateur.

« Cette gloire, réservée à Votre Majesté, lui donne un

droit immortel à la reconnaissance et à la tendre vénération des Français.

Ainsi seront à jamais réunis les noms de deux rois qui, dans la distance des siècles, se rapprochent sur les actes de justice les plus signalés en faveur de leurs peuples.

« Sire, l'Assemblée nationale a suspendu quelques instants ses travaux pour satisfaire à un devoir qui lui est cher, ou plutôt elle ne s'écarte point de sa mission : parler à son roi de l'amour et de la fidélité des Français, c'est s'occuper d'un intérêt vraiment national, c'est remplir le plus pressant de leurs vœux (1). »

L'orateur qui tenait à Louis XVI ce langage ardemment monarchique était Louis-Michel Le Peletier de Saint-Fargeau, député de la noblesse de la ville de Paris (2).

Il y a peu de semaines encore, bien que son zèle royaliste n'eût point survécu à la chute de la royauté, il n'admettait pas que l'on pût prononcer contre Louis XVI la peine de mort. Il soutint avec force, au comité de Législation, devant plus de vingt personnes, l'opinion de l'appel au peuple, ajoutant que, si cet appel était rejeté, il faudrait voter la réclusion (3).

Quelques jours plus tard, ému des menaces dont il était l'objet, il consultait Lanjuinais, et comme celui-ci l'engageait, avec toute l'énergie dont il est capable, à voter la réclusion jusqu'à la paix, et le bannissement ensuite : « Mais ils me tueront! » s'écria Lepele-

---

(1) *Archives parlementaires de 1789 à 1800*, I, 485.

(2) Devenu député du département de l'Yonne à la Convention nationale, l'ancien député de la noblesse de la ville de Paris modifia sa signature de la manière suivante : *L. M. Lepeletier (Saint-Fargeau)*.

(3) *Brissot à ses Commettants*, 22 mai 1793.

tier (1). N'avait-il pas déjà répondu à l'un de ses anciens amis, qui lui marquait combien il était étonné du changement qu'avaient subi, en quelques mois, son caractère et ses opinions : « Mon ami, quand on a appartenu au Parlement de Paris et qu'on a une grande fortune, il n'y a que l'un de ces deux partis à prendre : il faut être à Coblentz ou au faîte de la Montagne (2). »

Tel est l'homme dont la Convention a fait un héros et un martyr (3). La vérité est que Lepeletier de Saint-Fargeau, ancien président au Parlement de Paris et l'un des plus riches propriétaires fonciers de France, n'avait qu'une préoccupation : conserver son immense fortune. Il cherchait à la faire oublier, autant du moins que cela était possible, et il avait adopté un genre de vie éminemment démocratique. Il prenait ses repas dans les restaurants les plus modestes, et le plus habituellement au ci-devant Palais-Royal, chez Février, dans un caveau à voûte basse, où l'on descend par quelques marches, et dont les tables sont éclairées par de rares lumières fixées, çà et là, le long des murs. C'est là qu'il avait dîné, le dimanche 20 janvier, lorsque, se présentant au comptoir pour

(1) *Notice historique sur le comte Lanjuinais*, par Victor Lanjuinais, p. 22.

(2) *Essais historiques sur les causes et les effets de la Révolution de France*, par Beaulieu, IV, 293.

(3) « La Montagne, dit Mme Roland dans ses *Mémoires* (édition Dauban, p. 461), fit une espèce de saint de Lepeletier, qui sûrement ne s'attendait guère à cet honneur ; homme faible et riche, qui s'était donné à elle par peur, comme Hérault de Séchelles et quelques autres *ci-devant* de cette trempe : il ne lui devenait très utile qu'en mourant de cette manière ».

payer sa dépense, il s'est trouvé à côté d'un jeune homme, vêtu d'une houppelande grise et coiffé d'un chapeau rond, qui lui a dit : « Vous avez voté la mort du roi, Monsieur Lepeletier ? — Oui, Monsieur, et j'ai voté selon ma conscience. Que vous importe, au surplus ? » L'homme au chapeau rond, — qui est, assure-t-on, un ancien garde du roi, nommé Deparis (1), — lui donne un violent soufflet qui le renverse contre le mur (2). Lepeletier saisit un couteau de table ; mais déjà Deparis, qui a tiré de dessous son habit un sabre appelé *briquet*, lui crie : « Tiens, misérable, tu ne voteras plus ! » et lui plonge son arme dans le flanc.

Il était alors cinq heures du soir. La salle était pleine. Aucun cri ne s'est élevé contre le meurtrier ; nul n'a essayé de l'arrêter. Il s'est retiré le plus tranquillement du monde, après avoir causé longtemps avec plusieurs des personnes présentes. C'est là surtout ce qui a ému les collègues de Lepeletier, et ce qui leur a dicté la proclamation dont sont couverts, en ce moment, les murs de Paris. Elle commence ainsi :

COMITÉ DE SURETÉ GÉNÉRALE
DE LA CONVENTION NATIONALE

Citoyens,

Le dimanche 20 janvier, Michel Lepeletier, l'un des représentants du peuple français, a été assassiné dans la maison dite de l'Égalité, chez un restaurateur, en plein

(1) Et non de *Paris*, comme écrivent presque tous les historiens.
(2) *Histoire des Montagnards*, par Alphonse Esquiros, II, 206.

jour, à l'heure où les établissements de ce genre sont ordinairement plus fréquentés, *sans qu'il se soit élevé la moindre clameur contre l'assassin, sans que le maître de l'établissement, ses nombreux agents et ses convives, se soient employés à saisir le meurtrier, qu'ils ont tous pu voir, auquel plusieurs d'entre eux ont adressé la parole longtemps après le coup, et qui s'est évadé sans rencontrer aucun obstacle*, ainsi qu'il est constaté par tous les procès-verbaux dressés au sujet de ce déplorable évènement.

Cette affiche est signée : *Bernard*, président ; *C. Basire*, vice-président ; *Tallien*, secrétaire ; *Rovère*, secrétaire ; *Ruamps* ; *Montaut* ; *Lamarque* ; *Legendre*, de Paris ; *Lasource* ; *Chabot* et *Ingrand*, membres du Comité (1).

Le fait que signale le Comité de sûreté générale et qui est à la connaissance de tout Paris, cette sorte d'assistance prêtée au meurtrier de Lepeletier, cette semi-complicité de tous les assistants, qui n'éprouvent aucune horreur en face de l'assassin, parce que la victime est un des juges de Louis ; cet autre fait, constaté également par le Comité, que Deparis n'a pas craint de se montrer au café de Foy, trois heures après le meurtre de Lepeletier (2) : tout cela ne mon-

(1) *Comité de sûreté générale de la Convention nationale. Imprimé par ordre de la Convention*. In-8°, 3 pages. — Le *Comité de sûreté générale*, d'où est sorti le *Comité de salut public*, était l'œuvre des Girondins. Dès le 9 juillet 1792, Brissot, leur chef, demandait à l'Assemblée législative « d'instituer dans son sein une commission *de sûreté*, peu nombreuse, un comité choisi parmi les hommes les plus actifs, les plus vigilants, les plus intrépides, les plus *inflexibles*, et qui serait chargé de l'examen de toutes les accusations de crime de trahison ». (*Moniteur* du 10 juillet 1792).

(2) *Arrêté du Comité de sûreté générale*, cité dans *les Révolutions de Paris*, t. XV, p. 245.

tre-t-il pas bien quels sont au vrai les sentiments de la population parisienne, et qu'à l'exception des énergumènes de clubs et de sections, presque tous, bourgeois et hommes du peuple, ont vu avec une douleur profonde, avec une stupeur indignée, la condamnation et le supplice de Louis XVI (1)?

La Convention a décrété qu'une somme de 10.000 livres serait accordée à la personne qui dénoncera Deparis; son signalement a été envoyé partout; je le retrouve jusque sur ma porte:

SIGNALEMENT DE PARIS.

Taille de cinq pieds cinq pouces, barbe bleue, cheveux noirs, teint basané, belles dents; vêtu d'une houppelande grise, à revers verts, et chapeau rond (2).

En attendant l'arrestation du meurtrier, la Convention a décidé de tirer bon parti du cadavre qu'elle avait sous la main. Quelle meilleure occasion se pouvait rencontrer de frapper l'imagination de la multitude par des obsèques à grand spectacle, d'exalter les têtes, d'apitoyer les esprits sur le sort réservé aux juges de Louis XVI, aux vrais amis, aux fondateurs de la République? N'était-il pas d'une habile politique de faire des funérailles de Lepeletier comme un renouvellement et une consécration du vote régicide du 16 janvier?

C'est Marie-Joseph Chénier qui a présenté, au nom des Comités d'instruction publique et des inspecteurs,

(1) Les faits, pourtant si caractéristiques, qui accompagnèrent le meurtre de Lepeletier de Saint-Fargeau, n'ont été signalés, croyons-nous, par aucun historien.

(2) Circulaire du ministre de la justice, en date du 26 janvier 1793.

le rapport et le projet de décret relatif à la cérémonie funèbre. Il a tracé le programme de la fête et demandé tout d'abord que la religion en fût bannie.

« *Que la superstition*, s'est-il écrié, *s'abaisse devant la religion de la liberté ; que des images vraiment saintes, vraiment solennelles, parlent aux cœurs attendris ; que le corps de notre vertueux collègue, découvert à tous les yeux, laisse voir la blessure mortelle qu'il a reçue pour la cause des peuples ; que le fer parricide, sanctifié par le sang d'un patriote, étincelle à notre vue, comme un témoignage des fureurs de la tyrannie et de ses vils adorateurs ; que les vêtements ensanglantés frappent les regards des citoyens et prononcent d'avance l'arrêt de mort contre l'assassin de la patrie. Nous verrons marcher devant nous le génie de la liberté, seul objet des hommages républicains, et la bannière de la Déclaration des droits, fondement sacré des constitutions populaires. Le génie de David animera ces faibles esquisses, tandis que le génie de Gossec fera retentir les sons de cette harmonie lugubre et touchante qui caractérise une mort triomphale* (1) ».

A la suite de ce rapport, la Convention a décrété, dans la séance du 22, qu'elle assisterait tout entière aux funérailles de Michel Lepeletier, — que son corps serait déposé au Panthéon français, et que ses dernières paroles seraient gravées sur sa tombe, ainsi qu'il suit : *Je suis satisfait de verser mon sang pour la patrie ; j'espère qu'il servira à consolider la liberté et l'égalité et à faire reconnaître ses ennemis.*

Ces paroles n'ont pas été seulement inscrites sur

(1) *Journal des Débats et des Décrets*, séance du mardi 22 janvier 1793.

sa tombe ; elles ont été placardées sur tous les murs par ordre de la Convention. Or, tout le monde sait que Lepeletier ne les a pas prononcées, et que leur véritable auteur est le citoyen Maure, représentant de l'Yonne et collègue de députation de Michel Lepeletier. En tombant, Lepeletier ne dit que ces trois mots : *J'ai bien froid* (1).

La cérémonie funèbre a eu lieu le jeudi 21. Lepeletier était mort chez son frère, dans l'une des maisons de la place des Piques, ci-devant place Vendôme. La foule avait envahi cette place dès le matin, et se pressait autour du piédestal de la statue de Louis XIV (2), orné de festons de chêne et de cyprès. Une draperie blanche, relevée aux quatre angles, s'étendait des quatre côtés. Sur les deux principales faces, on avait établi des gradins qui permettaient de monter jusqu'à la plate-forme ; sur les deux autres faces, on lisait les fameuses paroles : *Je suis satisfait* (3), etc.

Entre neuf et dix heures du matin, le lit sur lequel Lepeletier avait rendu le dernier soupir a été transporté sur le piédestal, au bruit d'un roulement funèbre. Pendant qu'on disposait le corps et les accessoi-

(1) Beaulieu, *Essais historiques*, etc., IV, 348. — *Mémoires de Lombard de Langres*, I, 161. — *Mémoires du comte d'Allonville*, III, 147. — « Je tiens, dit le comte d'Allonville, je tiens de Dufouard, ancien chirurgien-major des gardes-françaises et qui, appelé pour donner des soins à Saint-Fargeau, ne le quitta pas, qu'il ne lui avait entendu prononcer que ces mots : *J'ai bien froid*. »

(2) La statue de Louis XIV avait été renversée par la populace le 11 août 1792.

(3) *Le Courrier des départements*, par A. J. Gorsas, député à la Convention nationale, n° du 26 janvier 1793.

res, on a allumé quatre candélabres placés sur des socles et dans lesquels brûlaient des parfums (1).

Voici quelle était la disposition du lit mortuaire : le soubassement était noir, parsemé de larmes d'argent. Les draps étaient ensanglantés. Le corps était nu jusqu'à la ceinture, laissant voir la blessure, large et noire de sang : elle était au flanc gauche, au-dessous des côtes (2). Un des bras de Lepeletier pendait hors du lit ; sa tête, couronnée de cyprès et de fleurs, était posée sur un oreiller. A côté des habits de la victime, le sabre de Deparis apparaissait, tout barbouillé de sang frais (3).

David avait pris place sur le piédestal avec un chevalet et une toile. Le peuple a eu ce spectacle du peintre copiant ce sanglant modèle (4).

Deux heures se passèrent, pendant lesquelles un chœur de musique fit entendre des accents plaintifs accompagnés par le roulement sourd des tambours

(1) *Le Courrier des départements.*
(2) *Ibid.*
(3) *Ibid.*
(4) Le 29 mars 1793, David fit hommage de son tableau sur la *Mort de Lepeletier* à la Convention nationale, qui le fit placer dans la salle de ses séances, au-dessus du fauteuil du président. A la suite d'une des nombreuses invasions dont sa salle fut le théâtre, la Convention, craignant que la toile de David ne fût détruite, pria le peintre de la reprendre, et elle était encore la propriété de David, lorsque ce dernier mourut à Bruxelles en 1825. En 1826, la fille unique de Michel Lepeletier de Saint-Fargeau, Mme de Mortefontaine, en fit l'acquisition, moyennant la somme de 100,000 francs. Très ardente royaliste, Mme de Mortefontaine voulait éviter que ce tableau ne fût placé dans un musée et n'immortalisât le vote régicide de son père.

recouverts de drap noir. Le ciel était gris et sombre. De tous côtés, des branches de cyprès et des torches funéraires.

A midi et demi, la Convention est sortie de la salle du Manège et s'est rendue en silence à la place des Piques. Les députés, que précédait la gendarmerie nationale, marchaient quatre par quatre. Le président Vergniaud est monté sur le piédestal et a posé sur la tête du mort une couronne de chêne entrelacée d'immortelles.

A ce moment, un roulement de tambours a annoncé le discours d'un officier municipal, le citoyen Jullien. Déclamé d'une voix sonore, ce discours a donné lieu à un incident singulier, qui est venu ajouter encore à l'étrangeté de la scène. On sait que la place des Piques a un écho très retentissant et très clair. Cet écho répétait chacune des paroles de Jullien, si bien que la phrase qui suivait celle qu'il venait de prononcer était couverte par la répétition de la phrase précédente (1).

Après ce discours, et pendant qu'on descendait le lit mortuaire, mille voix ont entonné un *Hymne à la divinité des nations,* paroles de Marie-Joseph Chénier, musique de Gossec (2).

(1) *Courrier des départements.*
(2) *Ibid.* — Charles Labitte, dans sa très consciencieuse étude sur *la Vie et les écrits de Marie-Joseph Chénier*, ne parle pas de cet *Hymne*, dont il paraît avoir ignoré l'existence. — *Études littéraires*, par Charles Labitte, 2 vol. in-8°, 1846. — Sur le compositeur Gossec, voir la remarquable étude de M. Augustin Bernard : *la Musique et les Musiciens français pendant la Révolution.* (*Revue de la Révolution*, septembre et octobre 1887.)

Au moment où le cortège allait se mettre en marche le *patriote* Palloy a présenté à la famille de Lepeletier Saint-Fargeau une pierre des cachots de la Bastille sur laquelle était inscrite la lettre du président de la Convention à la mère de Lepeletier. Cette lettre était ainsi figurée :

CETTE PIERRE VIENT DES CACHOTS DE LA BASTILLE.

> Citoyenne,
>
> La Convention nationale a été pénétrée de l'indignation la plus profonde à la nouvelle de l'attentat horrible commis sur la personne que vous pleurez.
>
> Elle a accordé à sa mémoire les honneurs du Panthéon.
>
> Elle a voulu aussi verser des larmes et jeter des fleurs sur sa tombe; elle se rendra tout entière à ses funérailles.
>
> Puissent, citoyenne, ces marques honorables de la reconnaissance nationale adoucir votre douleur et celle de votre famille.
>
> Le Président de la Convention nationale.
>
> *Signé :* VERGNIAUX.

Ce débris du despotisme renferme les titres honorables de la famille du citoyen Michel Lepeletier, député à la Convention nationale, qui fut assassiné par le scélérat Pâris, pour avoir voté la mort du dernier chef des tyrans; donné en *reconnaissance d'estime, le jour de son apothéose, 24 janvier 1793, l'an IIe de la République française, par le patriote Palloy, qui échappa au fer du même assassin, le 8 juin 1791* (1).

A une heure environ, le cortège s'est mis en marche vers le Panthéon, dans l'ordre suivant :

En tête, un détachement de gendarmerie, précédé de trompettes avec sourdines ;

Des sapeurs ;

Des canonniers sans leurs canons ;

Un peloton de vingt tambours voilés.

La bannière de la Déclaration des droits de l'homme ;

Des volontaires des six légions de la garde nationale et vingt-quatre drapeaux ;

Tambours voilés.

Une bannière sur laquelle était écrit le Décret de la Convention, qui ordonne le transport du corps de Lepeletier au Panthéon ;

Les élèves de la patrie ;

Les commissaires de police ;

Le bureau de conciliation, les juges de paix, les présidents et commissaires des quarante-huit sections, le tribunal de commerce, le tribunal criminel provisoire, les six tribunaux du département, la municipalité de Paris, les districts de Saint-Denis et du Bourg-de-l'Égalité (2), le Département, le tribunal de cassation ;

La figure de la Liberté, portée par des citoyens ;

Tambours voilés.

(1) *Le Courrier des départements.*
(2) Ci-devant Bourg-la-Reine.

Le faisceau des quatre-vingt-quatre départements porté par des fédérés ;

Le Conseil exécutif provisoire ;

Un détachement de la garde de la Convention ;

La veste, la culotte et la chemise de Lepeletier, encore toutes dégouttantes de son sang, portées au bout d'une pique avec des festons de chêne et de cyprès ;

Les députés à la Convention, distribués en deux colonnes, une de chaque côté de la rue, et marchant deux à deux, précédés de leur président ;

Au milieu des députés, une bannière où étaient écrites les paroles : *Je suis satisfait*, etc.

Le corps de Lepeletier, sur son lit de parade, porté par des citoyens. On avait placé, dans le trou béant de la blessure, une vessie remplie de sang ; à chaque cahot, quelques gouttes de sang jaillissaient. Exaltée par ce spectacle, la colère de la foule se répandait en imprécations terribles contre les royalistes (1).

Autour du corps, des canonniers, le sabre nu, accompagnés d'un pareil nombre de vétérans ;

La musique de la garde nationale ;

La famille de Lepeletier ;

Un groupe de mères conduisant des enfants ;

Un détachement de la garde de la Convention ;

Tambours voilés.

Des fédérés armés ;

La société des Jacobins et les autres sociétés populaires ;

Cavalerie et trompettes avec sourdines (2).

(1) *Souvenirs inédits de M. le comte de Tocqueville. Le Contemporain*, t. XII, p. 106.

(2) *Les Révolutions de Paris*, t. XV, p. 225 et suiv. — *Le Courrier des départements*.

Escorté d'une foule immense, les hommes portant à la main des couronnes d'immortelles, les femmes des branches de cyprès, le cortège a suivi les rues Saint-Honoré et du Roule, le Pont-Neuf, les rues de Thionville, ci-devant *Dauphine*, des Fossés-Saint-Germain et de la Liberté, ci-devant des *Fossés-Monsieur-le-Prince*, la place Saint-Michel, les rues d'Enfer, Saint-Thomas, Saint-Jacques et du Panthéon (1).

Une première station a eu lieu devant le club des Jacobins (2), dont Lepeletier faisait partie depuis la fin de septembre 1792 et qui l'avait choisi pour président le 17 novembre dernier (3). On s'est arrêté ensuite quelques instants devant le palais de l'Égalité, puis devant l'Oratoire, dont la porte était drapée de deuil. Là, un second discours a été prononcé et l'orateur a déposé, sur le chevet du lit funèbre, une seconde couronne. La quatrième station a eu lieu sur le Pont-Neuf, en face de la Samaritaine, au bruit d'une salve d'artillerie. Une cinquième station, celle-ci beaucoup plus longue, a été faite devant la salle des séances des Amis des Droits de l'homme (4). La façade

---

(1) *Procès-verbal ordonné par la Convention nationale, des faits relatifs aux funérailles de Michel Lepeletier, député à la Convention nationale, assassiné le 20 janvier 1793, l'an II de la République, pour avoir voté la mort du tyran.*

(2) Le club des Jacobins était situé rue Saint-Honoré, il tenait ses séances dans l'ancienne église du couvent des Jacobins, qui occupait une partie de l'espace compris entre la rue Saint-Honoré et la rue Neuve-des-Petits-Champs, entre la rue de la Sourdière et la place Vendôme.

(3) *Les Révolutions de Paris*, t. XV, p. 258.

(4) La Société des Amis des Droits de l'Homme, plus connue sous le nom de *Club des Cordeliers*, tenait ses séances

du club des Cordeliers était couverte de guirlandes de cyprès; un des membres du club a déclamé une harangue, suivie du chant d'un hymne funèbre. Après deux nouvelles haltes au carrefour de la rue de la Liberté et sur la place Saint-Michel, le cortège est enfin arrivé à l'esplanade du Panthéon français. Il était quatre heures du soir. La confusion, à ce moment, était très grande et ce n'est qu'avec beaucoup de peine que l'on a pu introduire le corps de Lepeletier dans le temple, déjà envahi par la multitude. Les différents pouvoirs constitués sont enfin parvenus à se placer. Les musiciens sont montés aux galeries les plus élevées et ont repris le même chant funèbre qui avait signalé le départ.

Les deux frères de Lepeletier étaient debout et tête nue sur le socle où avait été posé le lit mortuaire. L'aîné, en costume de garde national, a débité un discours pour lequel la mémoire lui a fait deux ou trois fois défaut, discours rempli d'apostrophes, de serments et d'imprécations : « Tyrans, votre règne est passé!... Ames des deux Gracchus, c'est vous que j'évoque!... Patrie, tu l'emportes, et je vote, comme mon frère, pour la mort des tyrans! » Cela dit avec force gestes déclamatoires, il s'est précipité sur le corps de son frère; mais, lorsqu'il s'est relevé, les assistants ont remarqué que ce dernier embrassement ne lui avait pas arraché une larme (1)!

dans l'ancien réfectoire du couvent des Cordeliers. Cette salle a échappé à la destruction; elle est occupée aujourd'hui par le musée Dupuytren.

(1) Félix Lepeletier Saint-Fargeau, devenu l'ami des pires démagogues, Antonelle, les deux Duplay, Didier, etc., fut poursuivi sous le Directoire comme complice de Babœuf, et, après la mort de ce dernier, il adopta un de ses enfants. Mem-

Un Marseillais a remplacé sur l'estrade le frère de Lepeletier; il portait un bonnet rouge entouré d'un crêpe. Son accent provençal et l'enrouement de sa voix m'ont empêché de saisir ses paroles.

Un autre volontaire, — celui-là avait un casque et non un bonnet rouge, — a pris le sabre suspendu au lit de parade et l'a agité pendant quelques instants au-dessus de sa tête (1).

A cette pantomime d'un goût douteux a succédé une harangue de Barère. Le président Vergniaud a pris la parole le dernier : « Citoyens, s'est-il écrié, Brutus est immortel pour avoir immolé César : Michel Lepeletier a voté la mort du tyran des Français; un pareil acte vaut une vie entière! » En tenant ce langage, Vergniaud a voté une seconde fois la mort de Louis XVI; il a renouvelé, sous les voûtes du Panthéon, la lâcheté qu'il avait commise, dans la nuit du 16 janvier, à la tribune du Manège.

Vergniaud a regagné son fauteuil au milieu d'un silence glacial; on s'est regardé quelque temps et la scène languissait un peu, lorsque le corps des musiciens l'a ranimée : le chœur par lequel s'est terminée la cérémonie n'était pas dépourvu d'une certaine grandeur (2).

---

bre de la Chambre des Représentants en 1815, il y fit un éloge pompeux de Napoléon qu'il appelait le *Sauveur de la patrie*, et se prononça violemment contre le retour des Bourbons. Il mourut à Paris, le 3 janvier 1827.

(1) *Les Révolutions de Paris*, t. XV, p. 228.

(2) Dans la séance du 20 pluviôse, an III (8 février 1795) la Convention nationale, sur le rapport d'André Dumont, rapporta la loi qui avait décerné à Lepeletier Saint-Fargeau les honneurs du Panthéon.

Si j'en juge par les impressions que j'ai recueillies autour de moi, la Convention a manqué le but qu'elle se proposait d'atteindre. Cette exhibition du cadavre, cet étalage des vêtements ensanglantés de la victime, ont inspiré à tous les gens sensés un sentiment d'horreur et de dégoût. Plus d'un se disait, non sans raison : « En vérité, cette cérémonie-là a plutôt l'air d'un appel au massacre que d'une fête funèbre (1). »

L'esprit français, qui n'est pas encore mort, a pris sa revanche de cette abominable parade, mêlée de musique et de sang. Le lendemain, on lisait sur le piédestal du cénotaphe de Lepeletier, place des Piques, l'épitaphe suivante :

>   *Cy-gît Michel Lepeletier*
>   *Représentant de son métier,*
>   *Jadis président à mortier*
>   *Par la grâce de Louis Seize,*
>   *Contre lequel il a voté.*
>   *Mort en Janvier,*
>   *Chez Février.*
>   *L'an MDCCLXXXXIII,*
>   *Au Jardin de l'Égalité* (2).

Quant à la moralité de cette comédie funèbre, c'est la Convention elle-même qui s'est chargée de la tirer.

Marie-Joseph Chénier avait dit, dans son rapport : « Michel Lepeletier, accompagné de ses vertus, entouré de sa famille en pleurs, au milieu de la Convention nationale,... s'avancera vers le Panthéon français, où la reconnaissance nationale a marqué sa

(1) Beaulieu, *Essais*, etc., t. V, p. 19.
(2) *Feuille du Matin, ou le Bulletin de Paris*, n° 36.

place. C'est là que nous déposerons les restes de notre estimable collègue. *C'est encore là, citoyens, que nous déposerons les fatales prévoations qui nous divisent...* Michel Lepeletier entendra nos serments du fond de sa tombe, et, quels que soient les honneurs dont vous avez payé ses services, *l'union de tous les citoyens sera la plus belle récompense de sa vie et de sa mort* (1). »

Quelques instants avant de se rendre à la cérémonie funèbre, la Convention a adopté une *Adresse aux français*, rédigée par Barère. Il y était dit : « En assistant aux funérailles de Michel Lepeletier, nous allons tous jurer, sur la tombe de ce martyr de l'opinion républicaine, de sauver la patrie. *C'est là que nous allons déposer, par une réunion juste et nécessaire, toutes les rivalités et toutes les défiances réciproques* (2). » Quelques heures plus

(1) *Procès-verbal ordonné par la Convention nationale des faits relatifs aux funérailles de Michel Lepeletier.*

(2) Cette adresse de Barère fut adoptée dans la séance tenue par la Convention le matin du 21 janvier. *Le Moniteur* ne parle pas de cette séance, et MM. Buchez et Roux (t. XXIII, p. 373), trompés par ce silence du *Moniteur*, disent : « Il n'y avait pas eu de séance le matin à cause des funérailles de Lepeletier. » Il est rendu compte de cette séance du matin dans les *Révolutions de Paris*, t. XV, p. 239 : « Jeudi, 24. En attendant que la Convention allât au convoi de Lepeletier Saint-Fargeau, elle a entendu la lecture de quelques lettres ; puis Barère a fait lecture de l'*Adresse aux Français*, de la rédaction de laquelle il avait été chargé. » Le *Procès-verbal ordonné par la Convention nationale des faits relatifs aux funérailles de Michel Lepeletier, imprimé et envoyé aux quatre-vingt quatre départements par ordre de la Convention*, commence ainsi : « Le jeudi 24 janvier 1793, l'an II de la République, la Convention nationale, assemblée dès

tard, au Panthéon, Vergniaud faisait entendre ces paroles : « Il est un moyen d'honorer sa mémoire, plus digne de nous, plus digne de lui que les épanchements douloureux de notre sensibilité ; *c'est de faire à l'amour de la patrie le sacrifice de toutes nos passions individuelles* ». Barère s'était également exprimé en ces termes, en présence du cadavre de Lepeletier : « O mon collègue ! que tes funérailles soient *une victoire nécessaire sur nos passions particulières !* Jurons tous, sur la tombe de Lepeletier, de n'avoir plus d'autre passion que celle de sauver la patrie. » Et tous les membres de la Convention avaient levé les mains et joint leurs serments à celui de l'orateur (1).

Or, le soir même, la Convention se réunissait pour la nomination d'un président, en remplacement de Vergniaud dont les pouvoirs expiraient. Julien, député de la Haute-Garonne, demande la parole sur le procès-verbal et réclame le rapport du décret qui a ordonné l'envoi de la lettre de Roland dans les départements (2). Gaudet, qui occupe le fauteuil, fait observer que Julien a la parole sur la rédaction du procès-verbal et non pour demander le rapport d'un décret. D'énergiques

neuf heures du matin, a été avertie à midi et demi que le cortège, destiné à accompagner Michel Lepeletier au Panthéon français, était réuni sur la place des Piques, ci-devant dite place Vendôme. Alors le président a levé la séance. » (Le *Journal des débats et des Décrets*, n° 120, donne le compte-rendu de cette séance du matin).

(1) *Procès-verbal ordonné par la Convention nationale des faits relatifs aux funérailles de Michel Lepeletier.*

(2) Il s'agissait de la lettre dans laquelle Roland donnait sa démission de ministre de l'intérieur. Elle avait été lue dans la séance du 23 janvier.

protestations s'élèvent des bancs de la Montagne. La droite réclame à grands cris l'ordre du jour. Julien, Thuriot, plusieurs de leurs collègues insistent pour avoir la parole. Le tumulte grandit ; insultes et menaces s'échangent et se croisent d'un côté de la salle à l'autre. Le président st obligé de se couvrir. Lorsque le calme est enfin rétabli, on passe à l'élection du président. Rabaut Saint-Étienne obtient 179 suffrages et Danton 150. Aussitôt le résultat proclamé, la Montagne éclate en cris de colère ; elle accuse violemment les membres du bureau et se répand en injures contre le président qui vient d'être élu. Robespierre le jeune, Collot-d'Herbois, Lecointre de (Versailles), demandent à parler contre le résultat du scrutin. La parole leur est refusée. Ils se cramponnent à la tribune et refusent d'en descendre ; il faut les éconduire successivement, l'un après l'autre, par trois décrets d'ordre du jour, et chacun de ces décrets est accueilli ici par des imprécations, là par des applaudissements. On procède enfin à l'appel nominal pour l'élection des secrétaires, et, cette fois, la Montagne l'emporte : Bréard, Cambacérès et Thuriot sont nommés. La séance est levée à minuit et demi, au milieu d'une agitation indescriptible, au bruit des provocations et des menaces. Et c'est ainsi que les membres de la Convention *ont déposé sur la tombe de Lepeletier les fatales préventions qui les divisent, toutes les rivalités et toutes les défiances réciproques* (1) !

(1) Voyez sur la séance du jeudi 24 janvier 1793, qui commença à sept heures du soir, à l'issue de la cérémonie funèbre de Lepeletier, *le Journal des Débats et des Décrets*, n° 129 ; et *le Mercure français* de janvier 1793.

II

LE TESTAMENT DE LOUIS XVI

Mardi 29 janvier 1793.

Le mardi 25 décembre, jour de la fête de Noël et veille de la comparution définitive de Louis XVI devant la Convention, le roi a écrit son Testament, et en a remis un duplicata à M. de Malesherbes, qui a pu le faire passer à sa destination hors de France (1).

M. de Malesherbes en avait fait faire plusieurs copies, si bien que, dans la matinée du 22 janvier, l'une d'elles a pu paraître sous ce titre : TESTAMENT DE LOUIS XVI, *précédé des détails sur tout ce qui s'est passé avant et après l'exécution* (2). Ce même jour, Etienne Feuillant, le courageux rédacteur du *Journal du soir*, qui avait, de son côté, reçu communication de l'une de ces copies, s'est empressé de la publier (3). La Commune de Paris, dépositaire de

---

(1) Ce duplicata fait partie de la collection de M. le baron Feuillet de Conches. — L'original est déposé aux Archives nationales.

(2) In-8°, 8 pages. — De l'imprimerie de la *Feuille de Paris*, rue Grange-Batelière, n° 26.

(3) JOURNAL DU SOIR — *de politique et de littérature*, rédigé par Et. Feuillant, n° du mardi 22 janvier 1793. — Etienne Feuillant, né à Brassac (Auvergne), avocat au Parlement de Paris, avait créé, en 1789, *le Journal du soir*, qui obtint un succès considérable. Il publia le premier le testament de

l'original, voyant qu'elle ne pouvait plus le tenir secret, s'est alors résignée à le faire imprimer comme un *témoignage du fanatisme et des crimes du tyran*.

J'ai relu ce matin ces pages sublimes où la vertu du meilleur des rois rayonne d'un éclat immortel. Je suis sorti ensuite pour aller aux nouvelles, et j'ai acheté un assez grand nombre de journaux. Presque tous s'occupent du Testament de Louis XVI.

Comprenant, sans doute, que ce témoignage d'une âme si clémente et si chrétienne, cette bonté, cette tendresse, ce pardon surhumain, pèseront à jamais sur les régicides comme la plus terrible et la plus ineffaçable des malédictions, les feuilles républicaines insultent, avec un redoublement de rage, à la mémoire de Louis. Les journaux brissotins ne sont sont guère moins violents que ceux de la Montagne. C'est aux premiers que j'emprunte les extraits suivants :

« Il est inutile, écrit *le Moniteur*, d'en dire davantage sur ce testament où brille toute l'hypocrisie d'un dévot, toute la superstition d'un esprit faible, toute l'incorrigibilité d'un roi (1). »

Louis XVI dans son numéro du mardi 22 janvier 1793. Fidèle à ses principes royalistes, il fonda en 1814 *le Journal général de France*. Dénoncé pendant les Cent-Jours à la Chambre des Représentants, il fut arrêté et conduit à la Force. En 1815, il fut élu par le département de Maine-et-Loire à la Chambre des députés, et publia, en 1818, un ouvrage intitulé *les Lois fondamentales*. Il est mort, en 1840, en Anjou. En tête de ses amis figuraient Michaud, l'historien des Croisades, et Berryer. (Voir la *Notice nécrologique sur Étienne Feuillant*, dans *la Gazette de France* du 26 juillet 1840).

(1) *Moniteur* du 28 janvier 1793.

« Cette pièce, dit Carra, député de Seine-et-Oise, dans ses *Annales patriotiques*, est un chef-d'œuvre d'hypocrisie ou de superstition ; elle rappelle les baisers que Louis XI donnait à sa petite bonne Vierge de plomb : on sait que, pour être dévot, il n'en était pas moins tyran. La dévotion, surtout chez les rois, s'allie fort bien avec tous les crimes (1). »

« Nos neveux, dit le *Bulletin des Amis de la vérité*, verront, dans cette pièce, à quel point une éducation mal dirigée et des prêtres fanatiques avaient égaré la raison de Louis Capet (2). »

Quant à Brissot, voici ce qu'il écrit dans son journal, *le Patriote français :* « Cette pièce est authentique, elle a été remise à la Commune par les commissaires du Temple. Le style entièrement contre-révolutionnaire de cette pièce est un démenti formel que Louis a donné lui-même à toutes ses démarches prétendues constitutionnelles. Si ses partisans appellent de son jugement au tribunal de l'Europe ou à celui de la postérité, nous demandons que ce testament soit la première pièce du procès (3). »

Tandis que je lisais ces gazettes au jardin de l'Égalité, un enfant criait et vendait : *les Crimes de Louis XVI* (4).

Je suis sorti du jardin, le rouge au front, le désespoir au cœur, me demandant si la France était morte, la vraie France, la France de saint Louis. Je ne puis

---

(1) *Annales patriotiques*, 1793, n° XXII.
(2) N° XXV de l'année 1793. — Deschiens, *Bibliographie des Journaux*, p. 107, dit que le Bulletin des *Amis de la vérité* était « rédigé par le parti de la Gironde. »
(3) *Le Patriote français*, n° MCCLXII.
(4) *Le Républicain français*, n° du 3 février 1793.

pas, je ne veux pas le croire. Que Brissot et Marat barbouillent leurs papiers, que Robespierre et Vergniaud débitent leurs harangues, Dieu ne permettra pas que la France périsse, tant qu'il y aura, au fond de nos campagnes et jusque dans les rues de Paris, d'humbles chrétiennes, de pauvres femmes du peuple, comme cette fruitière qui tient, au rez-de-chaussée de ma maison, une petite boutique de denrées, et qui, ce soir, au moment où je rentrais, m'a appelé, et, tirant de sa poche une feuille grossièrement imprimée : « Tenez, Monsieur, m'a-t-elle dit, voilà le Testament de saint Louis XVI (1) ! »

(1) *Mémoires de Mme Elliot sur la Révolution française*, traduits de l'anglais par le comte de Baillon, p. 127.

III

UNE NUIT AU PALAIS DE L'ÉGALITÉ

Jeudi 31 janvier 1793.

Le 21 janvier, à l'heure où la tête de Louis XVI tombait sur la place de la Révolution, et où plus d'un peut-être se disait lâchement : — C'est un grand crime, sans doute ; mais, après tout, en quoi cela me regarde-t-il ? Citoyen paisible, bourgeois inconnu, ne suis-je pas à l'abri de ces coups de foudre qui n'atteignent que les grands et les superbes ? — A ce moment-là même, la Convention, sur la demande de Bréard, appuyée par Osselin et Bourbotte, décrétait qu'il serait fait des *visites domiciliaires* dans Paris (1). Et aussitôt les plus petits et les plus obscurs ont senti qu'ils étaient menacés à leur tour ; il n'en est pas un devant lequel ne se soit dressé le souvenir de cette soirée, de cette nuit du 29 août 1792, qui fut comme la veillée d'armes des égorgeurs de septembre.

Cette nuit du 29 août est de celles, d'ailleurs, qui ne s'oublient point ; c'est un de ces épisodes qui caractérisent trop bien la Révolution, pour que je n'en consigne pas ici les détails.

(1) *Journal des Débats et des Décrets*, n° 126. Séance du lundi 21 janvier 1793, dix heures du matin. Présidence de Vergniaud.

Le 28 août, sur la proposition de Danton, convertie en motion par Merlin de Thionville, l'Assemblée législative, — où la Montagne comptait à peine une trentaine de membres, où ne siégeaient plus les Constitutionnels et où la majorité appartenait sans conteste au parti de la Gironde, — l'Assemblée législative avait décidé que les quarante-huit sections de Paris nommeraient chacune trente commissaires chargés de procéder à des visites domiciliaires. Dans la matinée du 29, — c'était un mercredi, — la Commune fit afficher un arrêté portant que toute circulation, même pour les affaires les plus urgentes, est interdite; que toute voiture, quelle qu'elle soit, doit être remisée; que tout particulier ayant un domicile à Paris, qui sera trouvé chez un autre au moment de la visite, sera, par ce fait seul, réputé suspect, et, comme tel, mis en état d'arrestation.

A 2 heures de l'après-midi, les barrières sont fermées. A 4 heures on bat la générale, et les citoyens sont avertis de se trouver tous chez eux à 6 heures précises.

Il est 6 heures du soir... Qui de nous a oublié ce qu'était Paris, à 6 heures du soir, en été, sous le règne de *Louis le Tyran?...* C'est l'heure où le soleil, avant de disparaître à l'horizon, étend sur la ville un manteau de pourpre et d'or qui cache ses misères et ne laisse voir que ses splendeurs. Tout est rumeur, mouvement, joie : il semble que la grande cité ne renferme plus d'infortunés, plus de pauvres, tant les rues sont sillonnées de voitures, de promeneurs et d'oisifs! Quelle vie! quel concours! quel bruit! quelle fête sans égale! Non, il n'est rien de comparable en Europe, rien de comparable dans l'univers entier, à l'éclat, à l'animation de Paris, par une belle soirée d'été! (1)

Le 29 août 1792, à 6 heures du soir, toutes les boutiques sont fermées, toutes les portes closes. Pas un promeneur, pas une voiture. Au coin de chaque rue, des corps de garde improvisés : le cri des sentinelles trouble seul le silence de mort qui plane sur la ville. Sur la Seine, de distance en distance, des bateaux remplis d'hommes armés ; on en a placé jusque dans les batelets des blanchisseuses. Au haut et au bas de tous les escaliers qui descendent au fleuve, sur les berges, le long des quais, des soldats prêts à faire feu. Les Marseillais gardent les barrières.

La nuit est venue ; mais nul ne songe à demander au sommeil un repos impossible. Les plus braves tremblent pour ceux qui les entourent. Les vingt mille qui ont signé la pétition contre les excès de la journée du 20 juin 1792 (2), n'ignorent pas que leur liberté et leur vie sont en péril. Chacun d'eux a sa famille et ses amis, qui le savent menacé et qui partagent ses craintes. La douleur, les angoisses de ces vingt mille signataires se multiplient par la douleur, par les angoisses de tous ceux qui leur sont chers. Seuls, les gredins respirent, libres d'inquiétudes ;

(1) *Mémoires du chancelier Pasquier*, T. I, p. 42.
(2) La pétition dite des vingt mille, rédigée par deux anciens Constituants, Dupont (de Nemours) et Guillaume, avait été imprimée dans *le Journal de Paris*, et déposée chez les notaires de Paris. Sur cent treize notaires, quatorze seulement refusèrent de recevoir les signatures. Celles-ci s'élevèrent, en quelques jours, à plusieurs milliers, sans atteindre pourtant le chiffre de vingt mille. Pendant toute la Terreur, ce fut un crime presque irrémissible d'avoir signé ou fait signer cette pétition.

souls, ils peuvent dormir avec le calme que donne aujourd'hui une mauvaise conscience, avec la tranquillité que donne aujourd'hui le crime.

Dix heures sont sonnées ; le pas cadencé des patrouilles retentit sur les pavés. Les sentinelles ordonnent d'éclairer les fenêtres, et cet ordre est exécuté dans toute la ville en un instant. Ces rues éclatantes et sombres, ces maisons brillamment illuminées et qu'une main invisible semble avoir frappées de mort, avaient quelque chose de sinistre et d'horrible : on eût dit, sous la voûte étoilée du ciel, un immense catafalque entouré d'un million de flambeaux.

Il est minuit. Les visites domiciliaires ne sont pas encore commencées. Derrière les jalousies, des malheureux, l'œil fixe, l'oreille attentive, comptent les soldats, écoutent leurs propos menaçants, pendant qu'au fond de l'appartement, un père, un époux, un frère, un marteau voilé à la main, frappe à coups lents et sourds pour achever une cachette (1).

J'avais laissé ma fenêtre entr'ouverte. Dans la maison qui faisait face à la mienne et qu'habitait M. Séron, procureur au Parlement, toutes les fenêtres étaient fermées. Tout à coup, on ouvrit une des croisées ; M. Séron y parut en robe de chambre et se mit à jouer de la flûte. Des hommes à piques et à bonnets rouges surgirent aussitôt dans la rue. Sans souci de leurs cris menaçants, il continua tranquillement son morceau ; il jouait l'air célèbre de Grétry :

(1) *Dernier Tableau de Paris, ou Récit historique de la Révolution du 10 août 1792, des causes qui l'ont produite, des évènements qui l'ont précédée et des crimes qui l'ont suivie*, par J. Peltier, de Paris, auteur des *Actes des Apôtres*, de la *Correspondance politique*, etc. T. II, p. 220.

O Richard, ô mon Roi...

Les visites domiciliaires commencèrent à 1 heure du matin. Au silence dans lequel Paris était plongé depuis le commencement de la soirée, succède une rumeur immense et confuse, d'où se dégagent bientôt des bruits distincts et terribles. Des patrouilles de gens à piques, de soixante hommes chacune, occupent chaque rue. Tandis qu'ils font bonne garde, une escouade de sans-culottes, ayant à leur tête deux commissaires, pénètre dans les maisons. Pour peu qu'une porte soit lente à s'ouvrir, on frappe à coups redoublés ; on enfonce les portes des appartements dont les locataires sont absents. Dans chaque escouade, on a eu soin de placer des serruriers et des maçons ; les premiers sondent les murs, arrachent les plaques de cheminées ; les seconds, fouillent les caves, lèvent les pierres des fosses d'aisances. Lorsqu'une cachette est découverte, des éclats de rire retentissent, et, de la rue, les hommes qui composent les patrouilles répondent par des cris de joie et par des menaces de mort. Par les fenêtres ouvertes, on entend la voix des commissaires qui interrogent et celle des malheureux qui répondent, les supplications des femmes, les cris des enfants. Enfin, l'escouade descend et sort dans la rue, trainant presque toujours avec elle un ou deux prisonniers. Ils sont accueillis par les huées des sans-culottes, par le chant du : *Ça ira, ça ira, les aristocrates à la lanterne !* On les fait monter dans une voiture, qui les conduit à la Section ou à l'Hôtel-de-Ville. C'est au tour de la maison voisine, et chacun calcule avec angoisses combien de minutes le séparent encore du moment où les commissaires et leur bande feront irruption dans son domicile. Des coups de feu retentissent de temps à autre. Comme les cabarets étaient restés ouverts, ainsi que les magasins d'épiciers, les hommes formant les patrouilles étaient presque tous complètement ivres, et il leur arrivait de décharger leurs armes au hasard. Ordre avait d'ailleurs été donné de tirer sur tous ceux qui chercheraient à s'échapper. Un des membres du Conseil général de la Commune, le citoyen Lemeunier, était monté sur un fort beau cheval qu'il avait pris au 10 août dans les écuries du roi, et présidait avec ardeur aux visites domiciliaires dans son quartier; soudain, le cheval prend le mors aux dents; Lemeunier est emporté, en un clin d'œil, du Pont-Neuf au Pont-au-Change. Le corps de garde du Châtelet croit avoir affaire à un aristocrate. On lui crie d'arrêter; il continue sa course effrénée; la sentinelle le tue roide d'un coup de fusil dans les reins (1).

Il était environ trois heures du matin, lorsque les commissaires pénétrèrent dans ma chambre. Ils venaient d'arrêter M. Séron (2). Était-ce satisfaction d'avoir mis la main sur cet honnête homme? Un pauvre diable de célibataire, dont l'arrestation n'aurait fait verser de larmes à personne, leur paraissait-il un trop mince régal, et leur fallait-il l'âpre jouissance d'arracher un père de famille à sa femme et à ses enfants? Quoi qu'il en soit, après m'avoir honoré de quelques injures, ils se retirèrent et me laissèrent libre.

(1) Peltier, t. II, p. 224.
(2) M. Séron a été massacré à l'Abbaye, le 3 septembre 1792.

Les arrestations opérées dans la nuit du 30 août et dans la journée du 31, s'élevèrent au chiffre de trois mille. Les massacres de Septembre pouvaient commencer.

Tels sont les souvenirs, à jamais ineffaçables, que ravivait dans l'âme des Parisiens le décret du 21 janvier, autorisant de nouvelles visites domiciliaires.

Aux souvenirs de la nuit du 30 août 1792 viendront s'ajouter maintenant ceux de la nuit du 27 janvier 1793.

J'étais allé lire les journaux au café Corazza. Les cafés, les galeries, les jardins, les grottes flamandes, le berceau lyrique, étaient pleins d'une foule immense. On n'évalue pas à moins de six à sept mille les citoyens qui étaient venus au Palais-Royal, — aujourd'hui Palais de l'Egalité, — pour y passer leur soirée du dimanche. Il y avait là, en grand nombre, des pères avec leurs jeunes fils, des mères de famille avec leurs enfants (1). Soudain, sur les huit heures, une rumeur étrange se répand dans le jardin. On annonce que le palais est bloqué par la force armée; on parle de train d'artillerie, de canons braqués. La nouvelle était vraie.

Le Comité de sûreté générale et de surveillance de la Convention avait requis le commandant général de la garde nationale de faire investir la *Maison dite de la Révolution* (c'est l'une des nombreuses dénominations du ci-devant Palais-Royal), par une force suffisante pour assurer l'arrestation de toutes les personnes suspectes (2). Santerre avait accepté cette mis-

(1) *Le Courrier des départements*, n° du 31 janvier 1793.
(2) Voy. dans *les Révolutions de Paris*, t. XV, p. 245, l'arrêté du Comité de sûreté générale, il est signé : Bernard

sion avec enthousiasme. Il avait aussitôt commandé pour cette expédition 3500 hommes d'infanterie et 200 hommes de cavalerie. Des gazons du Louvre, où le *général mousseux* leur avait donné rendez-vous, ces 3700 hommes s'élancèrent bravement à l'assaut des promeneurs, des femmes et des enfants, qui remplissaient le *Jardin de la Révolution*. Des cris de colère et d'effroi s'élevèrent du sein de cette foule affolée de terreur. Fuir était impossible: on avait placé de l'artillerie à toutes les issues; quatre pièces de canon avec caissons étaient en réserve dans la seconde cour du palais (1).

En quelques minutes, tous les promeneurs du jardin furent cernés et toutes les maisons investies. Restaurants, cafés, cabinets littéraires, magasins, appartements, furent envahis et fouillés. On pénétra partout. Une patrouille de cinq hommes entra chez le citoyen Désormeaux, professeur d'accouchements, et força la porte de la salle où se trouvait, au milieu des élèves, une femme dans les plus grandes douleurs. Le citoyen Désormeaux est pourtant un chaud patriote, et reconnu pour tel (2).

Nous nous trouvâmes bientôt réunis et parqués dans le jardin au nombre de plusieurs milliers, hommes, femmes et enfants. Malgré l'intempérie de la saison, nous avons dû passer la nuit à la belle étoile (3). Chacun de nous a été interrogé par les officiers de police qui accompagnaient les soldats de San-

Basire, Legendre, Duhem, Montaut, Ruamps, Ingrand, Lasource, Chabot.
(1) *Mercure français*, n° du 31 janvier 1793.
(2) *Les Révolutions de Paris*, t. XV, p. 313.
(3) *Ibid.*, t. XV, p. 247.

terre, et ces milliers d'interrogatoires ont duré jusqu'à quatre heures du matin (1). Ceux-là seulement furent mis en liberté qui avaient pris la précaution de mettre dans leur poche leur carte civique. Tous les autres furent retenus pour être conduits à leurs sections. Les officiers de police formaient des groupes de prisonniers selon la section à laquelle ils appartenaient. Ces groupes une fois formés, après que l'on avait bien crié : *Y a-t-il encore quelqu'un de telle section* (2)? défilaient entre deux haies de gardes, à travers les rues pleines de monde, malgré l'heure indue (3). Je fus ainsi traîné à ma section, où j'eus à subir un nouvel interrogatoire. Ce n'est qu'à six heures du matin que j'ai pu rentrer chez moi. Tous ceux dont les réponses n'étaient pas jugées satisfaisantes ou qui ne trouvaient pas de répondants étaient conduits en prison (4).

Voici le bulletin officiel du siège du *Jardin de la Révolution* et de la grande victoire du général Santerre :

« Hier, dimanche, les juges de paix, les commissaires de police et officiers de paix, par ordre du Comité de sûreté générale de la Convention, se transportèrent au palais de l'Égalité, pour y arrêter les citoyens sans carte et sans asile, et les factieux qui menacent ouvertement les membres de la Convention et la Liberté. Par le même ordre, le général Santerre fut requis d'y envoyer de la force. Conséquemment, il commanda environ trois mille sept cents hommes,

(1) *Le Courrier des départements*, n° du 30 janvier 1793.
(2) *Les Révolutions de Paris*, t. XV, p. 218.
(3) *Le Courrier des départements*, n° du 31 janvier 1793.
(4) *Ibid.*

tant cavalerie qu'infanterie, pour 7 heures moins un quart. Il leur donna pour point de ralliement le gazon du Louvre et la maison Commune, afin que de là ils se transportassent *incognito* au palais d'Égalité et à 7 heures précises. Plusieurs détachements tardèrent. Enfin, l'on n'entra qu'à 8 heures. En moins de trois minutes, toutes les maisons furent investies, les officiers de police présents. Plusieurs reçurent les ordres, et ils montrèrent grand envie de les exécuter; mais beaucoup d'autres motionnèrent et ne mirent pas le même empressement. Il résulte de cette visite que six cents hommes environ (1) furent trouvés sans carte de civisme et reconduits dans leurs sections, afin d'y reconnaître les émigrés et les négligents, qui, dans un moment comme celui-ci, vont sans preuve de leur civisme, au moment où les patriotes achèvent leur guerre avec les aristocrates (2) ».

J'ai eu occasion de passer aujourd'hui devant le palais de l'Égalité, et je n'ai pu me défendre d'un certain tressaillement quand, levant les yeux sur la façade, j'y ai lu le premier mot de l'inscription qui la décore :

LIBERTÉ...

---

(1) Et non *six mille*, comme le disent à tort M. de Barante (*Histoire de la Convention*, t. II, p. 332), et M. Mortimer-Ternaux (*Histoire de la Terreur*, t. VI, p. 22).

(2) Rapport de Santerre à la Commune de Paris. — *Mercure français*, n° du 31 janvier 1793.

IV

UN COCHER DE FIACRE

Lundi 4 février 1793.

Hier, dimanche, j'ai passé la journée à Luciennes, chez Mme Pourrat, qui s'y trouve en ce moment avec ses deux filles, Mme Hocquart et Mme Laurent Lecoulteux (1). Le soir, je suis revenu en fiacre. Arrivé sur la place ci-devant Louis XV, la voiture s'est arrêtée tout à coup. Il faisait nuit. Je crus à un accident et je mis la tête à la portière. Le cocher était descendu de son siège, et je l'aperçus à dix pas de moi, à genoux, la tête découverte, dans l'attitude d'un homme qui prie avec ferveur. Vivement intrigué, je descends à mon tour, et je m'approche sans bruit. Un pâle rayon de lune éclairait faiblement la place. Je reconnais l'endroit où avait été dressé l'échafaud du 21 janvier, et, dans le silence de la nuit, j'entends très distinctement ces paroles : « Non tu n'es pas mort pour moi, tu vivras toujours dans le cœur des

(1) Sur Mme Pourrat et ses deux filles, voyez Ch. Lacretelle, *Testament philosophique et littéraire*, t. I, p. 355 et suiv. ; et L. Becq de Fouquières, *Étude sur la vie d'André Chénier*, en tête des *Œuvres en prose d'André Chénier*. (Charpentier et Ce, éditeurs, 1879).

bons Français (1) ». Ces mots dits à demi-voix, mon cocher se relève, et, se retournant, se trouve face à face avec moi. Je lui tends la main; il la serre avec force, et, quelques instants après, le fiacre reprenait sa course à travers les rues désertes. A 10 heures et demie, il me déposait à ma porte, et je rentrais, non sans avoir échangé avec le cocher une nouvelle et cordiale étreinte.

Singulière coïncidence ! Quelques heures auparavant, dans le salon de Mme Pourrat, André de Chénier nous avait raconté le fait suivant. Du 14 décembre au 20 janvier, M. de Malesherbes n'a pas passé un seul jour sans aller au Temple (2). L'hiver était rude, le trajet était long. M. de Malesherbes a soixante-douze ans. Force lui était donc de prendre une voiture. Il avait fait marché avec un cocher de fiacre qui, tous les jours, le conduisait au Temple et le ramenait chez lui, rue des Martyrs (3). Les conférences entre le Roi et ses défenseurs commençaient à midi et se prolongeaient quelquefois jusqu'à 6 heures. Un soir, M. de Malesherbes, qui était resté auprès du Roi plus longtemps que d'habitude, adressa à son cocher, en lui donnant un *pourboire*, quelques paroles d'intérêt : « Je suis très fâché, mon brave

---

(1) *La Feuille du Matin*, n° 52. Février 1793. *Lettre au Rédacteur*, signée L. C. F.

(2) M. de Malesherbes vit Louis XVI le 17 janvier pour la dernière fois. Les 18, 19 et 20 janvier, il se présenta au Temple, mais sans pouvoir être admis.

(3) « Avec quelle joie, dit Lacretelle, je montais tous les matins la rue des Martyrs où était son hôtel! Combien de fois depuis je me suis rappelé le nom en quelque sorte prophétique de cette rue ! » *Testament philosophique et littéraire*, t. I, p. 311.)

homme, que vous ayez attendu si longtemps. — Ne faites pas attention, not' bourgeois. — C'est que, par un froid de 18 degrés, c'est un peu dur. — Ah ! bah ! pour une pareille cause, on souffrirait bien aut'chose. — Oui, vous, mon ami, c'est fort bien, mais vos chevaux ! — Mes chevaux, Monsieur ! mes chevaux pensent comme moi (1) ! »

(1) Alissan de Chazet, *Mémoires, Souvenirs et Portraits*, t. III, p. 22. — Arnail-François, comte, puis marquis de Jaucourt (1757-1852), qui fut, en 1814, membre du gouvernement provisoire, aimait à raconter qu'obligé de quitter la France après le 10 août, il s'était risqué à rentrer, avec Joseph de Broglie, au mois de février 1793. A peine avaient-ils mis le pied sur la terre de France qu'ils rencontrèrent une jeune femme allant à la pêche. « Qu'y a-t-il de nouveau ? » fut leur première question. « Ils ont tué le roi, répondit la femme : ils lui ont ouvert le Paradis et nous l'ont fermé. »

V

LA CHASTE SUZANNE

Jeudi 7 février 1793.

Le théâtre du Vaudeville (1) a joué, le 5 janvier, une comédie en deux actes, de Barré, Radet et Desfontaines. Cette pièce, dans laquelle trois hommes d'esprit, qui ont depuis longtemps donné des gages à la cause révolutionnaire, ont mis la Bible en couplets et travesti de la façon la moins respectueuse une scène de l'Ancien Testament, n'était pas pour déplaire aux Jacobins. Ils en ont cependant interdit la représentation.

Le 26 janvier, la *Société des Défenseurs de la République une et indivisible*, qui est formée de fédérés des départements et qui tient ses séances aux Jacobins, a transmis au Conseil général de la Commune « l'invitation d'empêcher la représentation de cette pièce *aristocratique* ». Elle a motivé sa de-

---

(1) Le théâtre du Vaudeville, ouvert en 1792, était situé près du Palais-Royal, entre la rue de Chartres et la rue Saint-Thomas-du-Louvre. Il avait été construit par l'architecte Lenoir sur l'emplacement d'une salle de danse appelée Vauxhall d'hiver ou Petit Panthéon. Un incendie ayant détruit ce théâtre en 1838, le Vaudeville fut transporté sur la place de la Bourse.

mande sur « l'impudence avec laquelle les valets de la ci-devant cour avaient applaudi, la veille, aux allusions criminelles qu'elle renferme ».

Je n'assistais point à cette représentation, mais deux de mes amis s'y trouvaient et m'en ont rendu compte. Les deux vieillards qui ont dénoncé Suzanne, Accaron et Barzabas, siègent parmi ses juges. Azarias, le chef du tribunal, se lève et leur dit : *Vous êtes ses accusateurs, vous ne pourez être ses juges.* C'était la phrase même que Desèze avait jetée à la face des membres de la Convention : « Je cherche parmi vous des juges et je ne vois que des accusateurs. » Les paroles d'Azarias ont été accueillies par des applaudissements plusieurs fois répétés et qui étaient bien évidemment à l'adresse des *Accaron* et des *Barzabas* de la Convention nationale. Lorsque Suzanne est condamnée à mort, que les trompettes donnent le signal du départ et que les gardes se disposent à la conduire au supplice, le jeune Daniel sort de la foule et, s'adressant au chef du tribunal : *Juge Azarias*, dit-il, *je suis innocent de la mort de cette femme* (1). Ici encore, les applaudissements ont éclaté avec une énergie extraordinaire, et il n'était guère possible de se méprendre sur leur signification. Les spectateurs pouvaient-ils dire plus clairement : « O juges, nous sommes innocents de la mort de Louis ! »

Le Conseil général de la Commune a envoyé au département de police la dénonciation de la Société des Défenseurs de la République une et indivisible.

---

(1) Acte II, scène III, *la Chaste Suzanne*, pièce en deux actes, mêlée de vaudevilles. Chez Maret, libraire, maison Egalité, cour des Fontaines.

Le lendemain, — c'était le dimanche 27 janvier, — un certain nombre de fédérés se sont présentés à la porte du théâtre et ont voulu y pénétrer sans payer. Ils se sont pourtant décidés à le faire et se sont répandus dans les différentes parties de la salle. Un peu plus tard, arrivent une douzaine de leurs camarades qui, se disant députés de la Société des Amis de la liberté et de l'égalité, forcent le passage et entrent sans bourse délier. Ils demandent à parler au directeur et se plaignent de ce qu'on joue *la Chaste Suzanne*. Barré (1) les engage à écouter la pièce avant de la condamner et il leur fait donner de bonnes places. Le premier acte est écouté paisiblement ; le second acte ne donne lieu également à aucune manifestation ; il ne restait plus qu'à chanter les couplets du vaudeville final, sur l'air : *Je suis né natif de Ferrare*. Le premier, chanté par Mlle Lejeune, qui remplissait le rôle de *Daniel*, passe sans encombre. Le second est ainsi conçu :

      Affecter candeur et tendresse,
      Du plus offrant que l'amour presse
      Recevoir argent et présent,
      C'est ce que l'on fait à présent (*bis*).
      Refuser plaisir et richesse
      Pour conserver gloire et sagesse ;
      De la mort souffrir le tourment,
      Oh ! c'est de l'Ancien Testament (*bis*).

(1) Barré, fondateur du Vaudeville, en fut, avec Piis, le premier directeur. Il n'abandonna la direction de ce théâtre qu'en 1815, époque à laquelle il eut pour successeur Désaugiers, le célèbre chansonnier.

Une très grande partie du public a salué ce couplet de ses bravos et l'a redemandé quand il a été fini. Les fédérés se sont levés et ont protesté avec fureur. Plusieurs d'entre eux sont descendus des premières loges à l'orchestre et ont traité de *brigands* les spectateurs, les auteurs et les acteurs. Après la représentation, ils ont envahi la scène, cherchant le directeur pour lui faire un mauvais parti ; ils ne l'ont pas trouvé et sont enfin sortis en promettant de faire du Vaudeville un hôpital.

Le citoyen Delpêche, qui jouait le rôle d'Azarias et qui avait chanté le fameux couplet, a eu la naïveté de présenter au Conseil général de la Commune une pétition dans laquelle il se plaint du droit de censure que se sont arrogé les fédérés. On juge s'il a été bien reçu ! Le Conseil général, dans sa séance du 29 janvier, a pris l'arrêté suivant :

« Le Conseil général charge le Comité de police de surveiller la représentation de *la Chaste Suzanne*, afin que cette pièce n'occasionne aucun trouble, et d'empêcher qu'elle ne pervertisse l'opinion publique ; passe à l'ordre du jour sur la pétition du citoyen Delpêche, *attendu qu'elle ne peut inspirer que le mépris.* »

Pendant que le citoyen Delpêche était à la Commune, les fédérés étaient dans le cabinet de Barré, et le pauvre directeur, cédant à leurs menaces, consentait à retirer la pièce de l'affiche du théâtre. La note suivante paraissait, le 31 janvier, dans tous les journaux *patriotes* :

« Sur l'invitation qui a été faite aux auteurs et directeur du théâtre du Vaudeville de suspendre la représentation de *la Chaste Suzanne*, motivée par les troubles qu'elle pourrait causer, ils y ont acquiescé. Nous te prions, citoyen journaliste, d'insérer cette note. *Signé :* MANINS, président ; LEBRASSE, secrétaire ; FILLIREL, secrétaire provisoire de la Société des Défenseurs de la République une et indivisible des quatre-vingt-quatre départements. »

Les exploits des *Défenseurs de la République* ne se sont point bornés là. Samedi 2 février, dans la matinée, un colporteur nommé Baptiste vendait, sous les galeries de la Maison-Égalité, la pièce de *la Chaste Suzanne*. Des fédérés lui ont arraché les exemplaires dont il était porteur et l'ont assassiné (1). Ils n'ont pas été et ne seront pas poursuivis : arrêter les assassins et les condamner, *c'est de l'Ancien Testament !*

(1) *Révolutions de Paris*, t. XV, p. 302.

VI

PHYSIONOMIE DE LA CONVENTION

Mercredi 13 février 1793.

Vendredi dernier, Grangeneuve, l'un des membres de la députation de Bordeaux, était à la tribune. Son discours souleva parmi les membres du côté gauche de violentes rumeurs. Chabot, Fabre-d'Églantine, Duhem, se précipitent vers l'orateur. Ruamps (1), dans le milieu de la salle, l'apostrophe avec animation. *Ruamps*, s'écrie Grangeneuve, *tu es un scélérat* (2)! — *Scélérat, gredin, cochon, assassin, coquin*, font aujourd'hui le fond de la langue. Hier, j'ai vu Marat quitter son banc et courir dans la salle avec des mouvements convulsifs, allant de banc en banc, et hurlant, l'écume à la bouche : *Taisez-vous, misérables, laissez parler les patriotes... Vous êtes des gredins, des coquins, des aristocrates!* — Se tournant à droite : *Tais-toi, brigand!* Regardant à gauche : *Tais-toi, conspirateur!* S'adressant avec des gestes épileptiques à Dufriche-Valazé qui s'avance vers lui : *Tais-toi, trésorier de France* (3)!

Des paroles on passe aux actes. Un grand nombre

(1) Député de la Charente-Inférieure.
(2) Séance de la Convention nationale, du vendredi 8 février 1793.
(3) Séance du 12 février 1793.

de membres se rendent armés aux séances, qui avec un sabre, qui avec un pistolet, la plupart avec une canne à dard. Louvet a déclaré qu'il n'irait plus à la Convention qu'avec une espingole. Merlin de Thionville, qui depuis longtemps déjà était armé de pistolets, a cru bon d'y ajouter un long sabre, pour ressembler en tout à Marat (1). Granet, des Bouches-du-Rhône, porte à la main un gros bâton dont il ne cesse de menacer ceux qui ne votent pas comme lui (2). Un jour, c'est Bourdon (de l'Oise) qui se jette sur Chambon, lève la main sur lui et le provoque en duel (3). Un autre jour, c'est Chambon et cinq ou six de ses collègues qui se précipitent sur la barre comme des furieux, et, malgré les efforts des huissiers, menacent Robespierre, à qui Chambon montre sa canne à sabre. Tantôt, c'est Rebecqui, l'un des députés de Marseille, qui prend un de ses collègues à la gorge ; tantôt, c'est un autre membre du côté droit qui se précipite sur Duquesnoy, tire son sabre et essaie de l'en frapper (4).

Témoins de ces excès, beaucoup de députés s'effor-

(1) *Mémoires* de Buzot, p. 340.
(2) *Biographie universelle* de Michaud, v° *Granet.*
(3) Séance du 7 janvier 1793.
(4) *Deuxième discours d'Armand-Benoît-Joseph Guffroy, député du Pas-de-Calais, sur la punition de Louis Capet et sur les intrigues que l'on oppose à la volonté suprême de la nation qui a condamné le tyran.* In-8° de 38 pages. — Ce discours n'ayant pas été prononcé à la tribune, il n'y en a aucune trace dans les journaux du temps. Les historiens de la Révolution paraissent l'avoir complètement ignoré. C'est cependant un document capital et celui peut-être qui renferme le plus de renseignements sur l'intérieur de la Convention à cette époque.

cent d'y demeurer étrangers, — bien moins par dignité que par calcul. Ils ne se classent encore ni dans l'un ni dans l'autre parti, ne prennent jamais la parole, ne se risquent jamais à faire même une interruption. Ne pouvant pas se rendre *invisibles*, ce qui serait évidemment pour eux l'idéal (1), ils changent chaque jour de place, et souvent il leur arrive d'en changer plusieurs fois dans la même séance: ombres errantes que la victoire seule fixera.

A droite du bureau du président, siègent les membres de la Montagne (2), les Maratistes et les Robespierrots. A gauche, dans la partie de la Convention qui a reçu le nom de *Marais* (3), pren-

(1) « Je pris le dessein de me tenir constamment à l'écart sous l'égide de mon silence et de ma nullité. Je ne pouvais *me rendre invisible.* » (*Mémoires de Durand de Maillane*, membre de la Convention nationale, p. 38).

(2) Dans sa séance du 27 décembre 1791, l'Assemblée législative avait décidé d'opérer dans les dispositions intérieures de la salle de ses séances des changements qui eurent pour effet de mettre le *côté droit* à *gauche* et réciproquement. Ces changements étaient chose faite dès les premiers jours de 1792, et *le Patriote français* constatait dans son numéro du 6 janvier « que les patriotes siégeraient désormais *à la droite du président.* » *L'Ami du Roi*, de l'abbé Royou, disait également, dans son numéro du 7 janvier : « Par le bouleversement opéré dans la salle, le côté droit est devenu le gauche, et le côté gauche la droite. » Rien ne fut changé à cet état de choses jusqu'à la fin de l'Assemblée législative, ni même à la Convention, tant qu'elle siégea dans la salle du Manège. (Voir notre livre sur *la Légende des Girondins*, p. 140 et suiv.).

(3) Guffroy, p. 20. — Tous les historiens désignent sous le nom de *Marais* le centre de la salle et les députés qui ne se rattachaient ni à la Montagne ni à la Gironde. Le discours de Guffroy montre au contraire que l'on désignait alors sous le

nent place les Girondistes et Buzot, leur chef (1).

Dans les départements, on considère encore Vergniaud et Brissot comme les chefs du parti de la Gironde. C'est une erreur.

Vergniaud sans doute est l'orateur le plus éloquent de ce parti et de toute l'Assemblée ; mais, soit insouciance, soit paresse, il laisse aller les évènements et les hommes, et s'inquiète peu de les diriger. Les séances s'ouvrent à dix heures du matin ; il est rare que Vergniaud paraisse avant midi. Souvent il reste plusieurs jours sans venir. Le plaisir passe pour lui avant le devoir et les affaires. Brissot, au contraire, appartient tout entier à la politique ; mais si son action est grande dans le journalisme, elle l'est beaucoup moins à la tribune.

Doué d'un caractère énergique et d'un véritable talent de parole, toujours sur la brèche, toujours prêt à l'attaque et à la défense, Buzot a plusieurs des qualités d'un chef de parti. On assure, d'ailleurs, qu'il puise l'ardeur qui l'anime, non-seulement dans sa haine contre Robespierre et Marat, mais encore

---

nom de *Marais* le *côté droit*, les bancs où siégeaient les Brissottins. Guffroy dit encore dans son *deuxième discours* : « Buzot placé à l'un des postes d'où il dirige les mouvements du *côté droit*, dit le *Marais* ». — Dans le procès des Girondins (*Bulletin du Tribunal révolutionnaire*, n° 63), le président dit à l'un des accusés, Antiboul : « N'est-ce pas par suite de cette intimité avec Rebecqui et Barbaroux, que vous avez habité la partie de la Convention connue sous le nom de *Marais* ? »

(1) L'appellation de *Girondins*, inconnue sous la Législative, commence à paraître au mois de janvier 1793 ; mais elle est encore très peu usitée au mois de février et n'entrera vraiment dans la langue politique que beaucoup plus tard.

dans son amour pour Mᵐᵉ Roland. Quoi qu'il en soit son collègue Guffroy a eu raison de le désigner comme le *général en chef* du parti girondiste (1).

Le *général* Buzot et ses lieutenants ont deux quartiers généraux. Ils tiennent souvent conseil dans le haut du côté droit, ordinairement désert. Là se réunissent, dans les grandes circonstances, Buzot, Barbaroux, Rebecqui, Salle, Estadens, Lahaye, Chambon, Duperret, Birotteau, Louvet, Gorsas, Coupé, Rouyer, Larivière. D'autres fois, Buzot et les députés que je viens de nommer se groupent le long de la rampe qui conduit à la tribune. Buzot se met alors sur le tabouret de l'huissier qui est à côté et vers le milieu de la salle. Il distribue les rôles et donne ses instructions, que ses aides de camp vont ensuite porter de banc en banc (2). Le plus actif de ces aides de camp est Barbaroux, — *Michel-Morin Barbaroux*, comme l'appelle Marat (3) : il passe toutes les séances à transmettre aux soldats le mot d'ordre des chefs.

Les membres du parti Buzot se réunissent aussi en dehors de l'Assemblée, pour concerter la marche à suivre. Ces réunions ont eu lieu successivement au

---

(1) Guffroy, p. 28.
(2) Guffroy, p. 29.
(3) *Journal de la République française*, n° 20. — « La Convention nationale, dit Marat, se laisse entièrement influencer par la cabale de l'Assemblée constituante et de l'Assemblée législative, à la tête de laquelle se trouve la clique de la Gironde et des Bouches-du-Rhône. *L'âme* de cette clique est le pédant *Buzot*, l'irascible Guadet, le perfide Brissot, le double Gensonné, le tartufe Rabaut... Je ne dirai rien non plus du frère coupe-choux Gorsas et de *Michel-Morin Barbaroux*, qui colporte les résolutions du conseil des confrères et fait circuler les mots d'ordre »...

n° 148 de la rue Richelieu (1) et chez Vimca, traiteur, passage des Écuries. Dans l'un de ces conciliabules chez Vimca, Birotteau, qui remplissait les fonctions de secrétaire, a fait l'appel des membres présents : ils étaient au nombre de cent environ (2). D'autres réunions, moins nombreuses et où n'assistent que les principaux députés de la faction girondiste, se tiennent dans le salon de Mme Roland, rue de la Harpe, dans l'hôtel du citoyen Talma, rue Chantereine (3), et chez Dufriche-Valazé, député de l'Orne, qui demeure rue d'Orléans, n° 10 (4). Cette dernière réunion est de beaucoup la plus importante de toutes. Elle compte une quarantaine d'adhérents (5), qui se rassemblent tous les soirs assez régulièrement. Parmi ceux qui manquent rarement de s'y rendre et qui prennent la part la plus active aux discussions, je citerai Buzot, Lacaze, Gensonné, Brissot, Guadet, Boileau, Duprat, Salle, Lidon, Duperret, Barbaroux, Chambon, Bergoeing, Mollevaut et Lesage (Eure-et-Loir).

Ainsi organisés, ayant pour eux le talent de leurs orateurs et de leurs journalistes, et, dans les grands jours, l'éloquence de Vergniaud, il semble que les membres de la Gironde devraient l'emporter sur leurs adversaires. Oui, peut-être, si la Convention siégeait à Versailles. Mais à Paris ! Vergniaud, Guadet, Gensonné, Isnard parlent mieux que Robespierre. La belle

---

(1) Séance de la Convention du 31 décembre 1793.
(2) Guffroy, p. 30.
(3) *Le Publiciste de la République française*, n° 159.
(4) Séance de la Convention du 23 mai 1793. — *Mémoires de Meillan*, p. 16. — *Mémoires de Louvet*.
(5) Discours de Valazé, séance du 23 mai 1793.

affaire! Que peut leur éloquence contre ces députations de sectionnaires et de fédérés qui, chaque semaine, défilent devant l'Assemblée et lui signifient les *volontés du* PEUPLE, — de ce PEUPLE dont ils ont eux-mêmes si longtemps et si lâchement célébré la justice, la grandeur, l'infaillibilité souveraine! Que peuvent-ils contre ces *Tribunes*, dont les applaudissements, les cris et les menaces étaient pour eux la *voix de la* NATION, lorsque c'était eux qu'elles applaudissaient, lorsque c'était leurs adversaires qu'elles couvraient de huées! Le jour où Manuel, revenu à des idées plus saines, a demandé : 1º que les commissaires inspecteurs de la salle fissent passer tous les jours dans six sections de Paris successivement un nombre égal de billets pour être distribués aux citoyens de ces sections inscrits sur une liste affichée dans l'Assemblée générale de la section ; 2º que le même nombre de billets fût donné à six députations des départements par ordre alphabétique ; — ce jour-là, la Montagne s'est levée tout entière pour protester. Le tumulte a été tel, que le président a été obligé de se couvrir. Thuriot s'est écrié : « Si vous adoptez la proposition de Manuel, on ne verra dans les tribunes que les *lâches apôtres du modérantisme*, dans un moment où nous avons besoin d'être appuyés par des hommes du patriotisme le plus éprouvé. » Quelle chose monstrueuse, en effet, si les tribunes étaient composées de spectateurs honnêtes, modérés, qui écouteraient en silence et ne pèseraient pas sur les délibérations ! On était alors au plus fort des débats sur le procès du Roi : la proposition de Manuel est du 14 décembre 1792. Chacun comprenait qu'elle avait pour but, dans la pensée de son auteur, de sauver les jours de

Louis XVI. Les Girondistes se sont joints à la Montagne pour la repousser, et c'est à la presque unanimité qu'elle a été rejetée. Les tribunes, qui sont en réalité les clefs de la Convention, sont donc restées aux mains de la Commune et des pires démagogues. Les meneurs de qui relèvent, beaucoup plus que du président, la direction des débats, et la surveillance de l'Assemblée, beaucoup plus que des inspecteurs de la salle, tiennent leurs assises dans deux cafés qui avoisinent la Convention : le *café Beauquesne*, situé dans l'intérieur de la maison des Feuillants (1), et le *café Hottot*, situé dans le jardin des Tuileries et adossé au mur qui, se reliant à la Terrasse des Feuillants, sépare du manège le jardin et toute l'enceinte du château. Une porte, pratiquée à l'intérieur dans le mur de derrière du café, met le manège en communication directe avec les habitués de cet établissement (2). Ces derniers reçoivent à chaque instant des rapports, soit des spectateurs présents à la séance de la Convention et des députés eux-mêmes, soit de la Commune et des sections. Ils dressent leurs batteries, donnent les mots d'ordre, transmettent le signal des applaudissements et des huées, faisant mouvoir à leur gré les hommes et les femmes qui garnissent les tribunes, remplissent les corridors ou se pressent aux portes et sur la Terrasse.

La France, assiste, émue, palpitante, pleine d'angoisses, à ce grand drame dont la salle du Manège est le théâtre, dans lequel Vergniaud donne la réplique à

---

(1) Beaulieu, *Essais*, etc., t. III, p. 404.
(2) Adolphe Schmidt, *Paris pendant la Révolution*, d'après les rapports de la police secrète, t. I, p. 118. Traduction par Paul Viollet.

Danton, et Buzot à Robespierre ; elle a les yeux fixés sur les acteurs qui jouent avec éclat les premiers rôles ; elle attend d'eux le dénouement de cette horrible tragédie. Elle ne se doute pas que ce dénouement sera l'œuvre d'une trentaine d'hommes sans talent, sans aveu et sans nom, qui, là, dans les coulisses, de leur table du café Hottot ou du café Beauquene, conduisent toute la pièce.

VII

LES CENSEURS DE LA RÉPUBLIQUE
UNE ET INDIVISIBLE

Mardi 19 février 1793.

La *Chaste Suzanne*, dont les représentations avaient été suspendues le 31 janvier, par ordre des *Défenseurs de la République une et indivisible* (1), vient de reparaitre sur l'affiche du Vaudeville. Les négociations qui ont amené cette reprise sont assez curieuses pour mériter qu'on les note.

Barré, Radet et Desfontaines, qui sont de bons *patriotes* et qui n'avaient point écrit leur comédie pour faire pièce à la République, se sont empressés de la corriger, de supprimer tout ce qui pouvait fournir prétexte à des allusions déplaisantes, et ils l'ont présentée, en son nouvel état, au jugement de la Société des Jacobins, sollicitant humblement la permission de la jouer. Les Jacobins étaient sans doute, ce soir-là, de méchante humeur. Ils ont renvoyé les malheureux auteurs à la Commune, qui n'était pas, elle non plus, parait-il, en humeur de rire, et qui, sans les vouloir entendre, a passé à l'ordre du jour, attendu, a-t-elle dit, que leur requête n'était qu'une nouvelle *attrape* (2). Sans se décourager, Barré s'est

(1) Voy., ci-dessus, le chapitre v.
(2) *Le Courrier des départements*, n° du 19 février 1793.

retourné vers les *Défenseurs de la République*, les a suppliés de vouloir bien être ses Censeurs, s'est soumis avec docilité à toutes les observations de ces maîtres-critiques, et a obtenu d'eux son *permis de représenter*.

La pièce revenait donc hier soir devant le public. J'ai tenu à y assister, et je ne regrette pas ma soirée. Je n'ai entendu, cela va sans dire, ni la phrase d'Azarias : *Vous êtes ses accusateurs, vous ne pouvez être ses juges;* — ni la phrase de Daniel : *Juge Azarias, je suis innocent de la mort de cette femme;* — ni le couplet que chantait si bien Delpêche : *Oh! c'est de l'Ancien Testament!* Tous ces passages ont disparu. D'autres encore ont été biffés, celui-ci notamment : *Vils dénonciateurs! vous avez menti au peuple, tremblez. L'ange exterminateur approche.*

Peu m'importait d'ailleurs ce que les acteurs disaient ou ne disaient pas sur la scène. Pour moi, le spectacle était ailleurs. Il était au premier banc du balcon, où siégeaient quatre Jacobins, graves, solennels, gourmés, qui s'acquittaient, avec une incomparable dignité, de la mission officielle dont ils étaient investis, celle de juger si les corrections faites par les auteurs étaient suffisantes pour permettre que l'on continuât de représenter la pièce (1). Les journaux de ce matin nous apprennent que nos gens se sont déclarés satisfaits (2).

La Harpe, qui était lui aussi dans la salle et que la vue des quatre commissaires avait fort égayé, me dit

(1) La Harpe, cité par M. E. Jauffret, *le Théâtre révolutionnaire*, p. 217.

(2) L'empressement de Barré, Radet et Desfontaines à se soumettre aux injonctions des *Défenseurs de la République*

en sortant : « Hein! quels gaillards! et comme nous marchons! Sous le tyran on choisissait les Censeurs parmi les Académiciens; sous la République, on va les prendre au club des Jacobins! » Et passant son bras sous le mien, il se mit à fredonner à mi-voix, sur l'air du Vaudeville final de *la Chaste Suzanne*, ce couplet improvisé :

> Méchants auteurs, public obscène,
> Et pour Censeur, à l'avant-scène,
> Un Jacobin couvert de sang,
> Voilà le théâtre à présent (*bis*).
> Mais, par fortune singulière,
> Avoir et Corneille et Molière,
> Et Jean Racine mêmement,
> Oh! c'est de l'Ancien Testament! (*bis*)

une et indivisible ne les empêcha pas d'être arrêtés quelques semaines plus tard. Ils restèrent plusieurs mois sous les verrous. Pour racheter leur liberté, leur vie peut-être, ils composèrent un vaudeville intitulé : *Au retour*, tout brûlant de *patriotisme*, et ils accompagnèrent l'envoi de leur pièce à la Commune de Paris d'un certain nombre de couplets dont je citerai ici les deux premiers :

> AIR : *On doit soixante mille francs.*
>
> L'aristocrate incarcéré
> Par le remords est déchiré;
>   C'est ce qui le désole;
> Mais le patriote arrêté
> De l'âme a la sérénité,
>   C'est ce qui le console.
>
> Des mesures de sûreté
> Nous ont ravi la liberté,
>   C'est ce qui nous désole,
> Mais dans nos fers nous l'adorons,
> Dans nos chants nous la célébrons,
>   C'est ce qui nous console.

VIII

GUERRE AUX CHATS ET AUX MOINEAUX

Vendredi 22 février 1793.

Le général Santerre, — le général *Houblon*, comme l'appelle la *Feuille du matin* (1), — vient de partir en guerre. — Contre les Autrichiens et les Prussiens ? — Point. Laissant à d'autres le soin de combattre les ennemis du dehors, il s'est chargé pour sa part, de détruire les ennemis du dedans : ne sont-ce pas les plus redoutables ? — Je vous entends, il s'agit de ces *aristocrates* incorrigibles, de ces enra-

---

(1) On sait que Santerre, commandant de la garde nationale parisienne depuis le 10 août 1792, était brasseur au faubourg Saint-Antoine. De là les surnoms qui lui avaient été donnés de *général mousseux* et de *général houblon*. « On assure, dit la *Feuille du matin* (n° 43, 6 février 1793), que le *général Houblon* va incessamment être élu président perpétuel de la Convention nationale, à cause du talent qu'il possède et dont il a récemment fait preuve, de *couper la parole à ceux à qui il ne convient pas de la laisser*, pour les intérêts de la République. » J'ai établi, au tome premier du *Journal d'un Bourgeois de Paris*, que c'est bien Santerre — et non le comédien Dugazon, comme le prétend M. Louis Blanc, — qui ordonna le roulement de tambours par lequel fut étouffée la voix de Louis XVI, le 21 janvier. Aux preuves nombreuses et, je le crois, décisives, que j'ai fournies, il convient d'ajouter celle qui ressort de l'extrait, cité plus haut, de la *Feuille du matin*.

gés de *modérés* qui conspirent sourdement contre la République. — Vous n'y êtes pas. Faut-il donc vous apprendre que les vrais ennemis du dedans, d'autant plus dangereux qu'ils trouvent un refuge jusque dans la maison des *patriotes*, ce sont... les *chiens* et les *chats?* Heureusement, Santerre veillait. A lui reviendra l'honneur d'avoir déjoué leurs complots *liberticides* et d'avoir donné le signal de la croisade contre ces ennemis domestiques.

Voici l'ordre du jour qu'il vient de faire afficher sur les murs de la capitale :

La République a beaucoup gagné d'amis depuis la mort de Louis : mais la cherté des vivres peut servir les ennemis publics. Nos armées des frontières, la persuasion où sont les fermiers que Paris est toujours à feu et à sang, le discrédit des assignats occasionné par les manœuvres de l'aristocratie : telles sont les causes de cette cherté. Pour ma part, je propose deux moyens : le premier est que les citoyens aisés et qui aiment le bien général remplacent le pain, deux jours chaque semaine, par du riz et des pommes de terre, ce qu'ils peuvent faire, et non pas les pauvres, les ouvriers et les enfants. Cela fera une économie, je suppose, de la moitié de la consommation de Paris et produira en deux jours quinze cents sacs de farine. Le deuxième est que, dès aujourd'hui, chaque citoyen se défasse de son chien inutile. Paris contient, en chiens et en chats inutiles, de quoi absorber la nourriture de quinze cents hommes, lesquels, à 2 sous par jour, forment trois mille pesant et font dix sacs de farine perdus.

SANTERRE (1).

Le général Santerre avait ouvert la voie ; d'autres s'y sont engagés à sa suite. Le rédacteur des *Révolu-*

---

(1) *Chronique de Paris*, n° du 5 février 1793.

tions de Paris, qui plaisante bien un peu ce « brave Santerre », et qui fait observer que, pour dix sacs de farine, on n'a jamais fait tant de bruit au moulin, a son plan, lui aussi, et voici le remède qu'il propose pour couper court à la disette :

Chaque dimanche encore, sans y manquer, il y a au moins un pain bénit dans chaque paroisse dans toute l'étendue des quatre-vingt-cinq ou quatre-vingt-six départements. Ce pain bénit, qu'on faisait autrefois avec de la fine fleur de farine, et qui était une brioche, n'est plus aujourd'hui, il est vrai, que du pain de ménage ; mais c'est toujours du pain, et il y en a bien chaque fois 4 livres pesant. Or, nous comptons à présent au moins 50,000 municipalités en France ; à deux paroisses, l'une dans l'autre, c'est 100,000 pains de 4 livres par semaine, ou 1,600,000 livres de pain par mois de gaspillé, de perdu ; car on sait que ces pains sont coupés dans la sacristie par petits morceaux, que le bedeau distribue pendant le reste de la messe. Les fidèles mâchent à peine, en chantant, cette demi-bouchée, et la rejettent le plus souvent sans l'avaler. Par conséquent, c'est par année 35,200,000 livres de pain qui ne profitent à personne. Ne mettons que 30,000,000. Le Dieu de la nature peut-il se fâcher si on retranche de dessus ses autels une offrande dont il n'a que faire, et qui est en pure perte, non-seulement pour nous autres fidèles, mais encore pour nos curés ou vicaires qui n'en sont plus si friands? Supprimer le pain bénit pour économiser *trente millions* de livres de pain, c'est donc une œuvre méritoire et une œuvre très civique (1). »

C'est un grand journaliste que Prudhomme, mais un pauvre calculateur. Un enfant lui apprendrait que 1,600,000 livres, multipliées par 12, donnent

(1) *Révolutions de Paris*, t. XV, p. 306.

pour résultat, non 35,200,000, mais 19,200,000. Il ne se trompe que de *seize millions !* Mais ce déficit de 16 millions de livres de pain n'est pas pour l'embarrasser beaucoup. N'a-t-il pas, pour le combler, un expédient non moins ingénieux que la suppression du pain bénit? A cette première suppression, il propose, en effet, d'en ajouter une autre *ejusdem farinæ*. « Un usage, dit-il, qui consomme encore plus de sacs de farine, c'est la poudre dont les femmes et les hommes surchargent leurs cheveux. Ne gaspillons pas nos denrées de première nécessité, et méritons les bienfaits de la nature par l'usage que nous saurons en faire ; que les citoyens et citoyennes renoncent donc à la poudre. Les femmes n'en seront pas moins aimables, et les hommes n'en paraîtront que plus mâles (1). »

Ces belles inventions ne sont d'ailleurs que misères auprès de la *Motion patriotique* de P. S. G. J. Jeaulfre, *citoyen patriote*. La *Chronique de Paris* lui a ouvert ses colonnes, et je me reprocherais de ne point la reproduire :

Les moineaux sont de jolis petits animaux pleins d'agréments. Ils m'égayent le matin quand je les entends à travers le tuyau de ma cheminée ; ils m'égayent davantage au printemps ; mais je mets l'amour de ma patrie au-dessus de tous les amours. Or, chacun sait qu'il n'y a rien de plus vorace qu'un moineau ; c'est pour cela que des Anglais avaient proposé de les chasser tous de cette *île fortunée*. Je ne crois pas que cette motion ait eu des suites ; il semble même que le gouvernement en prend le

(1) *Les Révolutions de Paris*, publiées par L. Prudhomme, t. XV, p. 306.

contrepied, puisqu'il chasse les patriotes français qui ne sont pas *des petits moineaux.* Quoi qu'il en soit, il faut profiter de toutes les bonnes idées (même quand on les prendrait chez nos ennemis). *Je fais donc la motion expresse de tuer tous les moineaux de Paris*, et j'adopte l'amendement qui m'est proposé de *tuer tous ceux de France.* Mes motifs, on les connaît, et le tort qu'ils font au peuple, par le renchérissement inévitable du blé, est trop évident. Il est aisé de se convaincre de l'étendue du dégât qu'ils commettent, en calculant ce qu'un moineau peut manger de blé : 1° par jour; 2° par an. Un moineau mange au moins 12 ou 15 grains de blé par jour. La livre, poids de 16 onces, renfermant 4072 grains, un seul moineau mange par an 1 livre de blé, c'est-à-dire 2 sous ou 2 sous 6 deniers. Ce n'est pas là ce qui m'afflige, mais c'est la prodigieuse multitude des moineaux... Il y a, en France, à 10 personnes par maison, 260,000 maisons. En n'y supposant que 4 cheminées par maison, cela fait 1,040,000 cheminées. En ne supposant enfin que 10 moineaux par cheminée (ce qui est peu, car il y a des fermes où on les voit par centaines), cela fait 10,400,000 moineaux, et par conséquent un dégât d'autant de livres de blé, ce qui équivaut à 2,600,000 livres tournois. Il n'y a rien de petit en politique, et tout le monde peut se convaincre qu'avec cette économie il y a de quoi nourrir 100,000 hommes pendant 70 jours. Nos généraux et nos soldats n'auraient pas jeté tant de cris si nos pourvoyeurs avaient fait ce calcul.

Qu'on ne dise point que je tire *ma poudre aux moineaux* et qu'un de ces oiseaux ne vaut pas le coup de fusil, surtout depuis la rareté de la poudre, malgré les offres du citoyen Barthélemy ; car 1° tuer 1 moineau, c'est en tuer 1,000, *puisqu'on détruit sa postérité.* Nous n'y regardons pas à la vérité *de si près pour les hommes* ; mais aussi c'est autre chose... D'ailleurs, la peine de mort n'est pas encore abolie; la *mode* en viendra peut-être ;

celle d'aujourd'hui est de *poignarder*, de *couper les têtes*, de *guillotiner*; il faut attendre que ce goût passe, et j'ai ouï dire qu'on ne gagne rien à gêner la nature. 2º Je compte assez sur le patriotisme de nos concitoyens pour croire que, sitôt le décret rendu, on les verra se presser de mettre fin à cette espèce *blédivore*. Mais quand la nation serait obligée d'en payer la moitié à 5 sous par tête, ce serait très bon marché, attendu que cela équivaut à 2 années de nourriture par moineau et qu'on s'en défait pour toujours. J'avertis du reste mes concitoyens et surtout les jeunes gens de ne pas se livrer à la fantaisie de manger ce gibier, quand ils l'auront tué, car cet aliment donne l'épilepsie. Je leur aurais bien donné un conseil qui eût été une véritable économie et aurait tourné au profit de la République, *c'était de les donner à leurs chats*; mais l'arrêt de proscription lancé contre ces derniers rend ce conseil inutile. Je crois cependant mon idée plus avantageuse à la société que celle de tuer les chats. La mort des moineaux ne peut faire plaisir qu'aux mouches, aux chenilles et aux guêpes (mauvaises espèces qui pullulent, il est vrai, plus que jamais, mais qui meurent l'hiver), au lieu que, si l'on tue les chats, selon l'idée du général de Paris, nous serons inondés d'une multitude de rats dont nous ne pourrons plus nous défaire. On assure que beaucoup d'émigrés ont laissé leurs chats dans leurs hôtels avant de partir et qu'ils ont recommandé qu'on leur portât à manger. J'oserais presque dire que cette leçon fait honte au général — motionneur... S'il s'était rappelé les fables du bonhomme La Fontaine, il aurait pensé à ces *rats* qui allaient grignoter la farine dans la huche, et il aurait réfléchi que 30 de ces mauvaises bêtes y feraient plus de dégâts et d'ordures dans une nuit qu'un *angora* ne consomme de biscuits dans toute une année. Mais on ne peut pas songer à tout, quand on a tout à faire. Quant à moi, qui n'ai pas 48 bataillons, sans l'*extra*, à commander, et qui, du matin au soir, ne fais œuvre de mes dix doigts, j'ai bien approfondi mon sujet, et je *persiste dans ma motion* (1).

Citoyen Jeauffre, vous avez bien de l'esprit pour un *patriote*, et j'ai grand'peur que votre *motion patriotique* ne vise le général Santerre encore plus que les dix millions quatre cent mille moineaux de France. Ne seriez-vous point, par hasard, un de ces affreux journalistes contre lesquels, l'autre soir, en pleine séance de la Commune, notre irascible général a exhalé sa mauvaise humeur? Le citoyen Jacques Roux, — un autre héros du 21 janvier, — venait de signaler ce fait que « dans ce moment quarante mille familles dans Paris sont dans la misère la plus horrible », et il avait insinué que le remède à cette lamentable situation ne se trouvait peut-être pas dans la guerre aux chiens et aux chats. Santerre s'est alors levé : « Citoyens, a-t-il dit, le préopinant a rappelé, à titre de reproche, que j'avais invité de tuer les chats et les chiens superflus. Je prie mes concitoyens de vouloir bien faire attention que, dans cet avis, je n'ai eu en vue que la cause des pauvres. J'ai considéré qu'un septier de blé vaut mieux que des millions en or et en assignats. Il y a à Paris des femmes folles qui ont soixante chats et autant de chiens ; je me ferai toujours un devoir de m'élever contre tous les abus. Les *journalistes* qui ont trouvé mauvais ce que j'avais dit ont mal calculé ; ils ont pris pour de petits moyens ce qui est du plus grand intérêt (2). »

(1) *Chronique de Paris*, 13 février 1793. — *Le Courrier des départements*, 14 février 1793.
(2) *Commune de Paris*, séance du 18 février 1793 au soir. — *Chronique de Paris*, n° du 21 février 1793.

Les journalistes ne sont pas les seuls qui se permettent de rire du général Santerre. La caricature se met aussi de la partie. J'en ai une sous les yeux, qui représente le général recevant deux députations, l'une de chiens, l'autre de chats. Au moment où les orateurs des bêtes vont parler, Santerre tire prestement de sa poche une petite guillotine et leur coupe aussitôt la parole. Au bas de cette gravure se lisent ces mots:

Art de faire taire les indiscrets (1).

Justes dieux! qui donc respecterons-nous, si nous manquons de respect au citoyen Santerre lui-même? Mirabeau, j'en ai peur, n'avait que trop raison, quand il s'écriait, peu de jours avant de mourir: « O légère et trois fois légère nation! »

(1) *La Feuille du matin*, n° du 9 février 1793.

IX

L'ÉMEUTE DU 25 FÉVRIER 1793.

Mercredi 27 février 1793.

L'émeute prévue, annoncée depuis plusieurs jours, a éclaté lundi.

La misère est si générale, elle atteint de telles proportions que, si l'on doit s'étonner d'une chose, c'est que l'émeute dont nous venons d'être témoins n'ait pas éclaté plus tôt.

La pénurie des subsistances est extrême; le pain est chaque jour sur le point de manquer. Tous les soirs, les sections agitent cette question du pain au milieu d'un tumulte effroyable; toutes les nuits, de longs rassemblements se forment à la porte des boulangers; les femmes, les pieds dans la boue, sous la pluie, quelquefois sous la neige, transies de froid, abîmées de fatigue, attendent jusqu'à neuf heures du matin la maigre portion de pain que souvent même elles ne peuvent obtenir (1). La faim est mauvaise conseillère. Comment, dans ces groupes, ne prêterait-on pas l'oreille aux bruits les plus sinistres, aux mensonges les plus grossiers, aux excitations les plus

---

(1) *Les Souvenirs de l'Histoire ou le Diurnal de la Révolution de France*, par Beaulieu. Année 1793, 11 février.

coupables? Comment les malheureuses femmes, qui les composent, n'écouteraient-elles pas ceux qui leur disent que tout le mal vient des *accapareurs*?

Le lundi 11 février, une députation des quarante-huit sections de Paris a présenté à la Convention une pétition relative aux subsistances ; elle demandait que, « sous peine de six ans de fers pour la première fois, et *de mort* pour la seconde fois, il ne fût permis à aucun agriculteur ou marchand de vendre un sac de blé froment et du poids de 250 livres, plus de 25 livres le sac (1) ». — « Il faut, disait l'orateur de la députation, que le peuple ait du pain ; car où il n'y a pas de pain, il n'y a plus de lois, plus de liberté, plus de République. » Comme on voulait renvoyer les pétitionnaires au Comité d'agriculture, ils répondirent : *La faim ne s'ajourne pas.*

La situation n'a fait depuis que s'aggraver. Le prix de la livre de pain a été porté de 3 sous à 3 sous 3 deniers. Le savon qu'on se procurait encore, il y a un mois, à 14 et 15 sous la livre, est monté à 32 sous (2). Une fermentation extraordinaire s'est produite. Le vendredi (22 février), le samedi et le dimanche, des groupes menaçants se sont formés devant les boutiques des boulangers et des épiciers. Partout, dans la rue, au club des Jacobins, à la Municipalité, à la Convention, partout, a retenti le cri: *A bas les accapareurs!*

Le vendredi 22, les citoyennes blanchisseuses sont allées se plaindre au Conseil général de la Commune

---

(1) Buchez et Roux, *Histoire parlementaire de la Révolution française*, t. XXIV, p. 265.

(2) *Révolutions de Paris*, t. XV, p. 390.

de l'excessive cherté du savon. Chaumette, le procureur-syndic, a appuyé leur requête en ces termes :
« Nous avons détruit les nobles et les Capets ; il nous reste encore une aristocratie à renverser. C'est celle des riches et des *boutiquiers* qui accaparent les subsistances du peuple pour le forcer à se mettre à leurs genoux. Il faut les poursuivre, et je me déclare ouvertement contre eux, quoique je sache bien que, s'ils ont le dessus, je serai guillotiné. Je demande que nous nous transportions à la Convention pour obtenir la peine de mort contre les accapareurs. » Hébert a parlé dans le même sens. De son côté, Jacques Roux s'est exprimé avec la plus extrême violence :
« Si nous avons, dit-il, des représentants infidèles, la guillotine est là pour les punir, et s'ils ne veulent pas, s'ils ne peuvent pas sauver le peuple, disons au peuple de se sauver lui-même, de se venger de ses ennemis (1). »

Il ne se pouvait pas que de telles excitations restassent sans effet. Dimanche (21 février), les blanchisseuses se sont portées en masse sur le quai où étaient amarrés plusieurs bateaux chargés de savon, et se sont fait délivrer la marchandise au prix qu'elles ont elles-mêmes fixé, c'est-à-dire à peu près pour rien. L'opération touchant à sa fin, et alors que les femmes qui venaient d'y prendre part étaient abondamment pourvues, les municipaux se sont présentés ; ils ont fait mettre des planches pour que les citoyennes blanchisseuses pussent revenir des bateaux sur le quai, sans risquer de se mouiller les pieds ; ils les ont ensuite invitées poliment à se retirer. Tout cela

(1) *Le Républicain français*, n° du 23 février 1793.

s'est exécuté, de part et d'autre, avec la plus grande civilité (1).

Pendant que les blanchisseuses, leur petite expédition terminée, se dirigeaient vers la Convention, les groupes de femmes et d'enfants qui s'étaient formés devant les boulangeries, plus nombreux ce jour-là et plus tumultueux que les jours précédents, se rendaient auprès du nouveau maire, le citoyen Pache (2), puis, au sortir de la maison commune, allaient à leur tour à la Convention.

L'Assemblée reçut d'abord la députation des blanchisseuses, dont la pétition se terminait par ces mots : « Vous avez fait tomber sous le glaive des lois la tête du tyran ; que le glaive des lois s'appesantisse sur la tête des sangsues publiques. Nous demandons la peine de mort contre les accapareurs et les agioteurs (3). »

Immédiatement après, une autre députation était admise à la barre, c'était celle des *citoyennes révolutionnaires*, qui tiennent leur séance dans la salle de la bibliothèque des ci-devant Jacobins.

Le président Dubois-Crancé invita les pétitionnaires aux honneurs de la séance, en leur annonçant que la Convention s'occuperait de l'objet de leurs demandes dans sa séance du mardi.

Sur la terrasse des Feuillants, une foule énorme, du sein de laquelle s'échappait, à chaque instant, ce

---

(1) Beaulieu, *Essais*, etc., t. V, p. 56.
(2) Pache avait été nommé maire de Paris, en remplacement de Chambon, le 14 février 1793, par 11,881 voix, c'est-à-dire par le quinzième à peu près des électeurs ayant droit de voter.
(3) Buchez et Roux, t. XXIV, p. 332.

cri, répété par des milliers de voix : *Du pain et du savon*, attendait la sortie des deux députations. Elles parurent enfin. « On nous ajourne à mardi, dirent les pétitionnaires ; mais nous nous ajournons à lundi. Quand nos enfants nous demandent du lait, nous ne les ajournons pas au surlendemain (1). » La foule se retira en criant : *A demain ! à demain !*

La soirée fut agitée et menaçante. Dès ce moment, l'émeute était inévitable, certaine. Ni le Comité de sûreté générale, ni la municipalité, ni le ministre de l'Intérieur (2), n'ont paru s'en préoccuper. Aucune précaution n'a été prise, aucune mesure ordonnée. Quant au général Santerre, commandant de la garde nationale parisienne, il est allé à Versailles passer en revue un escadron de dragons (3).

Le lundi matin, Marat fit paraître dans son journal un article où il excitait la populace au pillage et à l'assassinat. En voici un extrait :

« Quand les lâches mandataires du peuple encouragent au crime par l'impunité, on ne doit pas trouver étrange que le peuple, poussé au désespoir, se fasse lui-même justice. Laissons là les mesures répressives des lois. Il n'est que trop évident qu'elles ont toujours été et seront toujours sans effet ; dans tous pays où les droits du peuple ne sont pas de vains titres constatés fastueusement dans une simple Déclaration, *le pillage de quelques magasins, à la porte des-*

---

(1) *Révolution de Paris*, t. XV, p. 390.
(2) Le ministre de l'intérieur, au mois de février 1793, était Garat, un des hommes les plus lâches de l'époque révolutionnaire.
(3) *Révolutions de Paris*, t. XV, p. 391.

quels on pendrait les accapareurs, mettrait fin aux malversations (1). »

Cet article est lu, commenté, applaudi. Des cris de : *Mort aux accapareurs !* se font entendre. Dans tous les groupes circule un mot d'ordre : *Mettons à la raison les épiciers !* Il est huit heures du matin ; la foule se porte dans le quartier des Lombards. Des hommes vont en avant et disent aux épiciers : « Avez-vous du sucre, du café, du savon ? Consentez à débiter toutes ces marchandises au prix auquel nous les taxerons ; sinon, gare la lanterne ! » Quelques instants après, les boutiques de la rue des Lombards et de la rue des Cinq-Diamants étaient assiégées et envahies. Plusieurs femmes avaient des pistolets à leur ceinture. Beaucoup d'hommes étaient là déguisés en femme, et n'ayant pas même pris la précaution de se faire la barbe. Le sucre fut taxé à 20 et 25 sous la livre ; la cassonnade à 8 et 10 sous ; le savon et la chandelle à 12 sous ; le café moka à 10 sous ; la girofle et le thé à 20 sous ; le bleu-indigo, — qui vaut 30 livres, — à 20 sous ; la cannelle et la vanille, — qui valent 120 livres, — à 30 sous (2). Quelques-uns payaient ; d'autres donnaient simplement le peu d'argent qu'ils avaient sur eux ; la plupart enlevaient la marchandise sans bourse délier. Bientôt, d'ailleurs, le faible et misérable semblant d'ordre, qui avait paru régner d'abord au milieu de ce désordre, fit place à la plus complète violence. Chacun prit de force ce qui était à sa convenance. Le beurre, le miel, la cire,

---

(1) *Journal de la République française*, par Marat, n° du 25 février 1793.
(2) *Révolution de Paris*, t. XV, p. 391 et 392.

sont gaspillés et foulés aux pieds. L'eau-de-vie, l'esprit-de-vin, les autres liquides sont répandus dans les ruisseaux.

A dix heures, toutes les boutiques d'épiciers et de chandeliers de la rue des Lombards, de la rue des Cinq-Diamants, de la rue Marivaux, de la rue des Trois-Mores étaient entièrement dévalisées.

Même chose se passait dans tous les autres quartiers de la ville. Dans la rue Saint-Jacques, un épicier s'arma d'un couteau et voulut défendre sa marchandise (1). Il eût payé cher sa résistance, si sa femme n'était accourue, tenant ses deux enfants par la main. On lui fit grâce de la vie et on se contenta de le voler. Un épicier de l'île Saint-Louis parlementa avec les assaillants et leur distribua tout ce qu'il avait dans son magasin, sans vouloir être payé, à la condition de ne délivrer, à chaque personne, qu'une livre de sucre ou des autres denrées. Il fut accusé de ne pas donner le poids (2) !

Sur les midi, la rue que j'habite ayant été envahie à son tour, je suis descendu. La boutique de notre épicier, l'honnête Gillet, a été forcée, malgré mes efforts et ceux de quelques braves gens du quartier. Indignés de ce brigandage, nous nous sommes transportés à l'Hôtel-de-Ville pour dénoncer au Conseil général les faits dont nous venions d'être témoins. Les tribunes ont accueilli notre rapport par des rires et des cris de *tant mieux, tant mieux !* — « Oui, tant mieux » ! reprend Jacques Roux, qui vient d'arriver, « tant mieux ! car les épiciers n'ont fait que res-

---

(1) *Révolutions de Paris*, t. XV, p. 302.
(2) *Ibid.*

tituer au peuple ce qu'ils lui faisaient payer beaucoup trop cher depuis longtemps (1).

Nous sommes sortis. On pillait, sous les yeux mêmes du Conseil général, dans un magasin qui fait face à la maison de Ville. Sur le quai Pelletier, dans la rue des Arcis et dans la rue Saint-Merri, ce n'étaient que femmes, hommes, enfants, chargés de pains de sucre, de paquets de chandelle et de barres de savon. A la porte d'un épicier de la rue de Venise, une pièce d'eau-de-vie avait été défoncée et des misérables, étendus sur le pavé, buvaient à même dans le ruisseau. A l'entrée de la rue Saint-Denis, stationnait un piquet de cavalerie. Il semblait, du reste, fort peu s'émouvoir de ce qui se passait autour de lui. Les cavaliers, sur leurs chevaux immobiles, souriaient aux cris et aux chants de la populace avinée. Nous apercevons, enfin, — il est trois heures, — Pache, notre nouveau maire. Il est assisté de Chaumette, l'orateur du 22 février. D'un air bonhomme, avec une complaisance visible, il harangue les émeutiers ; ne sont-ce pas ses électeurs ?

A cinq heures du soir, le premier coup de tambour se fait entendre (2). On bat la générale. Les patrouilles sillonnent la ville dans tous les sens. Elles sont partout et nulle part. Le pillage continue. Sur quelques points, des officiers de poste veulent faire leur devoir et dissiper les attroupements. Ils sont abandonnés par leurs hommes et restent seuls exposés aux mauvais traitements de la multitude. Plusieurs d'entre eux ont été blessés.

(1) *Le Courrier des départements*, n° du 28 février 1793.
(2) *Le Patriote français*, 26 février 1793.

La nuit était venue depuis longtemps, et le pillage durait encore, grâce à la complicité des patrouilles (1). Les hommes qui les composaient n'étaient-ils pas les maris et les pères des femmes et des enfants qui dévalisaient les magasins ? Quand nous sommes rentrés dans notre quartier, un peu avant minuit, nous avons rencontré des citoyens avisés qui revendaient, à beaux deniers comptants, leurs emplettes de la journée.

Le mardi matin, dès quatre heures, on a battu de nouveau la générale. La force armée s'est trouvée au grand complet. Santerre, revenu de Versailles, a parcouru les rues, suivi de son état-major. Malgré ce déploiement de forces, plusieurs gros magasins

(1) *La Chronique de Paris*, n° du 1er mars 1793: « Les patrouilles qui passaient ne disaient mot... La garde, après avoir, pour la forme, prié les femmes (les émeutières) de ne pas piller, a fini par les protéger. Elle les a fait défiler les unes après les autres, et elles étaient toutes gaies et joyeuses, comme quand elles allaient autrefois pour leur argent à la foire Saint-Ovide ou à la foire Saint-Martin. Les voisins des épiciers étaient assis sur leurs portes fort tranquillement, ce qui faisait croire qu'ils approuvaient la chose. » Voir aussi Lacretelle, dont le récit a la valeur d'un témoignage contemporain. « Le pillage, dit-il, amusa tant les brigands qu'ils ne songèrent pas au meurtre. L'aspect de Paris, dans cette journée, montra dans quel avilissement tombe une grande ville qui s'est résignée à obéir à ce qu'elle a de plus impur. Le voisin venait contempler le désastre de son voisin, et, s'il n'était pas épicier, criait contre l'avidité des épiciers; ceux qui gémissaient se cachaient. La distribution des rapines se faisait avec ordre, et tel qui eût rougi d'un vol se pressait pour aller profiter d'un bon marché obtenu par la violence et le brigandage. » (*Histoire de la Convention nationale*, t. I, p. 230).

ont reçu la visite du peuple. Les choses se sont passées, je dois le reconnaître, moins brutalement que la veille. Ici, ce sont des acheteurs qui remettent en paiement des chiffons de papier ployés comme s'il y eût eu des assignats dedans, et qui ne renfermaient pas même des feuilles sèches. Là, ce sont des hommes de bonne volonté qui prennent l'argent, comme pour hâter l'opération, et le gardent pour eux (1). Si, le lundi, la foule s'était portée surtout chez les épiciers, le mardi fut le jour des chandeliers. Chez plusieurs d'entre eux, on s'empara du suif en pain, après avoir brisé les moules. A la Croix-Rouge, il s'était formé un rassemblement considérable. La patrouille, chargée de maintenir l'ordre sur ce point, fit son devoir; elle était composée de volontaires brestois. Les femmes, qui s'étaient munies de petites seringues de poche, les remplissaient dans le ruisseau et les dirigeaient dans les yeux des volontaires (2). Ainsi a fini, au milieu des rires et comme s'il s'agissait d'une bonne farce, cette émeute qui avait duré deux jours.

Vendredi 1ᵉʳ mars 1793.

Les *brissotins* ont jeté les hauts cris, à la Convention, contre les émeutiers du 25 février. Ils ont dénoncé Marat et ont proposé, les uns de le décréter d'accusation, les autres de l'exclure provisoirement, d'autres encore de l'enfermer, afin d'examiner s'il

(1) *Révolutions de Paris*, t. XV, p. 396.
(2) *Ibid.*

est fou. Cette belle indignation n'a qu'un tort, c'est d'être trop tardive. Il fut un temps, en effet, et ce temps n'est pas loin, où les mêmes hommes qui s'élèvent aujourd'hui contre Marat avaient pour lui des trésors d'indulgence, où les mêmes députés qui prennent aujourd'hui parti contre les *brigands* se faisaient hautement leurs défenseurs.

L'émeute des 25 et 26 février 1793 n'est qu'une répétition de l'émeute des 20 et 23 janvier 1792.

Le 20 janvier de l'année dernière, le *peuple*, que Marat et ses confrères en journalisme excitaient déjà contre les *accapareurs* et les *agioteurs*, pilla un magasin de la rue Saint-Antoine et contraignit un marchand du faubourg Saint-Marcel à livrer pour 25 sous la livre de sucre dont le prix courant était alors de 3 livres. Le 23 janvier, un grand nombre de boutiques furent forcées, envahies et pillées, dans les rues Saint-Denis, Saint-Martin, du Cimetière-Saint-Nicolas, Chapon et des Gravilliers.

A l'Assemblée législative, les membres du *côté droit* demandèrent que ces actes de brigandage fussent l'objet d'une répression énergique. Les députés *brissotins*, au contraire, soutinrent que les vrais coupables n'étaient pas les pillards, mais ceux qui avaient été pillés. Fauchet, l'un des principaux orateurs du parti, tonna contre la cupidité des marchands et contre les agissements des accapareurs (1). Un membre de la députation de Bordeaux, M. Ducos, ne trouva pas une parole pour flétrir la *taxe civique* et les honnêtes gens qui l'avaient appliquée à leur profit; en revanche, il s'étendit longuement sur « les

(1) L'*Ami du Roi*, n° du 23 janvier 1792.

manœuvres infâmes des accapareurs qui jouent entre eux la fortune publique ». — « Quant à ceux, ajoutait-il, qui, depuis quelques mois, spéculent sur le pain du peuple et s'enrichissent de ses privations, vous ne leur accorderez pas même un regard de pitié; et moi qui suis leurs trafics honteux, leurs opérations infâmes, désespéré de ne pouvoir imprimer sur leur front une marque d'ignominie, je ne quitterai pas, du moins, cette tribune sans leur avoir payé le tribut d'indignation que leur doit tout bon citoyen (1). »

Petion, aujourd'hui un des chefs de la Gironde, était alors maire de Paris. Dans la séance du 24 janvier, il vint rendre compte à l'Assemblée de l'état de la capitale et des troubles causés par la cherté du sucre et des autres denrées. Après avoir avoué naïvement que, *depuis plusieurs jours, il apercevait des mouvements sourds qui faisaient craindre une explosion,* — en vue de laquelle il n'avait pris d'ailleurs aucune mesure de précaution, — il ajoutait qu'il s'était transporté, le 20 janvier, au faubourg Saint-Marcel, mais qu'il n'y avait vu que des citoyens honnêtes, lesquels *lui attestèrent, avec l'inquiétude de la probité, qu'ils ne voulaient point piller les magasins, et qui, dociles au conseil qu'il leur avait donné de s'adresser à l'Assemblée pour faire régler le prix du sucre, s'étaient retirés en paix,* — bien entendu, après avoir fait leur provision à 25 sous la livre. — Le lundi (23 janvier) n'a-

---

(1) *Journal de l'Assemblée nationale ou Journal logographique, première législature,* rédigé par M. Le Hodey, t. IX, p. 98.

vait point donné, il est vrai, au premier magistrat de la Cité, une aussi douce satisfaction. Dans plusieurs quartiers, il avait eu la douleur de voir des vitres cassées, des magasins enfoncés, la garde insultée, des têtes menacées. Mais à quoi bon parler de ces choses? Ne valait-il pas mieux ensevelir dans l'oubli ces scènes regrettables? Pour lui, il promettait que le corps municipal tiendrait séance sans désemparer, pour *empêcher que la malveillance exagérât le tableau des troubles par des déclamations si contraires à la paix publique* (1).

Brissot, Vergniaud, Guadet, Gensonné et les autres membres de la Gironde, applaudirent au rapport du *vertueux* Pétion. Ce qui les inquiétait alors, ce n'étaient pas les scènes de pillage, mais seulement les *tableaux exagérés* qu'on en pouvait faire.

J'ai dit tout à l'heure que les Girondistes, qui veulent aujourd'hui mal de mort à Marat, devenu leur ennemi et leur constant dénonciateur, le jugeaient moins sévèrement à l'époque où il se contentait de demander la tête de leurs adversaires. Tous ceux qui ont fréquenté, avant le 10 août, chez Mme Roland, savent que les *exagérations* de l'Ami du peuple ne l'effrayaient pas, quand c'était Louis XVI, Marie-Antoinette et leurs défenseurs qui étaient l'objet de ses ignobles dénonciations. On se souvient encore des cris d'indignation qui lui échappèrent, certain jour qu'on était venu lui annoncer que *les feuilles de Marat étaient déchirées par les satellites de Lafayette* (2).

(1) *L'Ami du Roi*, n° du 26 janvier 1792.
(2) *Étude sur Madame Roland et son temps*, par C. A. Dauban, p. 101.

La haine que les Girondistes ont voué à Marat s'étend également à Hébert ; mais ici encore, ils ont attendu d'être personnellement en cause pour s'apercevoir que la feuille d'Hébert était une feuille immonde. Tant que ce misérable ne s'est attaqué qu'aux royalistes, aux *aristocrates*, ils lui ont pardonné toutes ses infamies. Combien de fois, à l'Assemblée législative, ne m'est-il pas arrivé de voir les députés de la Gironde traverser la salle et arriver jusqu'aux banquettes, tenant à la main le *Père Duchesne* et souriant à ses obscénités (1) !

Et ils ne se bornaient pas à sourire ; à une époque où la majorité de la Législative était entièrement dans leurs mains, elle décréta qu'un emplacement serait accordé à Hébert, dans le lieu de ses séances, pour lui et deux de ses coopérateurs, afin qu'ils pussent prendre commodément leurs notes (2).

Menacés par l'émeute, attaqués par Marat et par Hébert, les Girondistes ont le droit de se défendre ; ils n'ont pas le droit de se plaindre.

(1) *Essai historique et critique sur la Revolution française*, par Paganel, ancien membre de la Convention, t. III, p. 95.
(2) *Histoire politique et littéraire de la Presse en France*, par Eugène Hatin, t. VI, p. 513.

X

LA HARPE ET LA GIRONDE

Vendredi 8 mars 1793.

La Convention nationale vient de renouveler son bureau. Gensonné a été nommé président ; Isnard, Grangeneuve et Guyton-Morveau ont été élus secrétaires (1). Les Girondistes continuent donc à disposer de la majorité dans le sein de l'Assemblée ; Gensonné, Isnard, Grangeneuve, figurent, en effet, au premier rang des orateurs de la Gironde.

A la suite de la séance, un certain nombre de députés sont allés finir la soirée dans les salons du ci-devant marquis de Villette, en son hôtel du quai Voltaire, au coin de la rue de Beaune, et, parmi eux, Isnard et Delaunay (2). Lacretelle et Beau-

(1) Séance du 7 mars 1793.
(2) Delaunay jeune, député de Maine-et-Loire. — Dans le procès de Louis XVI, il avait voté pour le bannissement, et plus tard pour le sursis. Il fut nommé sous l'Empire président de Chambre à la Cour d'Angers et mourut le 10 juin 1814. — Son frère, Delaunay l'aîné, faisait aussi partie de la Convention. Il vota la mort du roi, prit place à la Montagne, et, traduit devant le tribunal révolutionnaire avec Danton, Camille Desmoulins, Chabot, Basire, Hérault de Séchelles, Fabre d'Églantine, Lacroix et Philippeaux, fut guillotiné le 16 germinal an II (5 avril 1794). (Voy., sur les deux frères

lieu (1) causaient avec La Harpe lorsqu'ils sont entrés. Un groupe n'a pas tardé à se former autour d'Isnard, que chacun félicitait de son élection. La Harpe, se dressant sur ses petites jambes et agitant ses petits bras, s'est écrié : « Eh bien ! Monsieur Isnard, vous voilà donc secrétaire ; tous les bons citoyens se réjouiront de votre succès, parce qu'ils y verront le gage d'une politique plus énergique. Il est temps, grand temps, que les actes succèdent aux paroles, et que les représentants de la nation fassent enfin rentrer dans le néant les Jacobins et la Commune. Ne dites

---

Delaunay, le remarquable ouvrage de M. Bougler, *Mouvement provincial en 1789 et Biographie des députés de l'Anjou*, deux volumes in-8°, 1865).

(1) BEAULIEU (Claude-François), publiciste et historien, né à Riom en 1754, mort à Paris en 1827. Il fonda, le 17 juin 1789, le journal *l'Assemblée nationale*, consacré à la reproduction des séances de la Constituante, et travailla à la rédaction des *Nouvelles de Paris* en 1790, du *Postillon de la guerre* en 1792, et du *Courrier français* en 1793. Arrêté le 8 brumaire an II (29 octobre 1793), il fut détenu à la Conciergerie, puis au Luxembourg jusqu'à la chute de Robespierre. A peine sorti de prison, il redevint journaliste, ce qui lui valut d'être proscrit une seconde fois, le 18 fructidor an V (4 septembre 1797) ; il fut porté sur une liste de déportation comme directeur du journal royaliste *le Miroir*, mais fut assez heureux pour échapper aux agents du Directoire. — Beaulieu a publié, outre le *Diurnal de la Révolution de France pour l'an de grâce 1797*, ou histoire, jour par jour, de l'année 1793, six volumes intitulés : *Essais historiques sur les causes et les effets de la Révolution de France* (1801-1803). De 1813 à 1827, il a rédigé, pour la *Biographie universelle* de Michaud, de nombreuses notices sur les principaux personnages de la Révolution. Peu d'écrivains ont mieux connu cette époque, et encore aujourd'hui il n'existe pas sur la Révolution française de meilleur ouvrage que les *Essais historiques* de Beaulieu.

pas que cela est impossible, car la majorité de la Convention est avec vous ; vous êtes quatre ou cinq cents. — Oui, a dit Isnard, mais nous ne pouvons compter que sur deux cents. — C'est plus qu'il ne faut, a repris La Harpe avec feu ; les autres sont plus près de vous que de la Montagne, et ils vous suivront, mais à une condition, c'est que vous marchiez. Vos orateurs croient avoir tout fait quand ils ont prouvé à la Montagne qu'elle déraisonne ; c'est bien de cela qu'il s'agit. Quoi ! vous ne voyez pas que c'est ici un combat à mort ! — Nous le savons bien, puisqu'ils nous menacent sans cesse du poignard. — Ils ne vous tueront pas dans la rue, ni dans la Convention, ni eux, ni même ces brigands à moustache, qui vous entourent dans les tribunes et dans les corridors. Mais quand votre majorité a fait passer un décret, cinquante bêtes brutes et féroces se précipitent au bureau, en criant *l'appel nominal*, jusqu'à extinction. Les tribunes vous montrent le poing et vous finissez par céder ; c'est ainsi qu'ils vous feront périr. — Vous décrivez le mal à merveille ; mais le remède ? Ce n'est pas à vous, Monsieur La Harpe, qu'il est besoin de rappeler ce vers dont vous avez si glorieusement fait mentir la première partie, mais dont la seconde partie sera éternellement vraie :

La critique est aisée, et l'art est difficile !

« — Vous me demandez ce qu'il faut faire ? Je vais vous le dire. Vos ennemis font chaque jour appel à la force ; eh bien ! à votre tour, mettez la force au service de la loi. Que quarante-huit de vos deux cents, le même jour et à la même heure, se rendent aux quarante-huit sections ; qu'ils parlent comme des représentants du peuple peuvent parler ; qu'ils exposent au grand jour ce long tissu de crimes dont vous avez les preuves en main. Pendant ce temps, que vos autres collègues, ne fussent-ils d'abord que cent cinquante, marchent dans les rues en costume, l'étendard tricolore à leur tête, appelant à eux tous les honnêtes gens, tous ceux qui ne veulent ni le massacre ni le pillage. Doutez-vous que les bons citoyens ne se rassemblent en foule autour de vous, que la plus saine partie des sections ne vous suive en armes ? Alors, maîtres du terrain, maîtres des tribunes, dont vous chasserez cette vile populace qui fuira devant vous, déployez un décret préparé d'avance et qui contiendra le détail des crimes avérés de vos ennemis ; mettez à l'instant aux voix le décret d'accusation : il passera à une majorité énorme ! Vous savez à quel point tous ces scélérats sont lâches, dès qu'ils n'ont plus leurs satellites à côté d'eux. Ou ils ne parleront pas, ou ils ne diront que leurs inepties ordinaires. Que le président prononce d'une voix ferme l'ordre de les arrêter, et dans huit jours ils iront au supplice. Dans une pareille entreprise, ne comptez pour rien le hasard d'un coup de pistolet ou d'un coup de sabre, pas plus que la chute d'une tuile ; et je vous réponds du succès. » — Ce diable de petit homme parlait avec une animation extraordinaire, et la plupart de ses auditeurs étaient tentés de l'applaudir, comme autrefois au Lycée, lorsque Isnard lui dit, non sans un visible embarras : « Ce que vous demandez là, Monsieur La Harpe, est impossible. — Impossible ? En ce cas, Monsieur, vous êtes perdus et nous aussi. »

Un silence, qui avait quelque chose de lugubre,

plana pendant quelque temps sur l'assemblée, et il menaçait de se prolonger, lorsque la charmante Mme de Villette (1) donna un autre cours à la conversation, en rappelant à La Harpe les jours d'autrefois, le temps où Voltaire, dont il était l'hôte à Ferney, se plaisait à l'encourager, à l'exciter, à lui dire : *Macte animo, puer*. « Du courage, M. de La Harpe, ajouta en souriant l'aimable marquise, vous en avez, certes, autant que d'esprit, de talent et d'éloquence (2). »

(1) Reine-Philiberte Rouph *de Varicourt*, marquise de Villette, morte en 1822, avait été élevée à Ferney par Voltaire et par Mme Denis, sa nièce.

(2) Voir la curieuse brochure, publiée en l'an III par La Harpe, sous ce titre : LE SALUT PUBLIC, *ou la Vérité dite à la Convention par un homme libre*; in-8° de 58 pages. Cet écrit, qui n'a pas été recueilli dans les œuvres de l'auteur du LYCÉE, est aujourd'hui à peu près introuvable. « Je tins ce langage, dit La Harpe, à plusieurs de vos collègues qui ont été proscrits depuis et dont je pourrais invoquer le témoignage. — entre autres Isnard et Launay d'Angers, que je rencontrais chez Mme de Villette, quelques jours avant le 10 mars. »

XI

SEPTEMBRE !

Lundi 11 mars 1793.

Spectateur assidu des séances de la Constituante, de la Législative et de la Convention, j'ai entendu leurs plus grands orateurs, Cazalès et Barnave, Vergniaud et Danton, l'étonnant Mirabeau, et Maury, non moins étonnant peut-être, toujours sur la brèche, toujours prêt sur toutes les questions. Mais aucun de leurs discours n'a produit sur moi l'impression profonde et terrible, l'impression tragique que m'a fait éprouver, dans la séance d'hier soir, un mot, un seul mot jeté par un député à la face de Danton.

La Convention discutait la question de l'établissement d'un tribunal criminel extraordinaire pour juger sans appel et sans recours au tribunal de cassation les *conspirateurs* et les *contre-révolutionnaires*. Déjà elle avait entendu Robespierre, Buzot, Vergniaud, Barère, Danton, — Danton qui s'est écrié : « Que m'importe ma réputation ! Que la France soit libre, et que mon nom soit flétri à jamais ! J'ai consenti à être appelé buveur de sang ; eh bien ! buvons le sang des ennemis de la patrie (1) ! » La séance avait duré 8 heures ; la nuit commençait à venir. Le président,

---

(1) *Moniteur* de 1793, n° 72.

Gensonné, déclare la séance levée. Danton s'élance une seconde fois à la tribune. « Je somme tous les bons citoyens de ne pas quitter leur poste », dit-il de sa voix de stentor. Chacun reprend sa place. Des lampes, en petit nombre, avaient été allumées. La salle n'était que faiblement éclairée. La tribune était à demi plongée dans l'ombre, et la voix de Danton, sortant de ces *ténèbres visibles*, avait quelque chose de formidable. Il disait : « Il est important de prendre des mesures judiciaires qui punissent les contre-révolutionnaires ; car c'est pour eux que ce tribunal doit suppléer au *tribunal suprême de la vengeance du peuple*. Les ennemis de la liberté lèvent un front audacieux ; partout confondus, ils sont partout provocateurs ; en voyant le citoyen honnête occupé dans ses foyers, l'artisan dans son atelier, ils ont la stupidité de se croire en majorité. Eh bien ! arrachez-les vous-mêmes à la vengeance populaire, *l'humanité vous l'ordonne* (1) ».

A ce moment, presque en face de l'orateur, une voix forte et retentissante prononça lentement : *SEPTEMBRE !!!*

Ce fut tout. Un frémissement indicible parcourut les bancs de l'Assemblée, et l'ombre qui enveloppait la tribune ne put cacher l'émotion dont fut saisi Danton. Ni la Montagne, ni les tribunes publiques ne protestèrent. Elles restèrent muettes devant ce mot vengeur, venu du point le plus obscur de la salle, mais sorti tout brûlant de la poitrine d'un honnête homme, pareil à l'éclair qui sort de la nuit, mais qui vient du ciel !

(1) *Moniteur*, loc. cit.

Nous sûmes bientôt que l'homme qui avait évoqué, avec un si terrible à propos, le souvenir des massacres de Septembre, était Lanjuinais (1).

Dans la même tribune que moi se trouvaient Beaulieu et un jeune homme, M. Paul Royer (2), qui a l'honneur d'être un ami du courageux député de Rennes. Nous sommes sortis ensemble. M. Royer a débuté au barreau de Paris, en 1787, sous les auspices de Gerbier. Il est doué d'une éloquence grave, sereine, presque austère. Tous ceux qui le connaissent parlent de lui avec admiration, et, bien qu'il ait à peine vingt-neuf ans, tous en parlent avec respect: c'est plus qu'un grand talent, c'est déjà un caractère. Avant le 10 août, il faisait partie du Conseil de la Commune, où il avait été envoyé par la section de l'Ile Saint-Louis (3). Il s'y est fait remarquer par sa modération et par son énergie. Danton, qui est son compatriote, — ils sont Champenois tous les deux (4), — siégeait avec lui à l'Hôtel-de-ville; ils se connaissaient déjà; aussi M. Royer, lorsqu'il en parle, est-il

---

(1) *Notice historique sur la vie et les ouvrages du comte Lanjuinais*, par M. Victor Lanjuinais, ancien ministre, p. 23.

(2) Pierre-Paul Royer-Collard (1763-1845), membre du Conseil des Cinq-Cents, de la Chambre des députés et de l'Académie française (Voy. la *Vie politique de Royer-Collard, ses discours et ses écrits*, par M. de Barante, deux volumes in-8, 1861).

(3) M. Royer, homme de loi, secrétaire-greffier adjoint de la Municipalité de Paris, quai d'Orléans, île Saint-Louis (*Almanach royal de 1792*).

(4) Royer-Collard était né à Sompuis, village situé à quelques lieues de Vitry, le 21 juin 1763. — Danton est né à Arcis-sur-Aube le 26 octobre 1759.

plein de discours. Dans un langage concis, original, qu'il m'est malheureusement impossible de reproduire, il nous a montré Danton indolent et audacieux, ambitieux de gloire et plus encore de plaisirs et d'argent, moins envieux que Robespierre, moins sanguinaire que Marat, mais indifférent au crime comme à la vertu, sans convictions, sans vergogne, sans culture, mais non sans talents naturels, ayant du moins cela pour lui, qu'au milieu de cette tourbe hypocrite de démagogues cruels, lâches, perdus de vices et de crimes, il ne prétend ni au titre de *vertueux*, ni à celui d'*incorruptible*.

Nous avons reconduit M. Royer jusqu'à sa maison, quai d'Orléans, et chemin faisant, il nous a cité, en grand nombre, des anecdotes, des paroles, qui peignent au vrai le célèbre député de Paris.

Le soir du 20 juin 1792, lorsqu'il apprit que les émeutiers étaient sortis des Tuileries sans avoir égorgé Louis XVI, Danton s'écria: « Les imbéciles! ils ne savent donc pas que le crime a aussi son heure du berger! »

Le matin du 2 septembre, dans la salle qui précède celle où se réunissent les ministres et devant plus de vingt personnes, on vint lui dire que les prisons semblaient menacées et que les prisonniers étaient dans le plus grand effroi. Il haussa les épaules, et avec sa voix beuglante, avec un geste approprié à l'expression: « Je me f... bien des prisonniers! s'écria-t-il; qu'ils deviennent ce qu'ils pourront (1)! »

Le 3 septembre, il envoya dans les départements des commissaires extraordinaires, qui étaient, pour la

(1) *Mémoires de Madame Roland*, p. 265.)

plupart, de parfaits bandits. A quelque temps de là, un député eut la naïveté de se plaindre à lui de la conduite de quelques-uns de ces misérables : « Eh! f.... lui répondit Danton, croyez-vous qu'on vous enverra des demoiselles (1) ? »

M. Royer tient de M. de Ségur, l'ancien ambassadeur de France à la cour de Russie, le récit d'une très curieuse conversation que ce dernier a eue avec Danton, quelques semaines après les massacres des prisons. Le hasard les ayant fait se rencontrer dans la rue, Danton aborda M. de Ségur, et l'on causa de choses et d'autres, jusqu'au moment où l'ancien ambassadeur ne put se tenir de l'interpeller sur les horreurs dont Paris avait été le théâtre pendant plusieurs jours. « Je n'en puis saisir, dit-il, ni le motif ni le but ; je ne comprends pas comment vous, ministre de la justice, vous n'avez pu ni les prévenir, ni du moins en arrêter le cours » Tous deux, à ce moment, marchaient à côté l'un de l'autre. Danton s'arrêta, regarda M. de Ségur en face et, le front haut, lui dit : « Monsieur, vous oubliez à qui vous parlez ; vous oubliez que nous sortons du ruisseau ; qu'avec vos principes, nous y serions bientôt replongés, et que nous ne pouvons gouverner qu'en faisant peur (2) ! »

« M. Danton est un philosophe, ajouta M. Royer, et, un jour, il m'a fait l'honneur de me dire sur quel principe reposait sa philosophie. Le voici : « Qui hait les vices hait les hommes (3) ». Un autre jour, — j'étais alors secrétaire adjoint de la municipalité. — Danton,

---

(1) *Mémoires de Louvet.*
(2) *Histoire et Mémoires*, par le général comte de Ségur, t. I, p. 12.
(3) Edgar Quinet, *la Révolution*, t. I, p. 319.

qui était substitut du procureur de la Commune, me dit, comme nous sortions de l'hôtel du *Département* (1) : « Jeune homme, *venez brailler* avec nous. Quand vous aurez fait votre fortune, vous pourrez alors suivre plus à votre aise le parti qui vous conviendra le mieux (2) ».

Danton a-t-il reçu de l'argent de la cour ? Tout le monde le dit, presque tout le monde le croit. J'ai demandé à Beaulieu et à M. Royer s'ils pensaient que ce bruit fut fondé.

Beaulieu, qui a eu, comme journaliste, de fréquents rapports avec M. de Lessart, ministre des affaires étrangères (3), nous a dit tenir de ce dernier que Danton avait un jour reçu de lui 24,500 livres pour une motion à faire passer au club des Cordeliers. — « Au témoignage de M. de Lessart, reprit M. Royer, vous pouvez joindre celui de M. de La Fayette. Dans une conversation que nous eûmes ensemble, lors de son voyage à Paris, après le 20 juin et presqu'à la veille du 10 août, il fut question de Danton. Voici textuellement les paroles de M. de la

(1) Avant le 10 août, 1792, la *mairie* ou logement du maire était à l'ancien hôtel des lieutenants de police, rue Neuve-des-Capucines, qui est devenu plus tard le ministère des affaires étrangères. Le *Département* était à l'ancien hôtel des premiers présidents du Parlement, au Palais, devenu plus tard la préfecture de police. A partir du 10 août, le *Département* de Paris fut aboli, et Pétion, déjà maire de Paris, alla habiter l'hôtel du *Département*, qui devint ainsi la *Mairie*. (Voy. *Almanach royal de 1792, passim* et M. A. Granier de Cassagnac, *Histoire des causes de la Révolution française*, t. III, p. 225).

(2) Beaulieu, *Essais*, etc., t. III, p. 192.

(3) De novembre 1791 au 10 mars 1792.

Fayette à son endroit, je n'ai eu garde de les oublier:
« Danton s'est vendu à condition qu'on lui achèterait
« 100,000 livres sa charge d'avocat au Conseil, dont
« le remboursement, d'après la suppression, n'était
« que de 10,000 livres: le présent du roi a donc été
« de 90,000 livres. J'ai rencontré Danton chez M. de
« Montmorin, le soir même où ce marché a été con-
« clu. Plus tard, il a reçu encore beaucoup d'argent;
« mais je n'ai eu personnellement connaissance que
« du paiement des 100,000 livres. Danton lui-même
« m'en a parlé à l'Hôtel-de-Ville, et m'a dit, pour se
« justifier: *Général, je suis plus monarchiste que
« vous* » (1) *!*

— « C'est égal, a répliqué Beaulieu, railleur incorrigible, M. Danton est un bien honnête homme. Il a
reçu de l'argent du roi des mains de M. de Lessart et
de M. de Montmorin. Cela est vrai. Mais n'a-t-il pas
payé sa dette au roi, le 21 janvier 1793 ? Et quant à
MM. de Montmorin et de Lessart, ne s'est-il pas acquitté envers eux, le 2 septembre, à l'Abbaye et, le 9
septembre, à Versailles » (2) ?

(1) *Mémoires de Lafayette*, t. III, p. 85 et 376. — Sur la vénalité de Danton, voir les témoignages de Bertrand de Moleville. *Mémoires*, t. I, p. 354, et *Histoire de la Révolution de France*, t. X, p. 249; — Mirabeau (lettre du 19 mars 1791 dans sa *Correspondance avec le comte de la Marck*, t. III, p. 82; — Brissot, *Mémoires*, t. IV, p. 193; — Garat, *Mémoires*, t. XVIII de l'*Histoire parlementaire* de Buchez et Roux, p. 447; — Rœderer, *Œuvres inédites*, t. III. M. Louis Blanc a parfaitement élucidé (t. X, p. 409 et suiv.), cette question de la vénalité de Danton, et il n'hésite pas à la trancher dans le sens de l'affirmative. *Contrà*, voir Eugène Despois, *Revue de Paris*, 1ᵉʳ juillet 1857.

(2) Armand-Marc, comte de Montmorin de Saint-Hérem,

ministre des affaires étrangères du 14 février 1787 au 20 novembre 1791, fut égorgé à l'Abbaye le 2 septembre 1792. — Jean-Marie-Antoine-Claude de Valdec de Lessart, successeur de Montmorin au ministère des affaires étrangères, fut massacré à Versailles le 9 septembre 1792. (Voy. le remarquable ouvrage de M. Frédéric Masson, le *Département des Affaires étrangères pendant la Révolution* (1787-1804).

XII

LE TRIBUNAL CRIMINEL EXTRAORDINAIRE

Mercredi 13 mars 1793.

J'ai parlé, il y a deux jours, de la discussion ouverte à la Convention nationale sur l'établissement d'un Tribunal criminel extraordinaire (1). Cette discussion est aujourd'hui terminée. Son importance a été trop grande, ses conséquences seront trop graves, pour que je puisse me dispenser d'entrer, à ce sujet, dans quelques détails.

Vendredi (8 mars), Lacroix (d'Eure-et-Loir), l'un des commissaires envoyés auprès de notre armée de Belgique, est monté à la tribune à l'ouverture de la séance : il a annoncé que les Autrichiens avaient percé nos lignes et que nos troupes avaient dû évacuer Aix-la-Chapelle et Liège. Sous le coup de l'émotion produite par ces nouvelles, l'Assemblée nomme des commissaires chargés de se transporter, le soir même, dans les quarante-huit sections de Paris pour les instruire de l'état de l'armée; pour rappeler à tous les citoyens en état de porter les armes le serment qu'ils ont prêté de maintenir jusqu'à la mort la liberté et l'égalité; pour les requérir, au nom de la patrie, de voler en Belgique au secours de leurs frères.

(1) Voyez le chapitre XI.

Dans la séance du 9, les députés qui se sont rendus la veille dans les sections, Prieur (de la Marne), Ruhl, Lamarque, Bentabole, Jean-Bon Saint-André, montent successivement à la tribune. Tous se félicitent du patriotisme, du dévouement qu'ils ont rencontré partout. « David et moi, a dit Jean-Bon Saint-André, nous nous sommes transportés à la section du Louvre. Nous avons remarqué la fermeté, le courage et le bon esprit des citoyens. Ils ont juré de voler tous à la défense de la patrie; mais après avoir rempli ce devoir sacré, ils nous ont manifesté des craintes sur les dangers de l'intérieur. Ils nous ont dit : « Tandis « que nous allons combattre les ennemis du dehors, « nous demandons que la Convention punisse les traî- « tres et anéantisse les ennemis du dedans. » Ils ont demandé enfin l'établissement d'un tribunal qui punisse les contre-révolutionnaires et les perturbateurs du repos public. » — Et, s'appropriant cette demande, Jean-Bon Saint-André a ajouté : « Je convertis en motion la pétition qui vous est faite par les sections (1), et je propose que la Convention décrète le principe, c'est-à-dire l'établissement d'un tribunal révolutionnaire, et renvoie au Comité de législation pour présenter demain le mode d'organisation de ce tribunal. »

Un des membres les plus obscurs de l'Assemblée, Carrier, député du Cantal, a appuyé la motion de Jean-Bon Saint-André (2).

(1) En même temps que la section du Louvre, trois autres sections, l'Oratoire, la Halle au Blé et le Faubourg Poissonnière, s'étaient prononcées explicitement pour la création immédiate d'un tribunal révolutionnaire.

(2) *Histoire du Tribunal révolutionnaire de Paris*, par H. Wallon, t. I, p. 45. — Jean-Bon Saint-André, après avoir

Guadet réclame la parole, mais il y renonce aussitôt en présence des murmures qui s'élèvent de toutes les parties de la salle, et des vociférations qui éclatent dans les tribunes. Seul, le courageux Lanjuinais, — qui n'est pas Girondiste (1), — proteste avec énergie contre un décret « affreux par la violation de tous les principes des droits de l'homme, affreux par l'abominable irrégularité de la suppression de l'appel en matière criminelle ».

L'Assemblée passe outre et adopte la rédaction suivante, proposée par Levasseur :

La Convention décrète l'établissement d'un tribunal criminel extraordinaire, sans appel et sans recours au tribunal de Cassation, pour le jugement de tous les traîtres, conspirateurs et contre-révolutionnaires.

Le 10, le Comité de législation a déposé son rapport. Les membres de la Gironde sont en majorité dans ce Comité ; s'ils sont opposés à la création d'un nouveau tribunal, ils vont s'efforcer de faire revenir la Convention sur son vote de la veille. Ils n'ont eu garde de le faire, et Lesage (d'Eure-et-Loir), qui est un des principaux membres du parti, a présenté, au nom du Comité, un projet dont voici les bases : « Le tribunal siégera à Paris et jugera ceux qui seront décrétés d'accusation. — Les quatre juges qui le com-

---

été membre du Comité de salut public et l'un des membres les plus ardents de la Montagne, devint sous l'Empire « M. le baron de Saint-André ». Préfet du département de Mont-Tonnerre, il est mort à Mayence le 10 décembre 1813.

(1) Voyez mon livre sur *la Légende des Girondins*, p. 182 et suiv.

poseront prononceront définitivement et sans recours au tribunal de cassation. — Ils seront nommés par la Convention parmi les juges des tribunaux criminels des départements. Les jurés qui feront le service auprès de ce tribunal seront ceux nommés par les départements après la Révolution du 10 août. »

Un membre de la Montagne, Robert Lindet, remplace Lesage à la tribune et présente un contre-projet, qui se distingue principalement de celui du Comité de législation, en ce qu'il supprimait les jurés. Il renfermait une disposition ainsi conçue : « Il y aura toujours dans la salle, destinée à ce tribunal, un membre chargé de recevoir les dénonciations. » A peine Lindet avait-il terminé la lecture de son contre-projet, que Vergniaud s'est écrié : « Lorsqu'on vous propose de décréter l'établissement d'une inquisition mille fois plus redoutable que celle de Venise, nous mourrons tous plutôt que d'y consentir » La phrase était belle, mais ce n'était qu'une phrase. Ce qui, dans le projet de Robert Lindet, indignait l'orateur de la Gironde et ses amis, ce n'était pas la création d'un tribunal révolutionnaire, — ils se sont associés la veille à cette création et ils vont y donner de nouveau les mains dans quelques instants, — c'était la suppression des jurés nommés par les départements, ainsi qu'il était dit dans le projet de Lesage. Les Brissotins croient pouvoir compter sur les départements et sur les jurés qu'ils enverront. Qu'on leur concède donc ces jurés, et ils n'auront plus d'objections à faire. On n'a pas tardé à en avoir la preuve. L'officieux Barère ayant dit que « les jurés étaient la propriété de tout homme libre », un des membres les plus exaltés de la Montagne, Billaud-

Varenne, s'est associé à cette déclaration et l'a complétée en ces termes :

« Je pense, ainsi que Cambon, qu'un tribunal de neuf membres pourrait devenir redoutable, même aux amis de la liberté. Je propose, par article additionnel, que les jurés attachés au tribunal soient nommés par *toutes les sections de la République*. »

C'était là tout ce que voulait la Gironde. Un de ses membres, Lidon, député de la Corrèze, demande que les paroles de Billaud-Varenne soient inscrites au procès-verbal. Billaud n'y contredit point, non plus qu'aucun de ses collègues de la Montagne, ce qui permet à l'excellent Barère de constater avec une douce satisfaction, que tout le monde est d'accord. L'Assemblée décrète ensuite, à l'unanimité, qu'il y aura des jurés, et, à une très grande majorité, que ces jurés seront nommés par elle et pris dans tous les départements (1).

Dans la séance du soir, un des députés du *côté gauche*, Duhem, fait la motion que le décret attribuant des jurés au nouveau tribunal soit rapporté. Plusieurs membres et, parmi eux, Vergniaud et La Revellière-Lépeaux, réclament l'appel nominal, en vue de faire rejeter la motion de Duhem. Mais un autre Montagnard, Thuriot, ayant proposé un amendement de nature, dit-il, à tout concilier, — amendement aux termes duquel les jurés devaient délibérer à haute voix, — les Girondistes ne soulèvent plus d'objections et la proposition de Thuriot est décrétée.

La Convention adopte ensuite, et presque sans dé-

(1) *Moniteur*, du 13 mars 1793. Séance du 10 mars au matin.

bat, les autres articles du projet de Robert Lindet (1).

A l'ouverture de la séance du 11, et à l'occasion de la lecture faite par un secrétaire de la rédaction du décret voté la veille, Robespierre a fait observer qu'il était important de bien définir ce que la Convention, dans l'article 1er, avait entendu par *conspirateurs*, et il proposa de rédiger ainsi cet article : « La loi défend, sous peine de mort, tout attentat contre la sûreté générale de l'État, la liberté, l'égalité, l'unité et l'indivisibilité de la République. » Isnard, de son côté, propose la rédaction suivante :

Il sera établi, à Paris, un tribunal criminel extraordinaire, qui connaîtra de toute entreprise contre-révolutionnaire, de tout attentat contre la liberté, l'égalité, l'unité, l'indivisibilité de la République, la sûreté intérieure et extérieure de l'État, et de tous les complots tendant à rétablir la royauté ou à établir toute autorité attentatoire à la liberté, à l'égalité et à la souveraineté du peuple, soit que les accusés soient fonctionnaires civils ou militaires ou simples citoyens.

La rédaction d'Isnard a été adoptée, de préférence à celle de Robespierre.

Aux termes de l'article 7, destiné à permettre au tribunal de fonctionner sans retards, la Convention devait, dans une de ses premières séances, nommer douze citoyens du département de Paris, pour remplir les fonctions de jurés jusqu'au 1er mai, époque à laquelle il serait pourvu à leur remplacement et à la formation d'un jury pris entre les citoyens de tous les départements. Le 11, sur la demande de Rabaut Saint-Étienne, appuyée par un autre député giron-

(1) *Moniteur* du 13 mars 1793. Séance du 10 mars à 9 heures du soir.

diste, il a été décidé que les premiers jurés seraient pris dans le département de Paris et dans les quatre départements circonvoisins.

Un membre, dont on n'a pu me dire le nom (1), a fait ensuite la proposition de rapporter l'article XII, lequel dit que les « jurés voteront et formeront leur déclaration publiquement, à haute voix ». La veille, cet article avait été adopté sans qu'il s'élevât, d'aucun côté de l'Assemblée, une seule protestation. Guadet s'est joint à l'auteur de la proposition et l'a énergiquement appuyé. Mais n'était-il pas trop tard ? Et que pouvaient d'ailleurs répondre Guadet et ses amis à cette observation de Prieur (de la Marne) : « Vous avez vous-mêmes voté à haute voix contre le tyran et vous n'avez pas craint qu'on vous accusât d'être influencés; pourquoi ne croyez-vous pas les jurés capables d'une pareille fermeté (2) ? » L'article a été maintenu.

En résumé, les membres de la Gironde ne se sont pas élevés contre le principe d'un tribunal criminel extraordinaire ; ils ont accepté, sans la moindre difficulté, ce que Lanjuinais a si bien appelé « l'abominable irrégularité de la suppression de l'appel en matière criminelle (3) » ; ils n'ont exigé d'autre

---

(1) Suivant Buchez et Roux, *Histoire parlementaire de la Révolution*, t. XXV, p. 68), l'auteur de cette proposition aurait été le député *Burat*. Il n'y avait point à la Convention nationale de député portant ce nom.

(2) *Moniteur* du 11 mars 1793, séance du 11 mars.

(3) Les Girondins avaient déjà voté une première fois cette « abominable irrégularité », lors de l'établissement du Tribunal criminel du 17 août 1792. Brissot, au nom de la Commission extraordinaire des Vingt et un, dans laquelle figuraient, avec lui, Vergniaud, Guadet, Gensonné, Lasource et Condorcet, s'était chargé de démontrer les « avantages de la

garantie pour les accusés que celle résultant de l'existence de jurés pris dans les départements et nommés par la Convention, garantie complètement illusoire, puisque le choix de ces jurés sera soumis aux fluctuations d'une Assemblée, qui est elle-même l'esclave des passions populaires et le jouet des circonstances; — ils ont voté, sans observation, l'article aux termes duquel les jurés devront opiner à haute voix, et c'est seulement le lendemain du vote que l'un d'eux a soulevé des objections tardives, qui devaient être et qui sont demeurées sans effet ; — ils ont pris part très activement à la rédaction du décret, et c'est un de leurs principaux orateurs, Isnard, qui a proposé et fait adopter la rédaction du premier article, le plus important de tous; rédaction plus compréhensive, plus dangereuse que celle présentée par Robespierre, et faite à souhait pour permettre d'envoyer à l'échafaud tous ceux qui seront suspects à la faction dominante.

Une dernière remarque. Le décret sur l'organisation du tribunal extraordinaire a donné lieu à plusieurs votes, la discussion a occupé plusieurs séances, celles des 9, 10 et 11 mars. Il n'a donc point été enlevé par surprise, et il est bien réellement l'œuvre de la majorité de la Convention. Or, l'appel nominal, qui a eu lieu le 7 mars pour l'élec-

---

suppression du recours des accusés au tribunal de Cassation ». Et il avait ajouté, dans son rapport, ces paroles qui suffiraient seules à déshonorer le parti girondin, ces lignes où le cynisme le dispute à la lâcheté : *Il ne reste donc rien à désirer, ni pour la célérité NI POUR LA JUSTICE.* (Moniteur de 1792, n° 23. *Voy.* la *Légende des Girondins*, p. 108.

tion du président, est là pour montrer que la majorité appartient aux Girondistes. C'est un de leurs chefs, Gensonné, qui a réuni la pluralité des suffrages. Le même jour, un second appel nominal a élevé aux fonctions de secrétaires deux autres membres de la Gironde, Isnard et Grangeneuve (1).

Il paraît, du reste, que la création du nouveau tribunal les a remplis de joie. Ils comptent sur lui pour les débarrasser des royalistes ; en même temps, grâce à la majorité dont ils disposent à l'Assemblée, grâce aussi à l'influence qu'ils se croient en mesure d'exercer sur les jurés de départements, ils se flattent de pouvoir envoyer au tribunal et du tribunal à l'échafaud leurs plus redoutables adversaires, les chefs de la Montagne, les meneurs de la Commune. M. d'Allonville (2) m'a conté, à ce sujet, une anecdocte assez curieuse. Le soir de la séance du 11, il est allé chez Mme Olivier, belle-sœur du général Montesquiou, dont le salon est fréquenté par quelques-uns des principaux membres de la Gironde. A l'époque du procès du Roi, M. d'Allonville avait dit un jour à Barbaroux : « Prenez garde ! Si vous faites tomber la tête de Louis XVI, votre propre tête pourrait bien tomber à son tour (3). » Au moment où il

(1) *Moniteur* du 9 mars 1794. Séance du jeudi au soir, 7 mars.

(2) Armand-François, comte *d'Allonville*, né en 1764, est l'un des auteurs des *Mémoires tirés des papiers d'un homme d'État*. On lui doit de plus de très curieux souvenirs publiés en 1839 sous ce titre : *Mémoires secrets de 1770 à 1830*.

(3) *Mémoires secrets de 1770 à 1830*, par le comte d'Allonville, t. III.

entrait dans le salon de Mme Olivier, Barbaroux est venu à sa rencontre, lui a tendu la main, et lui a dit en riant : « Eh bien ! elle est encore sur mes épaules. — Oui, encore ! — Eh ! elle y restera, a repris Barbaroux ; jamais puissance n'a été plus solide que la nôtre. Ce tribunal, que la Montagne a eu la bêtise de demander, et que Lanjuinais voulait sottement nous empêcher de créer, nous le tenons, et c'est lui qui nous fera justice des Danton, des Robespierre et des Marat. » Barbaroux parlait très haut ; un groupe s'était formé autour des deux interlocuteurs ; ceux qui le composaient, Vergniaud, Rebecqui, et huit ou dix de leurs collègues, applaudissaient aux paroles du député des Bouches-du-Rhône, et manifestaient, comme lui, leur confiance dans le nouveau tribunal (1).

Il ne m'étonnerait pas que, à la même heure où cette scène se passait dans le salon de Mme Olivier, à quelques pas de là, au numéro 366 de la rue Saint-Honoré, dans le salon de Mme Duplay (2), Robespierre eût tenu, de son côté, le même langage. Lui aussi, à son tour, voit l'échafaud se dresser à l'horizon et ses ennemis y monter : ce rêve *le fait pleurer de tendresse !* Qui sait ? Peut-être ont-ils raison, les uns

---

(1) D'Allonville, tome III.
(2) Robespierre était l'hôte de Maurice Duplay, entrepreneur en menuiserie, dont la maison, située au fond d'une cour ayant accès sur la rue Saint-Honoré, se trouvait presque vis-à-vis de la rue Saint-Florentin. Cette maison existe encore. En 1816, on la suréleva seulement ; mais les dispositions principales n'ont point changé. (Voy. *Paris révolutionnaire*, par G. Lenotre, p. 15 et suivantes).

comme les autres! Le tribunal criminel extraordinaire ne nous ménagera certainement pas, nous autres royalistes ; mais il se pourrait qu'il bien nous *fit justice* des Robespierre et des Vergniaud, des Rebecqui et des Barbaroux (1)!

(1) Vergniaud a été condamné par le Tribunal révolutionnaire le 30 octobre 1793 (9 brumaire an II), et Robespierre le 28 juillet 1794 (10 thermidor an II). Barbaroux a été exécuté à Bordeaux le 7 messidor an II (25 juin 1794). Rebecqui, pour échapper à l'échafaud, se jeta dans le bassin du port de Marseille et s'y noya, le 3 mai 1794 (14 floréal an II).

XIII

UN DISCOURS DE VERGNIAUD

Vendredi 15 mars 1793.

Les événements se précipitent; la lutte des factions prend, chaque jour, un caractère plus ardent, plus passionné. Le tribunal extraordinaire, décrété le 10 mars, est appelé, non à faire œuvre de justice, mais à devenir, entre les mains des partis, une arme de guerre, un instrument de haine et de vengeance. Cette arme, chacun se flatte d'en tenir seul la poignée et de pouvoir en diriger la pointe contre ses ennemis. Les députés de la Gironde, surtout, voient dans la création du nouveau tribunal le gage de leur victoire. Je tiens, au contraire, pour certain, surtout après la séance de mercredi (1), que leur défaite est assurée et qu'elle est proche. D'honnêtes gens, je ne l'ignore pas, se complaisent à mettre en eux leur dernier espoir; je vois des royalistes qui, en haine de Robespierre et de Marat, se rattachent à Brissot et aux *Rolandins :* partisans de ce qu'ils appellent la politique du *moindre mal,* ils veulent que l'on fasse le silence sur les crimes, sur les lâchetés des *Girondins,* pour me servir du nouveau mot qui tend à remplacer l'ancienne appellation de *Girondistes*(2).

(1) Mercredi, 13 mars 1793.
(2) *Les Révolutions de Paris,* t. XV, p. 190.

On nous demande d'oublier qu'ils ont été, à l'Assemblée nationale, les émules des plus ardents Jacobins; qu'ils ont revendiqué l'honneur d'avoir fait le 10 août; que, maîtres de l'Assemblée, du Conseil exécutif et de la Mairie de Paris pendant l'interrègne du 10 août au 20 septembre, ils ont institué le tribunal criminel du 17 août, et laissé s'accomplir, sous leurs yeux, les massacres des prisons. Nous ne devons plus nous souvenir que, à la Convention, ils se sont faits les juges de Louis XVI et l'ont traîné à la guillotine; que menacés, à leur tour, par des ennemis impitoyables, ils ont cherché à se sauver en leur jetant chaque jour, en pâture, une loi de mort dirigée contre leurs ennemis communs; que, hier encore, ils ont supprimé, pour les accusés, l'appel en matière criminelle et toutes les garanties de la défense; qu'ils se sont rencontrés, avec Danton, pour instituer un tribunal de sang !

Eh bien! puisque vous le voulez, mettons en oubli toutes ces choses; mais quel fonds pouvons-nous faire, pour nous défendre, sur des hommes qui n'ont pas le courage de se défendre eux-mêmes, comme ils en ont, une fois de plus, fourni la preuve dans les jours que nous venons de traverser?

Dans la nuit du 8 au 9 mars, le Comité de surveillance des Défenseurs de la République une et indivisible des départements (1), séant aux Jacobins de la rue Saint-Honoré, a pris un arrêté invitant toutes les sections de Paris à se déclarer en état d'insurrection, à faire sonner le tocsin, à détruire les imprimeries

---

(1) Sur *les Défenseurs de la République*, voyez ci-dessus chapitre v.

des journaux de Brissot, Gorsas et autres de même nature, et à se transporter à la Convention pour en chasser « les députés factieux ». Dès l'aube du jour, les conjurés ont envahi les abords de la salle du manège, occupé toutes les issues, intimé aux sentinelles l'ordre de refuser l'entrée aux femmes qui se présenteraient, parce qu'il s'agissait de « faire un *coup* ». Lorsque la séance s'est ouverte, les tribunes regorgeaient de spectateurs, armés pour la plupart, mais qui ne se sont portés cependant à aucun acte de violence. Ils ont trouvé sans doute que la Convention, en délibérant, comme elle le faisait ce jour-là, sur l'établissement d'un tribunal révolutionnaire, faisait une bonne besogne et qu'il convenait de ne l'en point distraire.

Si la principale partie du programme ne reçut pas ce jour-là son exécution, il n'en fut pas de même de celle relative au pillage des imprimeries. Une bande de deux à trois cents hommes, armés de pistolets, de sabres et de marteaux, et dirigés par Lazowski, un des *héros* du 10 août, a saccagé, dans la soirée du 9, l'imprimerie du *Courrier des départements* (1), rue Tiquetonne, n° 7, et celle de la *Chronique de Paris* (2), rue Serpente, n° 17.

Il était 9 heures du soir quand les émeutiers sont arrivés rue Tiquetonne. Ils ont enfoncé les portes de Gorsas, brisé les casses et les presses de son imprimerie, mis le feu à sa maison. Gorsas n'a dû la vie qu'à son sang-froid. Il a passé, sans trahir la moindre émotion et sans être reconnu, au milieu d'une cin-

(1) Journal de Gorsas, député de Seine-et-Oise.
(2) Journal de Condorcet, député de l'Aisne.

quantaine de brigands qui parlaient de lui brûler la cervelle. Arrivé au bas de l'escalier, il trouve la porte gardée par des gens armés qui ne laissaient passer personne. Il se dirige alors vers la cour, gagne un mur que garnissait un treillage, l'escalade et passe dans une maison voisine, d'où il vole à sa section (1).

Leur besogne terminée rue Tiquetonne, nos gens se rendent rue Serpente, à l'imprimerie de Garnery et de Fiévée. Garnery était absent. Sa sœur se trouvait dans les bureaux. On lui met deux pistolets sur la gorge et on lui dit : « Si tu cries, tu es morte (2). » Fiévée (3) accourt ; on le menace à son tour de le tuer. Il essaie de parlementer, et, s'adressant à Lazowski : « Un imprimeur, lui dit-il, n'est pas plus responsable que l'enfant qui ramasse le chiffon qui

---

(1) *Le Patriote français*, n° 1307.
(2) *Les Révolutions de Paris*, t. XV, p. 474.
(3) Joseph *Fiévée*, né le 9 avril 1767 à Paris, où il est mort le 7 mai 1839. Emprisonné sous la Terreur, proscrit après le 13 vendémiaire et le 18 fructidor, il écrivit, dans sa retraite, deux agréables romans, *la Dot de Suzette* (1798) et *Frédéric* (1799). Incarcéré au Temple en 1799, comme correspondant de Louis XVIII, il sortit de prison après le 18 brumaire et entra en relation personnelle avec Bonaparte. Censeur et directeur du *Journal de l'Empire* en 1805, maître des requêtes en 1807, il devint préfet de la Nièvre en 1813. Sous la Restauration, il se signala par l'ardeur de son royalisme, et collabora au *Conservateur* et à la *Quotidienne*. Il se rangea, après la révolution de 1830, dans le nouveau parti constitutionnel et écrivit au *Temps*, puis au *National*. Ses articles étaient signés T. L. ou L. et quelquefois de son nom. Ses trois curieux volumes, *Correspondances et relations de J. Fiévée avec Bonaparte*, publiés en 1837, sont précédés d'une autobiographie, qui suffirait à sauver de l'oubli le nom de ce spirituel et remarquable écrivain.

doit faire le papier que j'imprime. Vous voulez vous venger des auteurs : eh! bien, votre but est manqué, car il n'y a rien de commun entre eux et moi. Vous me ruinez, et cela leur est égal, car demain ils peuvent faire imprimer ailleurs ; très souvent, je ne lis pas ce qui s'imprime chez moi, et personnellement, depuis la révolution, je n'ai rien écrit, ni pour, ni contre. » Sans doute les raisons de Fiévée étaient bonnes et furent jugées telles, car on a cessé de briser quand il a cessé de parler : il est vrai que tout était fini, et qu'il avait suffi de quelques minutes pour détruire le fruit de plusieurs années de travaux, de veilles et de privations (1).

De chez Fiévée, les émeutiers se sont transportés chez un autre imprimeur, rue Guénégaud, et, dans l'excès de leur rage, ils ont blessé dangereusement deux femmes qui habitent dans la maison (2).

La journée du dimanche 10 mars a été encore plus agitée et plus menaçante que celle du samedi. Pendre les généraux, arrêter les membres du Conseil exécutif et les principaux députés du *côté droit*, les juger *populairement* et envoyer leurs têtes aux départements, tel était l'ordre du jour de la terrasse des Feuillants et des groupes qui s'étaient formés sur les places et dans les principales rues. Elles retentissaient de motions, de prédications de toute espèce, mêlées au récit des désastres de l'armée et de la trahison des généraux. Malheur à qui aurait osé contredire les bruits absurdes de la perte de toute la Belgique, du

---

(1) Lettre de Fiévée, du 11 mars 1793. *Chronique de Paris*, n° du 11 mars.
(2) *Révolutions de Paris*, t. XV, p. 115.

siège de Givet, du siège de Valenciennes, de la prise de Verdun (1)!

Dans la soirée, la fermentation augmenta encore. Une foule tumultueuse se presse aux Jacobins, où Varlet, Desfieux, Lazowski, Fournier l'Américain et les autres meneurs s'étaient donné rendez-vous. Le cliquetis des armes se mêle aux clameurs les plus effroyables, aux harangues les plus désordonnées (2). Desfieux dénonce la trahison de Brissot, de Petion, des *intrigants* qui siègent au *côté droit.* « Tant que ces gens-là, dit-il, seront parmi vous, vous ne ferez rien. Il n'est que temps de vous en débarrasser. Il faut les mettre tous en état d'arrestation chez eux ; il faut appeler les suppléants, ou faire nommer d'autres députés par le peuple ; alors tous les obstacles disparaîtront et la patrie sera sauvée (3). » Un militaire appuie, en termes violents, la motion de Desfieux. Un autre soldat lui succède à la tribune, et répète trois fois le mot : *vengeance !* « Citoyens, s'écrie-t-il, les satellites des brigands couronnés nous ont égorgés à Liège dans la personne de nos camarades. Il faut les venger ! Que signifie l'inviolabilité des représentants? Est-elle donc la sauvegarde du crime ? Je mets l'inviolabilité sous mes pieds : il faut frapper ! Les républicains ne connaissent qu'un souverain, c'est la Liberté et l'Égalité. Il faut frapper de si grands coups que jamais ceux qui ont voulu nuire, ne puissent s'en relever. Je vous demande ce que feraient les tyrans qui nous font la guerre s'ils étaient maîtres

---

(1) *Le Patriote français*, n° 1307.
(2) *Mémoires de Louvet*, p. 251.
(3) *Journal des Débats et de la Correspondance de la société des Jacobins*, n° 370.

des Jacobins? *La mort est la dernière raison des hommes libres ;* ceux qui parlent différemment ne sont pas libres (1). » Au milieu de l'agitation qui suit ce discours, plusieurs citoyens essaient vainement de se faire entendre. Un orateur parvient cependant à dominer le tumulte et fait la proposition suivante : « Que les *patriotes* réunis dans cette salle se divisent en deux troupes, dont l'une ira à la Convention venger le peuple, en punissant les députés traîtres à la nation ; dont l'autre se rendra au ministère des affaires étrangères (2), où sont assemblés les membres du Conseil exécutif, pour y faire maison nette. » Des applaudissements, des murmures, des cris de toute sorte accueillent cette proposition. La confusion est à son comble, les flambeaux s'éteignent, l'assemblée se sépare, pour aller, les uns à la Convention, les autres aux Cordeliers (3). C'est aux Cordeliers que se rendent Varlet, Fournier l'Américain et Lazowski. Après les avoir entendus, les membres du club de la rive gauche prennent un arrêté ainsi conçu :

Le département de Paris, partie intégrante du souverain, est invité à s'emparer du service de la souveraineté ; le corps électoral de Paris est autorisé à renouveler les membres traîtres à la cause du peuple. Il sera envoyé des députés au Comité d'insurrection (4).

(1) *Journal des débats et de la correspondance de la société des Jacobins*, n° 370.
(2) Au mois de mars 1793, le ministère des affaires étrangères était au n° 4 de la rue Cerutti, ci-devant rue d'Artois.
(3) *Journal des débats et de la correspondance de la société des Jacobins*, n° 370.
(4) *Histoire parlementaire...*, par Buchez et Roux, t. XXV, p. 93.

Cet arrêté est immédiatement porté par des affidés aux quarante-huit sections. Celle des Quatre-Nations y adhère en termes énergiques et rédige une adresse dont voici les principaux passages :

... Les défenseurs de la patrie se lèvent, mais ils jettent au dedans leurs premiers regards sur les chefs de conspiration au moment où il faut agir; ils ne s'arrêteront point à vous peindre les menées odieuses des Roland, des Brissot, des Gensonné, des Guadet, des Pétion, des Barbaroux, des Louvet, etc... L'établissement d'un nouveau tribunal révolutionnaire et la destitution des ministres sont des palliatifs insuffisants, de fausses mesures, puisqu'elles n'attaquent qu'indirectement les assassins de l'intérieur, qui trouvent un point de ralliement au sein même de la Convention. Les défenseurs de la patrie demandent, comme mesure suprême et seule efficace, que le département de Paris exerce, en ce moment, la souveraineté qui lui appartient; qu'à cet effet, toutes les sections et cantons soient convoqués pour autoriser l'Assemblée électorale du département de Paris à révoquer et rappeler les mandataires infidèles et indignes d'être législateurs d'une République... L'Assemblée générale de la section, après avoir entendu l'adresse énergique de la Société des Cordeliers, a unanimement arrêté d'adhérer et a nommé, sur-le-champ des commissaires pour la communiquer aux quarante-sept autres sections, ainsi qu'aux Sociétés des Jacobins, des Cordeliers et *former le Comité d'insurrection qui devient indispensable. Le point central est aux Jacobins.*

GENTIL, président ; LINGBERG, secrétaire (du club des Cordeliers) (1).

(1) *Copie littérale de l'Adresse portée dans les sections par quatre fusiliers, au nom de la section des Quatre-Nations, dans la nuit de dimanche à lundi.* (Le Patriote français, n° 1309).

A cette heure avancée de la nuit, — il était, à ce moment, 2 heures du matin, — les sections ne comptaient plus qu'un très petit nombre de présents. Trois seulement, Mauconseil, les Lombards et le Théâtre-Français suivirent l'exemple des Quatre-Nations.

L'adhésion de quatre sections sur quarante-huit était un assez maigre résultat. Plus médiocre encore fut le succès de Fournier et de Varlet auprès de la Commune. Ils étaient allés eux-mêmes lui porter l'arrêté de la Société des Cordeliers et demander la fermeture des barrières et l'ordre de sonner le tocsin. Soit que les moyens d'action des conjurés leur aient paru insuffisants, soit qu'ils aient vu dans les chefs du complot des concurrents tout prêts à prendre leur place, le maire et le Conseil général ont refusé de s'associer au mouvement (1).

Le *coup* était manqué.

A la Convention, où la séance, reprise le dimanche soir à 9 heures, ne fut levée le lundi qu'à 3 heures et demie du matin, les tribunes étaient remplies d'émeutiers qui attendaient un signal pour envahir la salle et se précipiter sur les membres du *côté droit*. Ce signal ne vint pas. La foule du dehors, sur laquelle ils comptaient, avait abandonné la terrasse des Feuillants, chassée par une pluie torrentielle. Il ne restait plus personne aux abords de la salle, lorsque, à 1 heure du matin, le ministre de la guerre Beurnonville et

(1) « Veut-on connaître, dit Gorsas, le vrai motif de la conduite de la Commune en cette circonstance ? Il se trouve dans cette phrase de Chaumette : « Des êtres dangereux veu-
« lent massacrer des hommes du peuple pour *prendre leurs*
« *places*, remplir leurs goussets et plaire aux cours étrangè-
« res. » (*Le Courrier des Départements*, n° du 21 mars 1793).

Kervélégan, député du Finistère, sont arrivés à la tête du bataillon des *Brestois*, qu'ils étaient allés chercher à leur caserne du faubourg Saint-Marcel.

Encore bien que la conjuration du 10 mars n'ait pas réussi, elle ne laisse pas d'avoir été singulièrement menaçante. Elle s'est affirmée par les actes les plus audacieux, elle n'a pas caché ses desseins. Les députés girondistes étaient ses victimes désignées. Quelle a été leur attitude en face du danger? Comment lui ont-ils tenu tête? — En se cachant. Avertis qu'une foule nombreuse et hostile entourait la Convention, ils ont pris le parti de ne pas s'y rendre. Au lieu d'aller s'asseoir fièrement à leur place, ils n'ont quitté leurs maisons, où ils ne se jugeaient pas assez en sûreté, que pour se réunir dans une retraite où les conjurés ne pouvaient pas les deviner (1). C'est à peine si l'on compta, ce soir-là, quarante membres sur les bancs du *côté droit* (2). Que l'absence des principaux députés du parti de la Gironde ait déconcerté les hommes de Varlet et de Fournier l'Américain, c'est possible; mais, outre que cette façon de s'effacer devant l'émeute n'a rien d'héroïque, j'estime qu'elle n'est pas sans périls. Pour avoir chance de vaincre, au moins faut-il ne pas déserter le champ de bataille. La fuite jamais n'a préparé la victoire (3).

---

(1) *Mémoires de Louvet*, p. 232.
(2) *Mémoires de Meillan*, p. 22.
(3) M. Mortimer-Ternaux, au tome VI de son excellente *Histoire de la Terreur*, a consacré un livre entier (livre XXIX, pp. 171-244) au complot du 10 mars, qu'il désigne partout sous ce titre : *la Conjuration du 9 mars*. Il donne, en effet, les événements qui ont eu lieu *dans la nuit du dimanche 10 au lundi 11* comme s'étant passés dans *la nuit du 9 au 10 mars*.

Samedi 16 mars 1793.

Les auteurs du complot dirigé contre Brissot, Pétion, Gensonné, Isnard et les autres députés du *côté droit* sont connus. J'ai nommé les chefs, Fournier, Desfieux, Lazowski, Varlet. Chefs et soldats appartiennent à la plus basse démagogie. A cet égard, nulle incertitude, nul doute possible. Comment donc expliquer, — si ce n'est par cette lâcheté à laquelle il nous ont, hélas! depuis si longtemps accoutumés, — que les Girondins affectent aujourd'hui de présenter la conjuration du 10 mars comme l'œuvre des *aristocrates* et des royalistes?

C'est Vergniaud qui, dans la séance du 13, a été chargé de porter la parole au nom de son parti (1). Son discours est l'un des plus éloquents qu'il ait prononcés, et il ne m'en coûte pas de reconnaître qu'il étincelle de beautés de premier ordre, qu'il renferme plus d'un passage vraiment digne d'admiration.

J'en ai retenu quelques-uns, celui-ci entre autres:

Les documents contemporains, et en particulier les journaux du temps, ne sauraient laisser aucun doute sur l'erreur dans laquelle est tombé M. Mortimer-Ternaux, après M. de Barante (*Histoire de la Convention nationale*, t. II, pp. 420-421). — M. Louis Blanc a évité cette erreur; mais il a trouvé commode, en présence de l'échec de la conjuration, d'imputer cette conjuration aux manœuvres de l'*aristocratie* et du *royalisme* (t. VIII, L. IX, c. II, *les Faux-Tribuns*). On ne sait bien souvent ce qu'admirer le plus chez M. Louis Blanc, son talent, sa crédulité... ou son audace.

(1) *Mémoires de Louvet*, p. 253.

Si vos principes paraissent se propager chez vos voisins avec tant de lenteur, c'est, n'en doutez pas, qu'ils sont enveloppés d'un voile ensanglanté. Pensez-vous que, lorsque, pour la première fois, les peuples tombèrent à genoux devant le soleil, il était couvert de nuages précurseurs de la tempête? Non, il roulait pur, glorieux et sans taches dans l'immensité de l'espace, et c'est ainsi qu'il reçut les premiers hommages des mortels.

Et un peu plus loin :

Il existait un tyran dans l'antiquité qui faisait étendre sur un lit de fer les victimes de sa fureur, et qui, là, mutilant celles qui étaient plus grandes, disloquant douloureusement celles qui l'étaient moins, les nivelait toutes à la longueur de ce lit terrible.

Peuple, ce tyran aussi aimait l'égalité ; et voilà celle qu'on te présente trop souvent.

Et dans cette phrase encore, quelle image saisissante, destinée peut-être à devenir une prophétie :

Alors, citoyens, il a été permis de craindre que la Révolution dévorant, comme Saturne, tous ses enfants ne finît par engendrer des despotes !

Mais si cette magnifique harangue de Vergniaud a fait briller de l'éclat le plus vif l'éloquence de l'orateur, elle a mis en lumière une fois de plus l'irrémédiable faiblesse, la déplorable incapacité de l'homme politique. Comment! les sociétés populaires, les agitateurs de faubourgs, les meneurs avérés de la faction démagogique ont ourdi un complot qui n'allait à rien moins qu'à violer l'enceinte de la Convention nationale, à arracher de leurs bancs, à égorger Vergniaud et ses amis : Vergniaud prend la parole contre les conspirateurs et il dénonce... *l'aristocratie !*

« J'adjure tous mes collègues, s'écrie-t-il, au nom de la patrie, de me permettre quelques développements sur les moyens que *l'aristocratie* vient d'employer pour renverser la liberté publique ». Eh ! oui, certes, vos collègues vous le permettront, — surtout vos collègues de la Montagne.

« Telle était, a repris l'orateur de la Gironde, telle était la nature des mouvements que *l'aristocratie* avait préparés, que depuis quelque temps il était impossible de parler de lois, de justice, d'humanité, sans être traité de royaliste, de contre-révolutionnaire, de conspirateur... Des troubles suscités par *l'aristocratie* s'élevèrent dans les départements... *L'aristocratie*, ne mettant plus de bornes à ses espérances, a conçu l'infernal projet de détruire la Convention par elle-même... Il est essentiel de dévoiler comment *l'aristocratie* voulait désorganiser l'armée et organiser en même temps le tribunal et le ministère ». — Et il a continué, montrant ces pauvres Jacobins méchamment compromis par les *agents de l'Angleterre :* « Il est reconnu que les *agents de l'Angleterre* se sont depuis quelque temps immiscés dans les sociétés populaires de cette ville... les étrangers cherchent à pervertir l'esprit de ces sociétés *depuis quelques jours*... Le 9 de ce mois, à la séance du soir, de la Société des amis de la liberté, quelques *agents de l'aristocratie*, abusant de la parole que l'Assemblée avait la faiblesse de leur accorder, firent une invitation formelle aux hommes des tribunes de se rendre le lendemain en armes à la Convention pour une expédition... Le 10, dans la soirée, des hommes armés se réunissent du côté des Champs-Elysées, des groupes nombreux sont formés sur la terrasse des Feuillants, et les *agents de Pitt* s'y disséminent pour les embraser ».

De deux choses l'une : ou Vergniaud est convaincu que la conspiration du 10 mars est l'œuvre de *l'aristocratie*, et alors il est le plus aveugle, le plus inepte des hommes ; — ou il ne le croit pas, et alors pourquoi le dire ? Pourquoi reculer ainsi devant ses adversaires ? Est-il donc le seul à ne pas comprendre que les ménager de la sorte, craindre de les attaquer résolument et en face, c'est accroître leur audace, — cette audace qui est toute leur force ?

Le discours de Vergniaud a d'ailleurs reçu son châtiment dans les applaudissements de la Montagne. La Convention nationale en a voté l'impression à la presque unanimité. Quelques instants après, elle a décrété que l'on imprimerait également la réponse de Marat. Honteux d'un honneur qu'il lui aurait fallu partager avec *Monsieur Marat*, le député de Bordeaux a déclaré que son discours avait été improvisé et qu'il lui serait impossible d'en fournir le texte. L'Assemblée n'y pouvait contredire, encore bien qu'elle sache que Vergniaud a pour habitude constante de préparer avec soin ses discours ; il n'improvise pas (1).

Au sortir de la séance, Louvet, désespéré que Vergniaud eût ridiculisé son parti, en attribuant le mou-

(1) « Vergniaud fut peut-être l'orateur le plus éloquent de l'Assemblée ; il n'improvise pas comme Guadet ; mais ses discours *préparés*, forts de logique, brûlants de chaleur, pleins de choses, étincelants de beautés, soutenus par un très noble débit, se faisaient lire encore avec un grand plaisir ». (Mme Roland, *Mémoires*, p. 315).

vement du 10 mars à l'aristocratie, à Pitt et à l'Angleterre, au lieu de dénoncer franchement, vigoureusement ses véritables auteurs, les Cordeliers et les Jacobins, ne put se défendre de lui dire : « Quel motif a pu vous dicter une aussi étrange conduite ? — J'ai jugé utile, a répondu le pauvre grand orateur, de dénoncer la conspiration sans nommer les vrais conspirateurs, *de peur de trop aigrir des hommes violents, déjà portés à tous les excès* (1). » Ce n'est point avec de telles habiletés que la Gironde aura raison de ses ennemis : à les employer, on perd tout, même l'honneur...

. . . .

. . . .

Beaulieu est entré tout à l'heure dans ma chambre. Il a lu ce que je venais d'écrire : « Ah ! ah ! s'est-il écrié, vous serez toujours le même. Vous en êtes encore à vous étonner que Vergniaud impute aux *aristocrates* les crimes des Jacobins. Il est pourtant coutumier du fait. Vous vous rappelez les actes de brigandage dont Paris fut le théâtre au mois de septembre, après les massacres des prisons. Des bandits revêtus de l'écharpe municipale se transportaient dans les maisons particulières, sous prétexte d'y apposer les scellés, et faisaient main basse sur les effets les plus précieux. D'autres brigands arrêtaient les passants en plein jour, dans les rues, sur les places, arrachaient aux hommes leurs boucles, leurs montres et leurs chaines, aux femmes leurs pendants d'oreilles, leurs colliers, leurs bagues et leurs bijoux. Les prisons, vidées vous savez comment, se

---

(1) *Mémoires de Louvet*, p. 253.

remplissaient de nouveau : d'innombrables mandats d'arrêt étaient décernés. Les séances de la Commune et du corps électoral, retentissaient de menaces contre les riches, de dénonciations contre les députés. Le journal de Marat, placardé sur tous les murs, signalait aux vengeances populaires Dumouriez, Roland, Pétion et tous les députés brissotins. C'était le moment où Cambon, — qui n'était pas encore montagnard, disait à la tribune de la Législative : « Aujourd'hui, on publie, on imprime, on affiche que quatre cents députés sont des traîtres. » Le Conseil général de la commune d'Amiens informait l'Assemblée qu'elle avait reçu, sous le contre-seing de Danton, ministre de la justice, une circulaire, émanée du Comité de surveillance de la Commune, et invitant les départements à *massacrer* tous les prisonniers et tous les *traîtres*. Les prisonniers de Sainte-Pélagie adressaient une pétition à la Législative, pour la supplier de veiller à leur sûreté et d'empêcher qu'ils ne fussent égorgés (1). C'est dans ces circonstances que Vergniaud paraissant à la tribune, et parlant au nom de la Commission extraordinaire, comme, il y a trois jours, au nom de son parti tout entier, déclara que les excès dont on se plaignait avaient pour auteurs, non les satellites de la Commune, mais les *satellites de Coblentz*. Je me rappelle encore ce passage de son discours : « S'il n'y avait que le peuple à craindre, il y aurait tout à espérer, car *le peuple est juste, il abhorre le crime*. Mais il y a ici des *satellites de Coblentz ;* il y a des scélérats soudoyés

(1) *Histoire de la Révolution*, par deux Amis de la liberté, t. IX, pp. 368 et suiv.

pour semer la discorde, répandre la consternation et nous précipiter dans l'anarchie (1). »

« Savez-vous, a repris Beaulieu, que si cette Révolution n'était pas une chose si horrible, ce serait une chose bien amusante. Depuis l'ouverture des états généraux à Versailles, le 5 mai 1789, quelle succession de spectacles incessants, variés, dramatiques! A côté des tragédies royales, quels drames bourgeois! et, comme intermèdes entre la tragédie et le drame, quelles comédies! Sur ce nouveau théâtre, pas une heure de relâche; nuit et jour les acteurs sont en scène; et les spectateurs, — quand ils ne sont ni emprisonnés, ni volés, ni tués, — n'ont vraiment pas le temps de s'ennuyer. Quoi de plus intéressant, par exemple, que cette journée du 10 mars 1793, dont Brissot, Vergniaud, Isnard et leurs collègues du *côté droit*, ont failli être les victimes, si on la rapproche de cette autre journée du 10 mars 1792, dont Brissot, Vergniaud, Isnard et leurs collègues du *côté gauche* étaient les héros? »

Beaulieu qui, tout en parlant, allait et venait dans ma chambre, a pris à ce moment, sur un des rayons de ma bibliothèque, un volume du *Journal logographique*, et, tout en le feuilletant, a continué ainsi :

« Vous vous rappelez cette séance de la Législative. Brissot réclame la mise en accusation du ministre des affaires étrangères, M. de Lessart. En vain, Becquey, Boulanger, Jaucourt, demandent que l'on ne condamne pas de Lessart sans l'avoir entendu, sans l'avoir mandé, sans s'informer de ce qu'il peut opposer pour sa justification. Isnard, Guadet, Gen-

(1) *Op. cit.*, t. IX, p. 373.

sonné, veulent que l'on prononce sans délai, sur l'heure. Ils craignent que la victime ne leur échappe. Vergniaud est le plus ardent de tous; dans son discours, éloquent comme toujours, mais encore plus passionné qu'éloquent, il remonte du ministre au Roi et il dénonce Louis XVI aux colères aveugles de la populace. Ecoutez ce passage :

De cette tribune, je vois les fenêtres du palais où l'on trame la contre-révolution, où l'on combine les moyens de nous replonger dans les horreurs de l'esclavage... Le jour est arrivé où vous pouvez mettre un terme à tant d'audace, à tant d'insolence, et confondre enfin les conspirateurs. *L'épouvante et la terreur* sont souvent sorties, dans les temps antiques, et au nom du despotisme, de ce palais fameux ; *qu'elles y rentrent aujourd'hui* au nom de la loi ; *qu'elles y pénètrent tous les cœurs;* que tous ceux qui l'habitent sachent que la loi y atteindra sans distinction tous les coupables, et qu'il n'y sera point une seule tête convaincue d'être criminelle, qui puisse échapper à son glaive (1).

« Un an s'est passé jour pour jour, et maintenant c'est au tour de Brissot d'être décrété d'accusation ; c'est au tour d'Isnard, de Guadet, de Gensonné, d'être accusés de trahison ; c'est au tour de Vergniaud d'entendre ces paroles que, de la tribune des Jacobins, lui renvoie l'immonde Varlet : « De cette tri-
« bune, je vois les fenêtres de la salle où l'on trame
« la contre-révolution, où l'on combine les moyens
« de nous replonger dans les horreurs de l'escla-

---

(1) *Journal logographique*, rédigé par M. Le Hodey, *Première législature*, t. XIII, p. 94. Séance du 10 mars 1792.

« vage... Que tous ceux qui y siègent sachent que le
« *peuple* y atteindra, y frappera tous les coupables,
« et qu'il n'y sera point une seule tête convain-
« cue d'être criminelle, qui puisse échapper à son
« glaive. »

« *L'homme du 10 mars*, c'est ainsi, vous le savez,
que François de Pange appelait Brissot. Vous n'avez
pas oublié son éloquent article du *Journal de Paris*,
qui se terminait par ces paroles : « Je ne vous re-
« tiens plus, homme du 10 mars, paraissez à la tri-
« bune (1). » Comme Brissot, Vergniaud a mérité
d'être appelé *l'homme du 10 mars*. Cette date fut
celle de leur crime : elle sera aussi celle de leur châtiment. Dimanche, Varlet, Fournier, Desfieux et les
bandits qui les suivent ont essayé leurs forces, ils
ont peloté en attendant partie. Encore quelques semaines et le *coup* réussira. Le 20 juin a été la préface du 10 août : le 10 mars sera suivi, plutôt peut-
être qu'on ne le pense, d'une seconde *journée*, qui
verra la chute de la Gironde, comme le 10 août a vu
la chute de la royauté. »

(1) *Journal de Paris*, 75ᵉ supplément, 23 mai 1792. L'article est intitulé : *A. J.-P. Brissot, montant à la tribune
pour dénoncer le Comité autrichien.* (Œuvres de François
de Pange, recueillies et publiées par L. Becq de Fouquières,
1872, p. 201.)

XIV

LA FEUILLE DU MATIN

Lundi 18 mars 1793.

La *Feuille du Matin* a reparu depuis quelques semaines, et je ne me lasse pas d'admirer la vaillance, disons le mot, l'héroïsme avec lequel l'auteur de ce petit journal attaque les révolutionnaires et défend les prisonniers du Temple. Il sait cependant mieux que personne, et pour en avoir fait l'expérience, que la liberté de la presse n'existe plus depuis le 10 août, c'est-à-dire depuis la chute du *Tyran*. La *Feuille du Jour*, qu'il avait fondée le 1er janvier 1791, a été supprimée le soir du 10 août : sa maison a été saccagée, ses presses ont été brisées, au grand applaudissement de la *Chronique de Paris* et du *Courrier des départements*, — qui viennent de recevoir à leur tour la visite du *peuple* (1). Dès qu'il l'a pu, le rédacteur de

(1) Pendant trois jours, du 10 au 13 août 1792, les *patriotes* mirent au pillage les imprimeries de tous les journaux royalistes et constitutionnels, *l'Ami du Roi, la Gazette universelle, le Mercure de France, le Journal de la Cour et de la Ville, la Feuille du Jour, la Gazette de Paris, les Annales monarchiques, le Journal de Paris*, etc., etc. Ces expéditions n'eurent pas de plus chauds approbateurs que les Girondins, et en particulier Brissot, qui, depuis trois ans, n'avait cessé de proclamer que la liberté de la presse devait être inviolable et sacrée. Son journal, *le Patriote français*, écrivait,

la *Feuille du Jour* a fait paraître un nouveau journal, la *Feuille du Matin* ou *Bulletin de Paris*, avec cette épigraphe :

Tout faiseur de journal doit tribut au matin.

Le premier numéro est du 24 novembre 1792. Au bout d'un mois, la *Feuille du Matin*, en butte aux persécutions incessantes de la Commune, était obligée de cesser sa publication. Cette suspension forcée a duré du 30 décembre 1792 au 27 janvier 1793. Depuis le 28 janvier, cette brave petite feuille a repris, avec une ardeur nouvelle, sa lutte contre les vainqueurs du jour.

Deux ou trois citations permettront d'apprécier le courage déployé par l'auteur de la *Feuille du Matin*, à l'occasion du procès de Louis XVI, du 24 novembre au 29 décembre.

Voici en quels termes dans son numéro du 13 décembre, il rendait compte de la comparution du Roi à la barre de la Convention :

Louis XVI a paru à la barre de la Convention nationale avec toute la dignité, toute la noblesse, et, nous osons le dire, toute la majesté du rang qu'il a autrefois occupé... Les réponses de Louis XVI ont été également fortes, solides et touchantes ; elles ont fait sur tous les esprits l'im-

---

le 12 août, ces lignes satisfaites : « La tranquillité est rétablie dans Paris. Elle *n'a pas été troublée* par l'expédition faite dans les *boutiques d'aristocratisme et de modérantisme*, telles que les imprimeries de *la Gazette universelle* et du *Journal de la Cour et de la Ville*, dont on a brûlé les papiers et dispersé le matériel. » (Voyez *la Légende des Girondins*, p. 101).

pression la plus profonde ; les cœurs même en ont été atteints, et nous avons vu bien des yeux prêts à laisser échapper les larmes dont ils étaient remplis.

Le 24 décembre, la *Feuille du Matin* publiait la lettre suivante, adressée à la Convention :

> Citoyens représentants, souvenez-vous que Louis appartient à toute la France... Voulez-vous maintenant éviter un crime à la France et acquitter une partie de la dette de la nation ? Acceptez ma proposition ; la voici : « Faites arriver en sûreté cette famille malheureuse sur une terre étrangère ; vous ne souillerez point vos mains dans le sang ; les Français pourront avouer leur patrie, et l'on ne rougira plus de communiquer avec eux. Un tel bienfait ne restera pas sans récompense. La nation me doit 20,000 livres ; cent mille individus sont dans le même cas ; nous apporterons tous notre quittance sur le bureau de la Convention, et nous nous estimerons encore heureux de payer cette rançon ; car enfin, si l'on vous persuade que l'existence des prisonniers du Temple puisse nuire à la République, il est plus certain encore qu'il naîtra de leurs cendres des milliers de vengeurs (1). »

La *Feuille du Matin* ne manquait pas de signaler, dans chacun de ses numéros, l'apparition des écrits favorables au Roi. « Les écrits en faveur de la cause de Louis XVI, disait-elle le 22 décembre, se multiplient et se vendent de tous côtés. Celui qui est intitulé : *Suite des réflexions de M. Necker*, est parfaitement écrit et plein de la plus vigoureuse logique. Un autre, ayant pour titre : *Louis XVI à la barre*

---

(1) Cette lettre, adressée à la Convention le 9 décembre 1792, était datée de Chartres et signée BUDAUT, *ami de l'humanité*. Elle fut distribuée gratis dans Paris le dimanche 23 décembre.

des sans-culottes, sous l'enveloppe d'une simplicité naïve, est plein de sensibilité et infiniment propre à convaincre le peuple dont il a parfaitement saisi le ton et le langage. »

En même temps qu'il prenait ainsi hautement parti pour Louis XVI, le rédacteur de la *Feuille du Matin* ne se faisait pas faute de manifester son mépris pour les héros de la Révolution. C'est ainsi que, le 28 décembre, il rappelait les vols du citoyen Westermann, l'un des chefs de l'insurrection du 10 août et l'ami de Danton, qui en a fait un adjudant général : « Westermann, connu par sa grande taille, a été accusé, par la section des Lombards, d'avoir empoché un grand nombre de couverts, dérobés chez les traiteurs où il allait dîner. Cette affaire répandait depuis longtemps un bruit sourd à la Necker, et le grand Westermann était si connu pour ce genre d'accaparement, que, dès qu'un traiteur perdait un couvert, il se le faisait payer par lui; c'était reçu, et il n'avait pas à répliquer. L'affaire a enfin éclaté, et quand elle a été portée à l'Assemblée, frère Chabot (1) a dit que cette peccadille était entièrement effacée par le civisme connu de frère Westermann (2). »

(1) L'ex-capucin Chabot, député de Loir-et-Cher à la Législative et à la Convention, guillotiné le 5 avril 1794 (16 Germinal an II), avec Westermann, Danton, Camille Desmoulins.

(2) C'est dans la séance de la Convention du 23 décembre 1792 qu'une députation des citoyens de la section des Lombards dénonça Westermann comme coupable de vol et l'accusa, preuves en mains, d'avoir soustrait en 1789 des couverts d'argent à un traiteur. La démarche de la section des Lombards n'avait point d'ailleurs pour cause le désir de démasquer un voleur, mais uniquement le besoin de répondre aux dénonciations de Westermann, qui avait accusé les volontaires du

Sur Danton lui-même, la *Feuille du Matin* avait, dans son numéro du 6 décembre, ce mot courageux :

Que n'a-t-on pas dit de moi? disait un jour Danton, en parlant de la foule d'écrits et de propos auxquels il a donné lieu depuis la Révolution. — *Que vous êtes un honnête homme*, répondit froidement Mme C..., connue par ses réparties dures et anticiviques.

A côté de ce mot sur Danton, j'en trouve un autre sur les Girondins, qui mérite également d'être recueilli. Après avoir poussé le *peuple* à l'insurrection et s'être faits les instigateurs et les complices de ses pires excès, Brissot et les députés de la Gironde, lorsqu'ils se sont vus menacés à leur tour, ont essayé d'enrayer le mouvement qu'ils avaient eux-mêmes déchaîné. Efforts tardifs, tentative impuissante, qui a inspiré à la *Feuille du Matin* cette piquante réflexion :

bataillon des Lombards d'avoir fui devant l'ennemi. M. Jules Claretie (*Étude sur Camille Desmoulins et les Dantonistes*, 1875), se trompe donc lorsqu'il dit que « Danton et ses amis ignoraient les antécédents de Westermann ». Comment les auraient-ils ignorés, puisque la Convention elle-même en avait retenti ? M. Claretie est obligé de reconnaître que le *vol* était passé chez l'ami de Danton à l'état d'habitude. Arrêté une première fois en mars 1775 pour un vol de deux vestes et pour un vol d'argenterie ; arrêté une seconde fois en janvier 1776, Westermann le fut une troisième en septembre 1785, pour avoir volé un plat d'argent armorié chez un restaurateur de la rue des Poulies. Les pièces relatives à ces différentes affaires existent aux Archives nationales. De ce voleur, la Révolution fit successivement un officier municipal, un adjudant général, un commissaire général du pouvoir exécutif et un général de brigade.

Les Brissot, les Petion, les Gaudet, etc., luttant contre les Jacobins, ne ressemblent-ils pas aux physiciens de Pharaon, qui convertirent les baguettes en serpents, mais qui ne purent jamais rechanger les serpents en baguettes (1)?

Quelques extraits, empruntés aux numéros parus depuis le 28 janvier, montreront que les persécutions dirigées contre la *Feuille du matin* n'ont point eu, pour effet, d'intimider l'homme de cœur qui la rédige:

1er février 1793. — Épitaphe pour être gravée sur le tombeau d'un *Grand Personnage* mort en janvier 1793:

Ci-gisent la Vertu, l'Honneur et l'Innocence,
Et tout le bonheur de la France.

5 février. — Un jeune garde national de la section de la Halle-au-Blé, nommé *Delrive*, qui avait assisté, en qualité de garde, à l'exécution de Louis XVI, est mort vendredi (1er février), dans des convulsions affreuses, suite de l'impression profonde qu'avait faite sur lui ce terrible spectacle.

8 février. — Une dame nous prie instamment d'insérer, dans notre journal, l'épitaphe ci-après, que nous croyons être celle de *Charles Ier* :

Ci-gît qui, malgré ses bienfaits,
Fut immolé par ses propres sujets,
Et qui, par un courage inconnu dans l'histoire,
Fit de son échafaud le trône de sa gloire.

9 février. — Épitaphe dont nous laissons à nos lecteurs à faire l'application :
Ci-gît qui donna la vie à la Liberté, et à qui la Liberté donna la mort.

(1) *La Feuille du Matin*, 18 décembre 1792.

Même numéro. — *Vers pour mettre au bas d'un portrait:*

> Vertueux sur le trône et fidèle à l'honneur,
> D'un peuple que j'aimais j'ai voulu le bonheur ;
> Mais l'ingrat, égaré par une secte impie,
> Sous le fer des bourreaux m'a fait perdre la vie.

Dans son numéro du 13 février, la *Feuille du Matin* a donné le *Testament de Louis XVI*, mis en vers. Cette pièce forme neuf strophes.

Le girondin Dulaure, député du Puy-de-Dôme et l'un de ceux qui ont condamné Louis XVI, a publié, le 13 février, dans son journal le *Thermomètre du jour*, et sous ce titre : *Anecdote très exacte sur l'exécution de Louis Capet*, un récit que, par un raffinement d'imposture, il a mis dans la bouche du bourreau lui-même. D'après Dulaure, lequel ne craint pas d'insulter à ceux qu'il assassine, l'admirable fermeté dont Louis XVI a fait preuve, ne serait due qu'à un *copieux* déjeuner fait le matin, et à la persuasion où il était, qu'au dernier moment on lui ferait grâce (1). Sanson a rétabli la vérité dans une lettre qui, sous sa plume, est d'une singulière éloquence, et où il y a comme un écho de cette parole du centenier, qui a traversé les siècles : *Vere hic homo erat justus !* En voici les dernières lignes :

Et pour rendre *hommage* à la *vérité*, il a soutenu tout cela avec un sang-froid et une *fermeté* qui nous a tous étonnés. Je reste très convaincu qu'il avait puisé cette *fermeté* dans les *principes* de la religion, dont personne plus que lui ne paraissait *pénétrée ny* persuadé.

(1) Le *Thermomètre du jour*, n° 110, p. 356.

Vous pouvez être assuré, citoyen, que voilà la *vérité* dans son plus grand jour (1).

Chassées de la Convention, bannies de la République, l'honnêteté, la vérité, la justice, auraient-elles donc, en nos tristes jours, trouvé un suprême et dernier asile *dans le cœur du bourreau?* On les retrouve encore, Dieu en soit loué ! chez quelques honnêtes gens, au premier rang desquels je place le rédacteur de la *Feuille du Matin*. Il a fait précéder la reproduction de la lettre de Sanson, des lignes suivantes :
« Les âmes sensibles ne pourront lire sans frémir et sans verser des larmes de douleur, la déclaration suivante ; elle a, cependant, été nécessaire pour imposer silence à l'affreuse calomnie qui s'attachait à noircir, même après sa mort, l'infortuné prince qui en est l'objet (2) ».

Encore deux citations :

25 février. — Au moment où nous écrivons, le pain est très rare à Paris, et on n'en trouve point chez les boulangers. Nous serions bien fâchés d'effrayer le peuple et encore plus d'accuser aucun vivant de cette disette réelle ou factice, mais, au moins, ne pourra-t-on pas en accuser les *MORTS* (3).

Après avoir rappelé, qu'en Égypte, les actions et le caractère des rois décédés étaient examinés avec une grande rigueur, en présence de certains juges,

---

(1) La lettre de Sanson a été reproduite *in extenso* par M. de Beauchesne, dans son livre sur *Louis XVII* (t. I, p. 514). L'original de cette lettre remis par Dalaure à M. Tastu, imprimeur, passa ensuite aux mains de M. Aimé-Martin. Il appartient aujourd'hui à la Bibliothèque nationale.
(2) *La Feuille du Matin*, 23 février 1793.
(3) *Ibid.*, n° 63.

afin qu'on pût régler, d'une manière équitable, ce qui était dû à leur mémoire, la *Feuille du Matin* ajoutait, dans son numéro du 8 mars :

O... ! ô Roi tout débonnaire ! tu pouvais naître impunément sur le trône des Sésostris et des Séthos. Ta mémoire adorée n'eût eu rien à craindre des sévères jugements qui attendaient les rois après la mort. L'austère Nécrologue de Memphis n'eût pu te trouver reprochable que par ton excès de bonté !

Les *patriotes* qui ont saccagé, au 10 août, l'imprimerie de la *Feuille du Jour* savent très bien que la *Feuille du Matin* a précisément le même rédacteur et que ce rédacteur est Germain PARISAU, connu avant la Révolution par plusieurs pièces jouées avec succès aux Italiens et à la Comédie-Française (1). Il est donc de ceux, j'en ai peur, qui, un jour ou l'autre, seront traduits devant le tribunal criminel que la Convention vient d'instituer. Comme chez lui l'esprit et le courage vont de pair, il est homme à chansonner ses bourreaux jusqu'au pied de la guillotine. J'ai retrouvé, dans mes papiers, des couplets de sa façon, déjà anciens, mais qui n'ont jamais été imprimés. C'est ce qui me décide à les donner ici :

Air : *Du Prévôt des ci-devants marchands.*

Messieurs d'la Révolution,
Vous moquez-vous d'la nation?

(1) *Parisau* (Pierre-Germain), né à Besançon en 1753. Ses principales pièces sont *Julien et Colette*, *le Ruban*, *la veuve de Cancale* jouées aux Italiens, *le Prix académique*, comédie en un acte et en vers représentée par les Comédiens français, le 28 août 1787.

Qu'es' que c'te liberté si chère
Que vos gens nous prônent sans fin ?
Pour vous la liberté d'mal faire,
Pour nous cel' de mourir de faim.

Messieurs d'la Fédération,
Vous moquez-vous d'la nation ?
Nous prenez-vous pour des jocrisses
De nous fair' jurer bêtement
D'être fidèl' à vos caprices,
Quand vous n'êtes pas à vot' serment ?

Messieurs d'la Régénération,
Vous moquez-vous d'la nation ?
J'avions un œil tant soit peu louche,
Et vous nous avez éborgnés ;
J'étions morveux, faut qu'on nous mouche,
Mais n'faut pas nous arracher l'nez.

Messieurs d'la Restauration,
Vous moquez-vous d'la nation ?
De ses mandats chacun s'écarte,
Et vous nous faites bien payer
Pour nous donner un roi de carte
Et des finances de papier (1).

Parisau avait pour collaborateurs à la *Feuille du Jour* Desprès (2) et le vicomte de Ségur (3). C'est

---

(1) Alissan de Chazet, *Mémoires*, t. III, p. 8.

(2) Desprès (1752-1832), appelé par Fontanes à faire partie du Conseil de l'Université, était un écrivain du savoir le plus varié, du goût le plus sûr et le plus élégant. On lui doit une traduction d'*Horace*, faite en société avec M. Campenon, et une traduction de *Velleius Paterculus*. (Voyez la Notice que M. Roger, de l'Académie française, lui a consacrée dans *la Gazette de France* du 17 mars 1832).

(3) Le vicomte de Ségur (1756-1805), maréchal de camp en 1788, avait quitté le service au commencement de la Révolu-

Desprès, esprit délicat, plume alerte et finement taillée, qui rendait compte des séances de l'Assemblée nationale et de celles du club des Jacobins. Je crois que Ségur et Desprès collaborèrent également à la *Feuille du Matin* (1).

tion. Il réussit dans le roman, la comédie et la chanson. Lorsque son frère, l'ancien ambassadeur de Louis XVI en Russie, devint Maître des Cérémonies sous Napoléon, le vicomte, pour se distinguer de lui et pour s'en railler un peu, s'écrivait volontiers chez ses amis : *Ségur sans cérémonies*.

(1) Alissan de Chazet, t. III.

Parisau fut encore obligé d'interrompre la publication de son journal le 30 mars 1793. Cette nouvelle suspension dura du 30 mars au 22 avril. *La Feuille du Matin* reparut le 23 avril, mais pour cesser définitivement six jours après. C'est par erreur que M. Deschiens, dans sa *Bibliographie des Journaux*, page 154, dit que « la Feuille du Matin commence fin de 1792 et finit le 24 avril 1793 ». Le premier numéro a paru le 24 novembre 1792 et le dernier le 28 avril 1793. Parisau, traduit devant le Tribunal révolutionnaire, a été guillotiné le 22 messidor an II (10 juillet 1794). — Desprès et le vicomte de Ségur ont été arrêtés tous les deux en octobre 1793. Le premier est resté neuf mois dans la prison de Saint-Lazare, où il occupa la même chambre qu'André Chénier. Le second a publié le récit de sa captivité sous ce titre : *Ma prison, depuis le 22 vendémiaire jusqu'au 10 thermidor. L'an III de la République, par le citoyen Alexandre Ségur, le cadet*. In-8º de 30 pages.

XV

LES NOCES DE FIGARO

Samedi 23 mars 1793.

Hier soir, dans le trajet de sa maison à l'Académie nationale de musique, où nous allions tous les deux voir jouer l'Opéra de Mozart, M. Suard (1), ancien censeur royal et aujourd'hui directeur des *Nouvelles politiques*, me disait : « En ce temps-là, — je vous parle de 1778, — il y avait deux partis, comme aujourd'hui, deux partis ardents, irréconciliables, poussant la passion jusqu'au fanatisme. D'un côté, les Piccinistes ayant à leur tête Marmontel, d'Alembert, Di-

---

(1) *Suard* (Jean-Baptiste-Antoine), né à Besançon le 16 janvier 1733, avait été reçu à l'Académie française en 1774 ; censeur des pièces de théâtre jusqu'en 1790, il s'était opposé à la représentation du *Mariage de Figaro*. Il collabora en 1791 au journal royaliste *les Indépendants* et devint en 1792 le principal rédacteur du journal *les Nouvelles politiques nationales et étrangères*. Proscrit au 18 fructidor (4 septembre 1797), il fut obligé de sortir de France. Sous le Consulat, il concourut à la rédaction du *Publiciste* et fut nommé, le 20 février 1803, secrétaire perpétuel de l'Académie. A la Restauration, il obtint le titre de censeur honoraire. Il est mort le 20 janvier 1817. Sa femme, sœur de l'imprimeur Panckoucke, a composé plusieurs ouvrages ; son salon, l'un des plus spirituels et des mieux fréquentés de Paris, était au xviiie siècle, le rendez-vous des encyclopédistes. (Voyez Garat, *Mémoires historiques sur Suard*, 1820, 2 vol., in-8°).

derot, le chevalier de Chastellux, le baron de Grimm, Ginguené, la Harpe, l'abbé de Canaie et notre excellent ami l'abbé Morellet ; de l'autre côté, les Gluckistes, commandés par l'abbé Arnaud et le bailli du Rollet. J'étais l'un des tenants de Gluck, et vous avez peut-être lu les *Lettres de l'Anonyme de Vaugirard*, où je prenais la défense de l'auteur d'*Armide* et d'*Iphigénie*. Quelles belles querelles ! quelles chaudes soirées ! Je me rappelle encore notre humiliation, notre désespoir, lorsque, additionnant les recettes des douze premières représentations de *Roland* (1), afin d'en comparer le total à celui des douze premières d'*Iphigénie en Aulide*, les Piccinistes constatèrent à l'avoir de *Roland* un excédant de recettes de 87 livres 18 sols (2). Ah ! ce jour-là, nous avions la tête basse, mes amis et moi, et plus d'un parmi nous répétait d'un air sombre :

J'ai perdu mon Eurydice,
Rien n'égale mon malheur (3).

« Pour nous venger, nous logeâmes Piccini dans la rue des *Petits-Champs* ; mais la réplique ne se fit pas attendre : nos adversaires assignèrent pour demeure au chevalier Gluck la rue du *Grand-Hurleur* (4). Les choses en étaient venues à ce point qu'un homme d'es-

(1) Opéra de Piccini, paroles de Marmontel, — représenté pour la première fois le 27 janvier 1778.
(2) *Académie impériale de Musique*, par Castil-Blaze, t. I, p. 373.
(3) C'était la phrase la plus célèbre de l'opéra d'*Orphée*, l'un des chefs-d'œuvre de Gluck, joué pour la première fois le 2 août 1774.
(4) Castil-Blaze, t. I, p. 375.

prit s'écriait dans un salon : « Je ne salue point un homme qui n'aime pas la musique de Gluck (1). »

« Hélas ! mon cher ami, il n'y a plus de Gluckistes ni de Piccinistes ; il y a des Rolandistes et des Robespierristes. Ce n'est plus la salle de l'Opéra qui sert de champ de bataille, c'est la salle du Manège. Les chefs de parti ne s'appellent plus Marmontel, Chastellux, Arnaud ou du Rollet ; ils s'appellent Brissot, Danton, Buzot, Marat, Robespierre. On ne se borne plus à ne pas saluer ses adversaires, on demande leur tête. Tâchons de nous arracher, pendant quelques heures, si cela est possible, au spectacle de leurs discordes ; fermons l'oreille à leurs cris de vengeance et de mort ; demandons à cet art divin, qui fut celui de Gluck et de Piccini, l'oubli des maux présents et l'ombre du bonheur évanoui ».

A ce moment, nous arrivions au théâtre (2). Nous prîmes place dans une entre-colonnes. M. Suard, que l'aspect de cette salle, peuplée pour lui de souvenirs heureux et d'images brillantes, avait rajeuni de dix ans, me dit en souriant : « Il me tarde de voir le rideau se lever. Je suis impatient de savoir si vraiment, comme on l'a prétendu, l'opéra de Mozart peut rivaliser, pour la grandeur et le développement des mor-

(1) Castil-Blaze, t. I, p. 375.
(2) L'Opéra occupait, en 1793, sur le boulevard Saint-Martin, la salle construite en soixante-cinq jours, sous la direction d'Alexandre Lenoir, à la suite de l'incendie du 8 Juin 1781, qui avait détruit au Palais-Royal le théâtre où les acteurs de l'Académie royale de Musique donnaient leurs représentations depuis le 26 janvier 1770. Le 8 thermidor an II (26 juillet 1794), l'Opéra quitta la salle de la Porte-Saint-Martin, qui a disparu, après une existence de quatre-vingt-dix ans, dans les incendies de mai 1871.

ceaux d'ensemble, pour le charme et la beauté des mélodies, avec les chefs-d'œuvre de Gluck. Sans doute, avant-hier, la première représentation a eu peu de succès (1), mais cela ne prouve pas grand'chose. Les Allemands ne laissent pas d'être d'assez bons juges en musique. — Que dirait mon confrère Marmontel, s'il m'entendait émettre une pareille hérésie ? Mais il est au fond de la Normandie et il ne m'entendra pas (2). Eh bien ! lorsque les *Noces de Figaro* furent données à Vienne en 1786, le succès fut immense. On fit répéter jusqu'à six morceaux et le duo *sull'aria* fut redemandé trois fois. A Prague, le triomphe de Mozart a été plus grand encore, et tous les morceaux, à l'exception d'un ou deux, ont été redemandés avec enthousiasme ».

M. Suard parlait avec feu ; sa physionomie, ses gestes, respiraient une animation extraordinaire. « La salle n'est point pleine, reprit-il en hochant la tête, et il ne me parait pas que l'assistance soit très choisie. C'est pourtant aujourd'hui vendredi. Vous

---

(1) La première représentation des *Noces de Figaro* à l'Académie de Musique avait eu lieu le 20 mars 1793. L'affiche portait : *Première représentation du MARIAGE DE FIGARO, opéra-comique en cinq actes.* C'est sans doute cette qualification d'*opéra-comique* qui a induit M. de Loménie dans la singulière erreur que je trouve au tome II de son *Beaumarchais*, page 157. « En 1793, dit-il, sous la République, on joua le *Mariage de Figaro*, transformé en *opéra-comique* et assez malheureusement versifié par Beaumarchais. *J'ignore quel était l'auteur de la musique* ». Cet auteur, dont M. de Loménie *ignore le nom*, c'était MOZART !

(2) Marmontel avait quitté Paris le 4 août 1792 et s'était réfugié auprès de Gaillon, dans le département de l'Eure. (*Mémoires de l'abbé Morellet*, t. II, p. 401).

savez qu'autrefois le grand air était de n'aller à l'Opéra que le vendredi (1); les princes, les courtisans quittaient Versailles ce jour-là, tout exprès, pour assister à la représentation de l'Académie; les nouvelles mariées étaient présentées au public de l'Opéra le premier vendredi après la noce; ainsi le voulait l'étiquette. Mais nous avons changé tout cela. Le vendredi est maintenant un jour comme un autre; il n'est pas plus que le dimanche et le mardi: ainsi le veut l'égalité. »

La physionomie de M. Suard s'était assombrie, et il parcourait maintenant d'un regard mélancolique les entre-colonnes, les timbales, les chaises de poste, les crachoirs (2) et les loges de balcon. Il me montrait la loge de la Reine, la chaise de poste louée à la princesse de Lamballe et dont le prix était de 3600 livres par an; la timbale louée au duc d'Orléans, au duc de Choiseul et à M. Necker pour 3200 livres, et l'entre-colonnes de 7000 livres qui avait le duc d'Orléans pour unique locataire. Tout à coup, me prenant le bras, « regardez, me dit-il, voilà Beaumarchais (3). »

(1) « On joue à l'Opéra *Callirhoé*, qui ne réussit pas, quoique cet ouvrage soit intéressant et joli; mais le grand air à présent est de n'aller à l'Opéra que le vendredi. » Mlle Aïssé, *Lettres*. — Les jours adoptés par l'Académie de Musique étaient le mardi, le vendredi, le dimanche, et, pendant l'hiver seulement, le jeudi. Cet ordre, établi en 1671, fut changé en 1817, époque à laquelle l'Opéra s'ouvrit le lundi, le mercredi et le vendredi (Castil-Blaze, t. II, p. 150).

(2) Castil-Blaze, t. I, p. 515. — Les *crachoirs* ne tardèrent pas à changer leur nom contre celui de *baignoires*.

(3) Beaumarchais assistait, en effet, à la seconde représentation des *Noces de Figaro*. Voyez, dans *Beaumarchais et son temps*, par Louis de Loménie, t. II, p. 585, sa lettre aux

C'était bien lui, en effet ; je pus le contempler tout à mon aise. C'est un homme d'environ soixante ans ; ses cheveux sont rares, mais grisonnent à peine ; sa bouche est grande, sa figure est pleine, et il a double menton (1). Il est gros et gras (2) ; Figaro a pris du ventre. « Allons, je vois avec plaisir, dit M. Suard, que ses malheurs ne l'ont pas fait maigrir. Et pour-

acteurs de l'Opéra assemblés, en date du 3 avril 1793 : « ... J'ai été voir à musche-pot la deuxième représentation du Mariage... »

(1) Voici le signalement de Beaumarchais, tel que le donne le passeport qui lui fut délivré le 18 septembre 1792 :

LIBERTÉ, ÉGALITÉ
AU NOM DE LA NATION.

A tous officiers civils et militaires chargés de maintenir l'ordre public dans les quatre-vingt-trois départements, et de faire respecter le nom français chez l'étranger : laissez passer librement *Pierre-Augustin Caron-Beaumarchais*, âgé de soixante ans, figure pleine, yeux et sourcils bruns, nez bien fait, cheveux châtains rares, bouche grande, menton ordinaire, double, taille de 5 pieds 5 pouces, allant à La Haye en Hollande, avec son domestique, chargé d'une mission du gouvernement.

A Paris, le 18 septembre 1792, l'an IV de la liberté; Ier de l'égalité.

Le Conseil exécutif provisoire,
Signé: LEBRUN, DANTON, J. SERVAN, CLAVIÈRE.

Par le Conseil exécutif provisoire,
Signé: GROUVELLE, *secrétaire*.

(*Beaumarchais à Lecointre, son dénonciateur,* sixième et dernière époque).

(2) Dans des vers écrits en 1793, Beaumarchais traçait ainsi son portrait :

Un bon vieillard grand, gris, gros, gras.

tant, qui plus que lui a perdu à la Révolution ? Que le voilà loin du 27 avril 1784, de la première représentation du *Mariage de Figaro !* Ah ! ce fut vraiment une *folle journée !* Les cordons bleus confondus dans la foule avec les savoyards, la garde dispersée, les portes enfoncées, les grilles de fer brisées sous les efforts des assaillants (1), trois personnes étouffées (2) ! Quel triomphe ! Parti de rien, Beaumarchais était arrivé à tout : aussi célèbre que riche, il était fort du grand monde, très recherché par les plus grands seigneurs et les plus grandes dames de France. Mais, tout en faisant la cour au fils de l'horloger, grands seigneurs et grandes dames ne laissaient pas de lui faire sentir à l'occasion qu'ils ne l'estimaient point leur égal. Vienne donc une révolution qui remettra chacun à sa place, au premier rang les hommes d'esprit et de ressources, au dernier ceux qui se sont donné la peine de naître, et rien de plus ! Notre homme a été servi à souhait : la révolution est venue ; elle a abaissé les princes, les ducs et les comtes qui portaient ombrage à l'auteur du *Mariage de Figaro;* puis, cela fait, avec une logique qui me semble irréfutable, elle a vu dans son talent une aristocratie, dans sa fortune une atteinte à l'égalité. Il avait dénoncé à la haine et au mépris populaire le comte Almaviva ; il est dénoncé à son tour par Basile et par Double-Main. Arrêté et conduit à l'Abbaye, il trouve moyen d'en sortir quatre jours avant les massacres de Septembre ; mais trois mois plus tard il est accusé de nouveau, et, pour la seconde ou la troisième

(1) *Bachaumont, Mémoires secrets.*
(2) La Harpe, *Correspondance littéraire adressée au grand-duc de Russie,* t. IV.

fois, on met les scellés sur sa belle maison du Boulevard, sa *maison d'Albe*. Besoin est pour lui d'écrire encore une fois des *Mémoires*. Avez-vous lu ceux qu'il vient de publier sous ce titre : *Beaumarchais à Lecointre, son dénonciateur ?* Ils sont divisés en six époques et forment un gros volume (1). Il paraît que le citoyen Lecointre (2) est moins plaisant que le conseiller Goëzman et qu'il était plus facile d'avoir de l'esprit contre le parlement Maupeou que contre la Convention nationale. Ce qui est certain, c'est que, dans les *Six époques* et les 300 pages de Beaumarchais, il n'y a pas le plus petit mot pour rire. On y trouve en revanche plus d'une page véritablement courageuse. Vous vous rappelez cette phrase du fameux monologue de *Figaro :* « Il m'a fallu déployer plus de science et de calculs pour subsister seulement, qu'on n'en a mis depuis cent ans à gouverner toutes les Espagnes. » Eh bien ! Il a fallu à Beaumarchais déployer depuis deux ans *plus de science et de calculs* pour sauver sa vie et sa fortune qu'il n'en avait mis jadis à gagner ses millions et à écrire le *Mariage de Figaro*. Mais voilà que je me laisse aller, moi aussi, à faire un monologue aussi long que celui du célèbre barbier... et beaucoup moins spiri-

---

(1) Le *Mémoire* de Beaumarchais, en réponse à la dénonciation de Lecointre, a paru au mois de mars 1793. Il est signé et daté comme suit :

Ce citoyen toujours persécuté,
CARON-BEAUMARCHAIS.

Achevé pour mes juges, à Paris, ce 6 mars 1793, l'an second de la République.

(2) Laurent *LECOINTRE*, député de Seine-et-Oise à la Convention nationale.

tuel. Vous me pardonnez, n'est-ce pas ? » et M. Suard m'a tendu la main en ajoutant : « Mozart va vous dédommager de mon rabâchage. » La parole, en effet, était à Mozart : l'orchestre faisait entendre les premières notes de l'ouverture.

Lorsque la toile s'est levée et que la pièce a commencé, ainsi qu'au Théâtre-Français, par ces mots de Figaro : *Dix-neuf pieds sur vingt-six*, cette première scène, entièrement parlée, a dérouté le public de l'Opéra. Il venait pour entendre la musique de Mozart ; on lui donnait la prose de Beaumarchais. C'est la première fois que l'on voit sur ce théâtre un opéra-comique, c'est-à-dire un *Opéra* parlé et chanté. L'innovation n'a pas semblé heureuse et je doute qu'elle réussisse. Dans tous les cas, *le Mariage de Figaro* est fort mal choisi pour un pareil essai. Si on voulait le tenter, il le fallait faire sur une pièce plus courte. Les cinq actes de Beaumarchais sont extrêmement longs ; qu'est-ce donc lorsqu'on y ajoute la musique de Mozart ? Nul doute que la longueur de cette pièce en partie double ne soit la véritable cause de l'insuccès du premier soir, insuccès qui s'est renouvelé hier. Ajoutez à cela que les acteurs de l'Opéra, n'étant point habitués à *dire* en prose, se sont fort mal acquittés de cette besogne, nouvelle pour eux. Ils étaient d'ailleurs écrasés par la comparaison que chacun de nous faisait involontairement entre eux et les acteurs qui tiennent les mêmes rôles à la Comédie-Française. Comment ce pauvre Lays, par exemple, qui joue si lourdement Figaro, pourrait-il soutenir le parallèle avec Dazincourt ? Adrien remplit le rôle d'Almaviva ; il a de la chaleur et de l'intelligence ; mais, pour convenable qu'il soit, quelle distance entre lui et l'incomparable Molé ! Mme Ponthieu, dans le rôle de la comtesse, n'est pas pour faire oublier Mlle Sainval cadette. Il en est de même de tous les autres. Seule peut-être, Mlle Gavaudan cadette, qui joue Suzanne, est à la hauteur de son rôle. C'est bien la *charmante fille* de la *Folle Journée, toujours riante, verdissante, pleine de gaieté, d'esprit, d'amour et de délices !* Une fois déjà elle avait porté bonheur à Beaumarchais. C'est elle qui a créé, dans *Tarare* (1), le rôle de *Spinette*, et elle y déploya tant d'esprit, de talent, de gentillesse, que le nom de *Spinette* lui est resté. — Mais voici qu'à la prose de Beaumarchais succède la partie chantée. La musique de Mozart a été écrite sur le libretto italien de Lorenzo da Ponte, traduit en vers français par Notaris. Les vers de Notaris sont ridicules, mais le compositeur a recouvert leur nudité d'un manteau de pourpre et d'or. Dès le premier acte, que de merveilles : le duo entre Suzanne et Figaro :

Si de sa ruelle (2)...

la cavatine de Figaro :

Monsieur le Comte aime la danse (3)...

le grand air de Bartholo :

La Vengeance ! la Vengeance (4) !

----

(1) L'opéra de *Tarare*, paroles de Beaumarchais, musique de Salieri, avait été représenté pour la première fois sur le théâtre de l'Académie royale de Musique le vendredi 8 juin, 1787.
(2) Se a caso madama.
(3) Se vuol ballar signor Contino.
(4) La Vendetta ! la Vendetta !

l'air de Chérubin :

Le tourment qui m'oppresse (1)...

enfin l'air de Figaro :

Mon enfant, plus de tendres fleurettes (2) !

Lorsque le rideau est tombé sur le premier acte, j'étais sous le charme. « Certes, dit M. Suard, il y a là des phrases originales, des mélodies exquises et qui coulent de source. Mais je trouve que Mozart m'a changé mon *Mariage de Figaro*. La baguette du musicien, — du magicien, si vous voulez, — en touchant le château d'Aguas-Frescas, en a transformé tous les habitants. Dans cette demeure aimable et riante, où seuls la légèreté, l'esprit et la folie avaient pénétré, il introduit la mélancolie, la tendresse, la passion. A Chérubin, Beaumarchais n'a donné que des sens ; Mozart lui donne une âme. Quand le petit page chante : *le tourment qui m'oppresse*, on sent son cœur battre, et que son amour est sincère et profond. Ne trouvez-vous pas aussi comme moi que l'air : *Monsieur le Comte aime la danse*, nous montre la jalousie de Figaro sous un tout autre jour que la comédie de Beaumarchais? Dans la comédie, Figaro aime Suzanne... pour le moment. Dans l'opéra, il l'aime pour toujours. Et notre ami Bartholo ! quelle transfiguration ! Qu'il y a loin des plaisanteries sur *l'éternel docteur* à ces accents superbes, tout frémissants de vengeance et de haine ! Quant à l'air : *Mon enfant, plus de tendres fleurettes*, je reconnais qu'il est admirablement dans le ton de la pièce

(1) Non so più cosa son.
(2) Non più andrai farfallone.

française. Si Mozart a voulu montrer qu'il avait, lorsqu'il le voulait, autant d'esprit et de gaieté que Beaumarchais, l'irrésistible effet de ce délicieux morceau prouve qu'il n'a pas trop présumé de sa verve comique. »

Le second acte a confirmé M. Suard dans son opinion. La chanson de Chérubin :

Mon cœur soupire (1)...

est d'une grâce adorable ; on croit entendre sous les marronniers du parc, non plus le fifre un peu aigrelet de Beaumarchais, mais la flûte enchanteresse de Racine. Malheureusement le rôle de Chérubin est assez mal tenu. Ce second acte est d'ailleurs d'une longueur démesurée, qui vient aggraver encore le débit languissant des acteurs : il semble qu'ils aient juré d'attacher du plomb aux pieds légers de la prose de Beaumarchais. Au lieu de courir, elle se traîne. Même accident arrive aux airs de Mozart : au lieu d'être exécutés dans leur véritable mouvement, ils ont presque tous été fort ralentis. La pièce s'est cependant relevée au finale. C'est que ce finale du second acte est un incomparable chef-d'œuvre. Quelle vigueur et quelle grâce ! Quelle simplicité et quelle puissance ! — M. Suard ne se sentait pas d'aise. « Ah ! Ah ! me dit-il, voilà qui laisse bien loin en arrière Nicolo Piccini ! Trouvez moi dans *Atys* ou dans *Roland* quelque chose qui vaille cela ! Piccini ne va pas à la cheville de Mozart ! — Et le chevalier Gluck ? demandai-je en souriant. — Gluck, monsieur le railleur, a fait *Alceste*, *Orphée* et *Iphigénie en Aulide*... Mais voici le troisième acte ».

(1) Voi que Sapete che cosa'e amore...

Pendant cet acte, le comte Almaviva est presque constamment en scène. J'imagine que Beaumarchais aura eu quelque peine à le reconnaître. « Qui donc m'enchaîne à cette fantaisie ? J'ai voulu vingt fois y renoncer »... Ainsi parle le comte dans la pièce française. Avec Mozart, ce n'est plus de fantaisie qu'il s'agit : c'est la passion qui respire dans le duo :

J'étais bien las d'attendre (1)...

Et deux scènes plus loin, dans l'air :

Qu'ainsi l'on me ravisse (2)...

Quel dédain superbe ! quelle amère tristesse ! L'effet pourtant n'a pas été très grand ; le public avait l'air un peu désorienté.

Au quatrième acte, le succès du duo entre Suzanne et la comtesse a été très vif. C'est le duo fameux *Sull'aria, che soave zeffretto*. Il n'y a rien de plus charmant, dans la pièce de Beaumarchais, que cette scène où la comtesse dicte à Suzanne : *Chanson nouvelle sur l'air...*

Qu'il fera beau ce soir sous les grands marronniers ?...
Qu'il fera beau ce soir (3) ..

J'en suis bien fâché pour Beaumarchais. Cette scène, Mozart la lui a prise, il l'a faite sienne, et sienne elle restera.

Le cinquième acte se passe sous les marronniers du parc, dans l'obscurité. L'esprit de Beaumarchais

---

(1) Crudel ! perchè finora ?
(2) Vedro mentre in sospiro
    Felice un servo mio !
(3) *Le Mariage de Figaro*, acte IV, scène III.

est un feu d'artifice qui illumine un instant les ténèbres ; mais on sait ce qui reste des feux d'artifices les plus brillants, un peu de fumée et quelques baguettes noircies. Dans le finale de Mozart, qui remplit l'acte presque tout entier, la mélodie circule sous les grands arbres et y répand une sereine et douce lumière. Est-ce le crépuscule ? N'est-ce pas plutôt l'aurore ? C'est l'aurore, car après le mot : *Pardonne* (1), un hymne éclate, beau comme les premiers rayons du jour, à l'heure où les oiseaux du ciel s'éveillent au fond des bois. Ainsi finit *la Folle Journée* de Mozart. Chose merveilleuse ! Dans ce chef-d'œuvre, où le musicien s'est montré si supérieur à l'auteur comique, Mozart a su être spirituel, gai, vif comme Beaumarchais ; seulement sur cet esprit et sur cette gaieté, sur toute cette prose, il a répandu les trésors de son âme, les magnificences de son génie. *Figaro* est désormais immortel, — le *Figaro* de Mozart !

La foule s'écoulait ; tout était fini. J'étais encore sous le coup des émotions profondes que je venais d'éprouver. La voix de M. Suard me rappela à la réalité. « Allons, disait-il, Gluckistes et Piccinistes, s'il en existe encore, n'ont rien de mieux à faire qu'à s'embrasser, à reconnaître les uns et les autres que le dieu de l'harmonie, ce n'est ni Piccini, ni même, hélas ! le chevalier Gluck, c'est Mozart ! »

Nous revenions par les boulevards. On y criait les journaux du soir. J'ai acheté *la Gazette nationale*. Rentré chez moi, j'ai voulu lire le compte rendu de la séance de la Convention. Mes yeux sont tombés

(1) Perdono.

sur un discours de Marat... Malheureux que je suis ! J'avais oublié, en écoutant les mélodies du divin Mozart, j'avais oublié celui que Camille Desmoulins appelle le *divin* Marat !

XVI

BILAN DE QUINZAINE

Mardi 2 avril 1793.

N'en déplaise à Beaumarchais, son *Figaro* n'est qu'un sot. Le comte Almaviva avait du bon, et, pour ma part, je le regrette. Le règne des grands seigneurs « qui se sont donné la peine de naître, et rien de plus, » valait mieux après tout que celui des plats valets qui nous gouvernent aujourd'hui.

Pas de jour qui ne nous apporte un nouveau motif d'humiliation, de crainte et de deuil, un décret idiot, une loi scélérate, un complot ou une émeute.

Voici le bilan de la quinzaine :

Vendredi 15 mars. — Il est procédé à la composition du tribunal criminel extraordinaire, qui sera formé comme suit :

JUGES

Liébault, du Doubs ; — Pesson, juge à Vendôme ; — Montané, homme de loi, de la Haute-Garonne ; — Desfougères, de la Châtre ; — Dufriche des Magdeleines, d'Alençon (1) ; — Grandsire, de Noyon ; — Étienne Foucault (2).

---

(1) Frère du girondin Dufriche de Valazé.
(2) Guillotiné le 17 floréal an III (6 mai 1795).

ACCUSATEUR PUBLIC

FAURE

SUBSTITUTS

Fouquier-Tinville (1) ; — Donzé-Verteuil; Lescot-Fleuriot (2).

Les Girondins ont accueilli ces nominations avec une joie qui ne laisse pas de me paraître singulièrement imprudente. Voici comment s'exprime, à ce sujet, par la plume de Girey-Dupré (3), son principal rédacteur, le Journal de Brissot (4) :

Le courage de la Convention se soutient ; elle ne veut pas qu'on lui arrache la gloire de sauver la liberté. Ce tribunal extraordinaire qui, dans les vues de ses inventeurs, devait être un instrument de despotisme, servira à consolider la liberté, en la défendant, et contre les anarchistes qui la souillent, et contre les *aristocrates* qui s'efforcent de la détruire. La composition de ce tribunal est telle, qu'aucun patriote n'a à craindre les vices de son organisation (5).

Samedi 16 mars. — Décret supprimant la maison d'éducation de Saint-Louis, à Saint-Cyr-lès-Versailles (6).

---

(1) Guillotiné le 18 floréal an III (7 mai 1795).
(2) Guillotiné le 10 thermidor an II (28 juillet 1794).
(3) Guillotiné le 1er frimaire an II (21 novembre 1793).
(4) Guillotiné le 10 brumaire an II (31 octobre 1793).
(5) *Le Patriote français*, 16 mars 1793.
(6) Les demoiselles de Saint-Cyr furent congédiées le 30 mars 1793 et les jours suivants. Au mois de janvier 1794, la table de marbre noir qui recouvrait le caveau où reposait le corps de Mme de Maintenon fut brisée; son cercueil fut ouvert; son corps, parfaitement conservé et encore couvert de

Dimanche 17 mars. — Un rassemblement considérable s'est formé sur la place du Carrousel. Les députés brissotins se sont inquiétés de ce mouvement, et l'un d'eux, Izarn-Valady (1), est allé dans plusieurs corps-de-garde, afin d'avertir la force armée. Au corps-de-garde de l'Oratoire, on l'a retenu prisonnier, et il a écrit à la Convention pour qu'elle le fît réclamer. Maribon-Montaut, député du Gers, a pris la défense des auteurs du rassemblement, déclarant qu'il était formé par les plus honnêtes gens du monde, et les plus inoffensifs, par les membres de la Société des Jacobins et du club des Cordeliers, qui, réunis, aux Défenseurs de la République et à d'autres bons *patriotes*, se donnaient le baiser fraternel. « Comme ces prétendus Défenseurs de la République, dit le journal de Brissot, sont les mêmes qui brisaient les presses la semaine dernière, et qui avaient tramé, avec les Cordeliers et une partie des Jacobins, la conspiration des 9, 10 et 11, on conçoit ce qui avait pu inspirer des inquiétudes à Valady (2) ». Le président de la Convention fut chargé de le réclamer.

Lundi 18 mars. — Il est donné lecture à la Convention, par un des secrétaires, de dépêches, envoyées par les administrateurs des Deux-Sèvres et de la

---

ses vêtements, fut traîné dans la grande cour par les *patriotes*, qui allèrent ensuite le jeter, dépouillé et nu, dans un trou creusé au milieu du cimetière.

(1) Izarn de Valady, député de l'Aveyron, mis hors la loi le 28 juillet 1793, fut arrêté à Périgueux, condamné par le tribunal criminel de la Dordogne et exécuté le 15 frimaire an II (5 décembre 1793).

(2) *Le Patriote français*, 19 mars 1793. Le *Moniteur*, dans son compte-rendu de la séance de la Convention du 17 mars, ne fait pas mention de cet incident.

Vendée. Elles annoncent que des contre-révolutionnaires se sont rassemblés en grand nombre, se sont emparés des armes et des canons d'une infinité de communes, ont pris la ville de Cholet et l'ont incendiée. Le citoyen Gallet, l'un des administrateurs du directoire de la Vendée, s'est porté contre eux et les a mis en fuite. Les rebelles se sont retirés à Saint-Fulgent, en ont coupé le pont, ont fait sonner le tocsin. Ils ont à leur tête des émigrés portant le bonnet blanc et criant : *Vive le roi ! nous agissons au nom du Régent de France.*

Lasource, au nom du Comité de sûreté générale, signale les mouvements contre révolutionnaires dont le département d'Ille-et-Vilaine est également le théâtre. Les rebelles ont arboré la cocarde blanche et possèdent plus de 10 lieues de terrain ; à Redon, un curé constitutionnel, trois gendarmes, ont été massacrés ; à Bains, on ne veut pas faire de recrues ; à Rennes, la tranquillité est menacée. Sur la proposition de Lasource, la Convention décrète que « les prisonniers prévenus d'avoir trempé dans la *conspiration qui a éclaté dans la ci-devant Bretagne* seront transférés à Paris sous bonne et sûre garde avec leurs papiers et effets, pour être jugés par le tribunal révolutionnaire » (1).

(1) La *Conspiration de Bretagne*, plus connue sous le nom de *Conspiration de la Rouairie*, avait été découverte dans les premiers jours de mars 1793. Elle n'avait pas reçu de commencement d'exécution, son chef, le marquis Armand Tuffin de la Rouairie, étant mort au château de la Guyomarais, dans la forêt de la Hunaudaie, le 30 janvier 1793. Vingt-sept prévenus comparurent, le 4 juin 1793, devant le Tribunal révolutionnaire, accusés d'avoir pris part à la conspiration. Neuf furent condamnés à mort et guillotinés le 18 juin.

Dans la même séance, on a lu une lettre du représentant Léonard Bourdon, envoyé en mission dans le Doubs et le Jura, et qui, le 16 mars, de passage à Orléans, a été, prétend-il, victime du plus odieux attentat. Voici un passage de sa lettre :

...De nouveaux Paris, au nombre de trente, armés de baïonnettes et de pistolets, m'ont frappé sur tout le corps dans l'antichambre de la maison commune, en criant : « Va rejoindre Lepeletier ! » Aucune de mes blessures n'est dangereuse ; ma redingote boutonnée sur mon habit et mon chapeau enfoncé sur ma tête n'ont pas permis aux baïonnettes de s'enfoncer de plus de trois lignes...
Il est doux d'être le confesseur de la liberté ; je ne rendrais [recéderais] à personne les blessures que j'ai reçues.

Ce prétendu attentat se réduit, paraît-il, à fort peu de chose. On assure que Léonard Bourdon, à la suite d'un dîner fraternel que lui avaient donné les membres du directoire du département et du district et des officiers de la garde nationale, repas où les têtes s'étaient fort échauffées, rentrait chez lui, escorté de ses amis, lorsqu'en passant devant la maison commune, un de ceux qui l'accompagnaient attaqua le factionnaire ; une rixe s'ensuivit, au milieu de laquelle il reçut un coup de baïonnette qui lui a fait une légère blessure au bras.

Quoi qu'il en soit, sur le rapport de Barère, la Convention a décrété que la municipalité d'Orléans

« En sortant de la Conciergerie, dit *le Bulletin du Tribunal révolutionnaire*, n° 59, la dame de la Guyomarais et plusieurs autres ont crié : *Vive le roi !* Le long de la route ils ont montré beaucoup de fermeté. Arrivés au pied de l'échafaud, ils se sont tous embrassés ».

serait suspendue ; que le ministre de la justice ferait une enquête et renverrait les coupables au tribunal révolutionnaire ; que le ministre de la guerre enverrait à Orléans des forces pour assurer l'exécution du décret. La ville est déclarée en état de rébellion jusqu'à ce que les citoyens aient livré les coupables (1).

Duhem, député du Nord, et Charlier, député de la Marne, font adopter le décret suivant :

Tout citoyen est tenu de dénoncer, arrêter ou faire arrêter les émigrés et les prêtres dans le cas de déportation qu'il saura être sur le territoire de la République. — Les émigrés et les prêtres dans le cas de déportation qui auront été arrêtés seront conduits dans les prisons du district, jugés par un jury militaire et punis de mort *dans les vingt-quatre heures* (2).

Aux yeux d'un membre du côté gauche, Garnier (de Saintes), ce décret est entaché de *modérantisme*. Il aurait voulu que tout citoyen qui rencontrerait

(1) Neuf habitants d'Orléans, tous négociants et gardes nationaux, traduits devant le Tribunal révolutionnaire, le 12 juillet 1793, comme auteurs ou complices de l'*assassinat* commis sur Léonard Bourdon, furent condamnés à mort. L'exécution eut lieu le 13 juillet, les neuf condamnés étaient vêtus de la chemise rouge. — D'après Prudhomme (*Histoire générale et impartiale des erreurs, des fautes et des crimes commis pendant la Révolution française*), Léonard Bourdon aurait dit au chirurgien, chargé de panser la légère blessure qu'il avait reçue au bras : « Tu vois cette petite saignée, elle ne peut être guérie que par une grande ; je veux que vingt-cinq têtes orléanaises roulent sur l'échafaud, ou je perds mon nom, foi de Léonard Bourdon ! » Il y perdit son nom, en effet, car depuis cette époque on ne l'appela plus que *Léopard Bourdon*.

(2) *Collection du Louvre*, t. XIII, p. 457.

un émigré, — c'est-à-dire un homme suspect d'avoir émigré, — ou un prêtre suspect de déportation, fût autorisé à leur *courir sus* ; au lieu de l'assassinat juridique, l'assassinat en pleine rue !

Sur le rapport de Barère, et à l'unanimité, toujours dans la même séance, la Convention adopte le principe de l'impôt progressif.

Une autre mesure est également adoptée à l'unanimité. L'honneur en revient encore à Barère, qui l'a motivée en ces termes : « Il est une dernière mesure qui tient à la destruction de tout vestige féodal. Il y a une infinité de châteaux d'émigrés, vieux repaires de la féodalité, qui resteront nécessairement invendus... Ces masures, qui souillent encore le sol de la liberté, peuvent, par leur démolition, servir à favoriser les pauvres et laborieux agriculteurs et à créer des villages en même temps que vous fertiliserez les campagnes. Je demande que les directoires soient chargés de vérifier le nombre de châteaux d'émigrés qui, par leur antiquité et leur tournure féodale, ne sont propres à d'autre usage qu'à fournir des matériaux pour construire des demeures aux agriculteurs ».

Cet acte de vandalisme a dignement couronné cette séance du 18 mars, toute pleine de décrets de proscription et de lois de mort.

Mardi 19 mars. — Une lettre des administrateurs du département de Mayenne-et-Loire annonce à la Convention les progrès des rebelles de la Vendée, maîtres aujourd'hui de Saint-Florent, de Cholet, de Chemillé et de Vihiers. Les révoltés ont arboré la cocarde blanche ; ils demandent un roi et le rappel de leurs prêtres.

Quelques instants après, Cambacérès, rapporteur

du Comité de législation, fait adopter une loi, aux termes de laquelle les personnes prévenues d'avoir pris part aux révoltes ou émeutes contre-révolutionnaires qui ont éclaté ou éclateraient à l'époque du recrutement dans les différents départements de la République, et celles qui auraient pris ou prendraient la cocarde blanche ou tout autre signe de rébellion, sont mises *hors la loi* et par suite privées de toutes les garanties de la procédure criminelle et de l'institution du jury. Elles devront, dans les 24 heures, être livrées à l'exécuteur des jugements criminels et mises à mort. — Peine de mort également, avec exécution dans les 24 heures, contre ceux qui, ayant porté les armes ou ayant pris part à la révolte et aux attroupements, seront arrêtés sans armes ou après avoir posé les armes.

Mercredi 20 *mars*. — Lepage, député du Loiret, entretient la Convention de l'émeute qui a eu lieu à Montargis, le 14, à l'occasion du recrutement, et dans laquelle a failli périr Manuel, l'ancien procureur de la Commune. Le rôle de Manuel pendant les premières années de la Révolution, et surtout sa participation aux massacres de Septembre, ont attaché à son nom une flétrissure ineffaçable. Les honnêtes gens se souviendront cependant qu'il s'est repenti et que son attitude pendant le procès du roi a été pleine de courage. C'est lui, qui, croyant que la mort n'allait être prononcée qu'à la majorité d'une voix, est sorti et a ramené Duchastel pour voter contre. Le 10 Janvier, il a donné sa démission en déclarant qu'il était impossible à la Convention, telle qu'elle était composée, de sauver la France, et que l'homme de bien n'avait plus qu'à s'envelopper dans son manteau. Il s'était retiré à

Montargis, sa ville natale. Il aurait pu y vivre en paix, s'il n'avait eu à se reprocher que le crime de Septembre ; mais ce crime, il avait essayé de le racheter ; il était revenu à des sentiments d'humanité et de justice, et cela aujourd'hui ne se pardonne pas. Les *patriotes* de Montargis le lui ont bien fait voir. Ils l'ont accablé de coups et de blessures, et la municipalité n'a pu préserver sa vie qu'en lui donnant la prison pour asile. Il n'a sans doute échappé au poignard que pour être livré au bourreau. Soyez septembriseur : vous n'aurez rien à craindre. Ne vous avisez pas d'être honnête homme : la prison vous attend, et, au sortir de la prison, la guillotine (1).

C'est ce que viennent d'apprendre à leurs dépens les administrateurs de la ville d'Arles qui, au mois de février 1792, ont défendu contre les *patriotes* la constitution et la loi. A l'Assemblée législative, les Girondins n'avaient pu obtenir leur arrestation ; ils sont revenus à la charge, après un an passé, et, sur le rapport de Grangeneuve, la Convention a décrété d'accusation Dufour, Jobert et Debourge, ci-devant commissaires civils à Arles; Loïs, ci-devant maire; Estrangen, ci-devant procureur de la Commune, et Guibert, ci-devant procureur-syndic du district.

Jeudi 21 mars. — Une lettre du général Dumouriez, datée de Tirlemont le 19, apprend à la Convention que notre armée de Belgique vient d'être battue à Nerwinde, petit village situé à 9 lieues de

---

(1) Appelé comme témoin dans le procès de la reine, Manuel ne l'accusa pas, il exalta son courage et plaignit ses malheurs. Traduit devant le Tribunal révolutionnaire, il fut condamné à mort le 24 brumaire an II (14 novembre 1793).

Liège (1). Nous avons perdu quatre mille hommes. Les Autrichiens étaient commandés par le prince de Cobourg. Il y a juste un siècle, le 28 juillet 1693, Nerwinde avait été le théâtre d'une bataille meurtrière, où le maréchal de Luxembourg était resté vainqueur des Hollandais et des Anglais, commandés par Guillaume III.

Jean Debry, député de l'Aisne, présente, au nom du Comité diplomatique, un rapport, à la suite duquel la Convention, « voulant enfin donner aux magistrats du peuple tous les moyens d'éclairer le mal et d'en arrêter tous les progrès, décrète qu'il sera formé, dans chaque commune et dans chaque section des communes divisées en sections, un Comité de surveillance composé de douze citoyens. Les membres de ces comités ne pourront être choisis ni parmi les ecclésiastiques, ni parmi les ci-devant nobles, ni parmi les ci-devant seigneurs de l'endroit et leurs agents; ils seront nommés au scrutin et à la pluralité relative des suffrages (2).

Vendredi 22 mars. — Quinette et Isnard font décréter l'établissement d'un *Comité de salut public.* Les membres du Comité de défense générale sont chargés de préparer son organisation et de faire leur rapport à ce sujet dans le plus bref délai.

Samedi 23 mars. — Sont mis *hors la loi* tous les

---

(1) Le 18 mars 1793.

(2) « La veille, dit Beaulieu, dans son *Diurnal*, à la date du 22 mars 1793, on avait créé pour chaque commune de la République, sous prétexte de surveiller les étrangers, ces funestes *comités de surveillance* qui depuis, sous le nom de comités révolutionnaires, se métamorphosèrent en quarante ou cinquante mille cavernes de voleurs. »

Français émigrés qui ont été ou seront pris, faisant partie des rassemblements armés ou *non armés*, ou ayant fait partie desdits rassemblements, et ceux qui ont été ou seront pris sur les frontières, soit en pays ennemi, soit dans les pays occupés par les troupes de la République, s'ils ont été précédemment dans les armées ennemies ou dans les rassemblements d'émigrés (1).

Le général Marcé, dont les troupes ont été défaites, le 19, par les rebelles de la Vendée, au Pont-Charron, près de Chantonnay, a été renvoyé devant la cour martiale qui sera formée à la Rochelle, à l'effet de le juger (2).

Dimanche 24 mars. — Le général Miranda, qui commandait l'aile gauche de l'armée à la bataille de

---

(1) *Collection du Louvre*, t. XIII, p. 690. — Cette monstruosité qu'on appelle la *mise hors la loi*, et qui envoie un proscrit à l'échafaud, sans jugement, sur la simple constatation de son identité, parut aux Girondins chose toute naturelle et qu'ils votèrent sans hésitation contre les prêtres, les émigrés et les contre-révolutionnaires. Le jour où elle leur fut appliquée, voici comment ils la jugèrent : « Hors la loi! quel atroce décret de mort ! Dans quelle nation sauvage et barbare ont-ils puisé l'exemple d'une pareille atrocité ? Chez quels peuples policés ont-ils trouvé cette loi de sang ? La nature, l'humanité frémissent à de pareilles horreurs ; et quand on voit une nation, jadis si douce, si humaine, se plier à des mœurs si féroces, égorger de sang-froid, à cet horrible cri, l'innocent et même ses plus dignes défenseurs, il n'y a plus qu'à se couvrir la tête de son manteau, ou à prévenir les poignards par une mort plus indépendante et plus honorable ». (*Mémoires de Buzot*, édit. Dauban, p. 93).

(2) Le général de Marcé ne fut cependant pas jugé à La Rochelle, mais à Paris. Le Tribunal révolutionnaire l'envoya à l'échafaud le 9 pluviôse an II (28 janvier 1794).

Nerwinde, est décrété d'arrestation, ainsi que le colonel du 73ᵉ régiment de cavalerie (1).

Un des secrétaires fait lecture d'une lettre des membres des administrations de Nantes, en date du 10 mars, et où se trouve ce passage: « La ville de Nantes est la seule qui soit intacte; tout le reste du département est au pouvoir des rebelles. Leur nombre est si considérable, que si nous vous disions qu'il y en a quarante mille sur une circonférence de trois lieues, nous ne dirions pas assez ».

Lundi 25 mars. — La *Commission de salut public*, dont le principe avait été voté dans la séance du 22, a été organisée par un décret rendu le 25.

Elle sera composée de vingt-cinq membres et chargée de préparer et de proposer toutes les mesures nécessaires pour la défense extérieure et intérieure de la République. — Elle appellera à ses séances les ministres composant le conseil exécutif provisoire, au moins deux fois par semaine. — Le conseil exécutif, et chacun des ministres en particulier, seront tenus de lui donner tous les éclaircissements qu'elle demandera et de lui rendre compte, dans la huitaine, de tous leurs arrêtés généraux. Elle rendra compte, tous les huit jours, à la Convention, de l'état de la République. — Elle aura extraordinairement la pa-

---

(1) Traduit devant le Tribunal révolutionnaire le 16 mai 1793, Miranda fut acquitté. « On n'en était pas encore, dit M. Wallon, à ce point de condamner un général pour de simples revers. On était d'ailleurs disposé à rejeter sur Dumouriez les fautes de la bataille et de toute la campagne ». (*Histoire du Tribunal révolutionnaire de Paris*, t. I, p. 99).

role toutes les fois qu'il s'agira de l'un de ses Rapports.

Mardi 26 mars. — Il est procédé à la nomination de la *Commission de salut public*, qui se trouve composée ainsi qu'il suit : Dubois-Crancé, Pétion, Gensonné, Guyton-Morveau, Robespierre l'aîné, Barbaroux, Rühl, Vergniaud, Fabre d'Eglantine, Buzot, Delmas, Guadet, Condorcet, Bréard, Camus, Prieur (de la Marne), Camille Desmoulins, Barère, Quinette, Cambacérès, Jean Debry, Danton, Sieyès, Lasource, Isnard. La majorité appartient aux membres de la Gironde.

Convertissant en décret un arrêté que la section de la Réunion lui avait demandé de sanctionner pour elle-même, la Convention ordonne à l'unanimité le désarmement des suspects, ci-devant nobles, ci-devant seigneurs, prêtres, et de leurs agents et domestiques.

Mercredi 27 mars. — Après un discours de Danton d'une violence inouïe, et où je relève cette phrase : « Je déclare que quiconque oserait appeler la destruction de la liberté ne périra que de ma main, dussé-je après porter ma tête sur l'échafaud », la Convention « déclare la ferme intention de ne faire ni paix ni trêve aux aristocrates et à tous les ennemis de la Révolution ; *décrète qu'ils sont* MIS HORS LA LOI, *que tous les citoyens seront armés au moins de piques, et que le Tribunal extraordinaire sera mis dans ce jour en activité* (1). »

De son côté, le conseil général de la Commune adresse la lettre suivante aux présidents des Comités des sections :

(1) *Collection du Louvre*, t. XIII, p. 701.

Citoyens, vous voudrez bien convoquer l'assemblée générale de votre section demain 28 mars, avant 9 heures du matin. Si vous avez des barrières dans votre arrondissement, elle procédera à l'instant à la nomination de commissaires civils pour arrêter à ces barrières les hommes sans passeports ou avec des passeports qui seraient suspects, ainsi que les chevaux de luxe.

1° Vous regarderez comme suspects tous les hommes munis de passeports pour Boulogne-sur-Mer ou pour Calais, ainsi que les porteurs de ceux délivrés dans ces deux endroits ; tous porteurs de cartes de civisme délivrées depuis un mois seront regardés comme suspects.

2° Vous ferez effectuer le désarmement, conformément au décret du 26 de ce mois ;

3° Vous prendrez note de toutes les gens suspects. Vous mettrez en état d'arrestation tous ceux sur lesquels vous auriez de suffisants motifs de suspicion.

4° Vous formerez le Comité de surveillance, conformément aux décrets des 18 et 21 de ce mois (1).

Jeudi 28 mars. — La Convention achève et vote la loi sur les émigrés. Elle décide, sur la proposition de Marat, que cette loi sera envoyée sur-le-champ dans les départements.

Pour être réputé émigré et pour être comme tel condamné à la peine de mort, pas n'est besoin que le fait d'émigration soit prouvé ; il suffit que l'accusé ne puisse pas établir qu'il ne tombe pas sous le coup de la loi : la preuve est à sa charge.

Il est procédé par la municipalité à l'installation du Tribunal criminel extraordinaire.

Dans la nuit du 27 au 28, le Comité de salut public

---

(1) Buchez et Roux, *Histoire parlementaire de la Révolution française*, t. XXV, p. 167.

s'est réuni pour décider les mesures relatives au désarmement des suspects. Le département, le Maire, la municipalité avaient été convoqués. Un grand nombre de membres de la Convention, Marat notamment, se sont rendus à cette séance de nuit et ont pris part à la délibération (1).

Le matin du 28, à la première heure, on a battu le rappel dans toutes les sections ; à midi, on le battait encore. Dans plusieurs sections, on a envoyé des fusiliers chercher les citoyens que leurs occupations avaient retenus chez eux. La terreur plane sur la ville ; les nouvelles les plus sinistres, les bruits les plus étranges circulent de tous côtés : on dit que nous sommes trahis ! On assure que les députés qui ont voté l'appel au peuple ont déserté leurs postes et que plusieurs d'entre eux ont été arrêtés aux barrières. On ajoute que la Société des Jacobins doit se porter au Champ de Mars avec les *patriotes* qui remplissent ses tribunes et un grand nombre d'autres citoyens.

A midi, toutes les sections sont sous les armes. Toutes les barrières, toutes les rues, tous les ponts, tous les passages sont interceptés. Personne ne peut plus circuler, s'il n'a sa carte ou son certificat de civisme. Plusieurs maisons ont été investies, et jusqu'au soir on n'a cessé de procéder à des arrestations (2).

Cette journée déplorable, où la liberté a subi une fois de plus de si cruels outrages, les *hommes d'État* de la Gironde l'ont célébrée comme un jour de vic-

---

(1) *Le Courrier des départements*, 1793, n° XXIX.
(2) *Ibid.*

toire. Voici en quels termes le journal de Brissot l'annonce à ses lecteurs :

Cette journée a été belle pour Paris. Cette ville s'est levée tout entière, et ne s'est levée que contre les *aristocrates*. Dès le matin le rappel a battu ; toutes les sections ont été rassemblées ; les portes des caisses publiques et des prisons ont été renforcées ; on a fait de fortes patrouilles. Cependant les visites domiciliaires nécessaires pour désarmer les gens suspects se sont faites dans le plus grand ordre. Un grand nombre d'hommes sans cartes civiques ont été arrêtés, et il faut espérer que, parmi eux, on découvrira quelques *émigrés* rentrés et quelques agitateurs (1).

Vendredi 29 mars. — Les visites domiciliaires ont recommencé à la pointe du jour ; les barrières ont été gardées comme la veille (2).

En vue de faciliter les arrestations, la Commune a proposé et la Convention a sanctionné les dispositions suivantes :

Dans trois jours de la présente loi, tous propriétaires et principaux locataires, concierges, fermiers, régisseurs, portiers, logeurs et hôteliers des maisons et de toutes habitations dans le territoire de la République, seront tenus d'afficher à l'extérieur des maisons, fermes et habitations, dans un endroit apparent et en caractères bien lisibles, les noms, prénoms, surnoms, âge et profession de tous les individus résidant actuellement dans lesdites maisons, fermes ou habitations (3).

Cette mesure avait été réclamée quelques jours

(1) *Le Patriote français*, n° du 29 mars 1793.
(2) *Histoire parlementaire*, etc., t. XXV, p. 170.
(3) *Collection du Louvre*, t. XIII, p. 810.

auparavant, à la Société des Jacobins, où le citoyen Dufourny avait fait observer « qu'*en Chine* on oblige chaque propriétaire à exposer sur le seuil de sa porte un écriteau portant le nom de tous les individus habitant sa maison ».

Lamarque, au nom du Comité de sûreté générale, dénonce les brochures qui, depuis la mort de Louis XVI, sont distribuées à profusion et demandent la mise en liberté de la famille royale, le rétablissement de la monarchie et le rappel des prêtres. Il dit que, « lundi dernier (25 mars), il a été saisi chez le libraire Webert (1) jusqu'à trente ouvrages au moins de cette nature, tous sur des titres distincts, mais ayant le même but, et dont les exemplaires étaient en très grand nombre ». Il rappelle à la Convention qu'elle a désarmé les citoyens suspects, et il ajoute : « Il n'est pas d'armes aussi dangereuses que les perfides écrits que votre Comité vous dénonce. Hâtez-vous donc de les briser dans les mains de vos ennemis, et effrayez par une loi sévère ceux qui désormais auraient la criminelle audace d'en composer ou d'en distribuer de nouvelle ».

Après avoir entendu Lamarque, la Convention a voté un décret qui édicte la peine de mort contre « quiconque sera convaincu d'avoir composé ou imprimé des écrits qui proposent le rétablissement de la royauté en France ou la dissolution de la Convention nationale ».

Les hommes qui viennent de voter ce décret n'ont

---

(1) Le libraire Webert a été guillotiné le 1ᵉʳ prairial an II (20 mai 1794). La boutique de Webert était au Palais-Royal, n° 203.

cessé de dire, avec Robespierre, que « le droit de manifester ses opinions, soit *par la voie de l'impression*, soit de tout autre manière, est une conséquence si évidente de la liberté de l'homme, que la nécessité de l'énoncer suppose ou la présence ou le souvenir récent du despotisme (1) » ; — ou, avec Condorcet, que « tout homme est libre de manifester sa pensée et ses opinions »; que « *la liberté de la presse et tout autre moyen de publier ses pensées ne peut être interdite, suspendue ni limitée* (2) ». Girondins et Montagnards, que sont-ils autre chose, les uns comme les autres, que des comédiens de liberté, que de lâches et sanglants histrions?

Samedi 30 *mars*. — La Convention mande à sa barre le général Dumouriez. Quatre de ses membres, Camus, Quinette, Lamarque et Bancal, sont chargés, conjointement avec Beurnonville, ministre de la guerre, de se rendre à l'armée du Nord, avec pouvoir de suspendre et faire arrêter tous généraux, officiers, militaires, quels qu'ils soient, fonctionnaires publics et autres citoyens qui leur paraîtront suspects.

Dimanche 31 *mars*. — Une députation du Conseil général de la Commune présente à la Convention une pétition dont Chaumette donne lecture et qui demande

---

(1) *Déclaration des droits de l'homme et du citoyen*, présentée par Robespierre à la société des Jacobins, article 4. — *Journal du Club des Jacobins*, n° 399.

(2) *Déclaration des droits naturels, civils et politiques des hommes*, présentée par Condorcet à la Convention nationale, le 16 février 1793, au nom du Comité de Constitution. Ce comité était composé de neuf membres, appartenant presque tous à la Gironde et dont voici les noms: Brissot, Vergniaud, Pétion, Condorcet, Gensonné, Thomas Paine, Sieyès, Barère et Danton.

la mise en accusation de Dumouriez et la punition de ce *nouveau Brennus*. La Convention ordonne l'impression de cette Adresse et son envoi aux armées (1).

En même temps qu'elle condamne Dumouriez, la Convention proscrit *Mérope :* c'est la petite pièce après la grande. Elle charge le maire de prendre les mesures nécessaires pour empêcher la représentation du chef-d'œuvre de Voltaire. « On ne peut, a dit le député Génissieux (2), laisser jouer une pièce dans laquelle on voit une reine en deuil pleurer son mari et désirer ardemment le retour de deux frères absents (3). »

(1) *Les Révolutions de Paris*, t. XVI, p. 83.
(2) Génissieux, député de l'Isère, après avoir été ministre de la justice sous le Directoire, devint sous le Consulat juge au tribunal de la Seine. Il est mort en 1804, laissant une fortune considérable qu'on l'accusait d'avoir faite à la faveur des troubles de la Révolution.
(3) *Moniteur*, 1er avril 1793.

XVII

LA SOCIÉTÉ DES FEUILLANTS

Jeudi 4 avril 1793.

« — Non, il n'est pas possible que cela continue, que nous soyons condamnés plus longtemps à voir le triomphe des pires gredins ; il n'est pas possible que les Jacobins infligent à une nation telle que la nation française, à une ville telle que Paris, la honte de leur domination. Les honnêtes gens sont les plus nombreux, etc...

« — Et vous oubliez, mon ami, que chez un peuple en révolution, le haut du pavé appartient, non aux plus honnêtes gens, mais aux plus audacieux. »

Cette discussion avait lieu chez François de Pange (1), dans son petit appartement de la place de la Nation, où se trouvaient réunis Charles Lacretelle (2),

---

(1) Marie-François-Denis *Thomas de Pange*, né à Paris, le 9 novembre 1764, mort en septembre 1796, fut l'ami intime d'André Chénier. Il a collaboré comme lui au *Journal de Paris*; ses articles, pleins d'énergie, de justesse et de grâce, témoignent d'un rare courage en même temps que d'un talent supérieur. Ils ont été recueillis par M. L. Becq de Fouquières : *Œuvres de François de Pange* (1789-1796) ; 1 volume in-12, Charpentier et Cie, éditeurs, 1872.

(2) Charles *Lacretelle*, dit *le Jeune*, né à Metz le 3 septembre 1766, écrivit pendant la Révolution dans plusieurs journaux royalistes, fut proscrit au 13 vendémiaire (5 octobre 1795), arrêté après le 18 fructidor (4 septembre 1797) et détenu dans

François Chéron (1), les deux Trudaine (2), Beaulieu et deux ou trois autres personnes.

C'est moi, j'en dois faire l'aveu, qui venais d'exprimer, à l'endroit des honnêtes gens et d'une revanche prochaine de la justice et du droit, une opinion qui fait plus d'honneur, sans doute, à la candeur de mon esprit qu'à la sûreté de mon jugement.

Beaulieu — c'était lui qui venait de me rappeler au sentiment de la réalité — Beaulieu ajouta :

« — Puisque vous avez encore des illusions sur le compte des *honnêtes gens;* puisque vous les croyez capables de tenir tête aux coquins et de l'emporter sur eux, laissez-moi vous rappeler l'histoire de la Société des Feuillants. Jamais peut-être on ne vit une telle réunion d'hommes éminents à des titres divers, éclairés, dévoués, courageux. Vous en con-

la prison du Bureau central et à la Force pendant deux ans. Professeur à la Faculté des lettres de Paris, et membre de l'Académie française en même temps que son frère Pierre-Louis Lacretelle, dit *l'aîné*, il a laissé, outre un grand nombre d'ouvrages historiques, dont le plus remarquable est une *Histoire de la Révolution française* (1821-1826), un très intéressant volume de souvenirs sous ce titre : *Dix années d'épreuves pendant la Révolution* (1812).

(1) François *Chéron* (1764-1828), l'un des principaux rédacteurs du *Journal de Paris*. Il écrivit, en collaboration avec Picard, *Duhautcours ou le Contrat d'union*, comédie en cinq actes et en prose, représentée au théâtre Louvois le 6 août 1801. Son frère, Louis-Claude Chéron (1758-1807), député à l'Assemblée législative, est l'auteur du *Tartufe de mœurs*, comédie en cinq actes et en vers, jouée au Théâtre-Français le 4 avril 1805 (Voir les *Mémoires* de François Chéron, publiés en 1882 par M. Hervé-Bazin).

(2) Les deux frères Trudaine ont été guillotinés le 8 thermidor an II (26 juillet 1794), un jour après leur ami, André Chénier.

naissez comme moi la liste, publiée par ordre de la Commune, au mois d'août dernier. Cette liste ne comprenait pas moins de huit cent trente-trois noms, et si quelques-uns, le mien, le vôtre, mon cher Lacretelle, le vôtre aussi, mon brave Chéron, si quelques-uns sont obscurs, en revanche combien d'autres brillaient de l'éclat de la naissance, de la richesse et du talent! Ne comptions-nous pas dans nos rangs Mathieu de Montmorency, La Trémoille, La Rochefoucauld, Regnaud de Saint-Jean d'Angély, Joseph de Broglie, Lavoisier, Peugnot, Jaucourt, Lanjuinais, Michaud, Duport, Destutt de Tracy, d'André, les deux Lameth, Liancourt, Thouret, Lacépède, Rulhière, Ramond et l'éloquent Barnave et notre admirable André de Chénier (1)? Guidés par de tels chefs, animés de l'amour du bien, remplis de la plus généreuse ardeur, nous sommes partis en guerre contre les Jacobins; vous allez voir à quoi ont abouti nos efforts.

« Le récit de notre campagne me paraît renfermer plus d'une leçon; je le ferai donc aussi complet que possible. Tant d'événements nous séparent déjà de cette histoire d'hier que vous me permettrez d'y revenir avec quelques détails, puisqu'aussi bien j'y ai été mêlé de très près.

« Vous savez tous aussi bien que moi comment, le 16 juillet 1791, à propos de la pétition pour la déchéance rédigée par Laclos, une scission se produisit dans la *Société des Amis de la Constitution*; comment Bouche, qui en était alors président, les

(1) André Chénier est indiqué, sur cette liste, comme demeurant rue du Sentier, n° 21.

deux secrétaires, Salle et Anthoine, Barnave, Duport, les Lameth, Dubois-Crancé, Goupil de Préfeln et tous les autres membres de la Société qui faisaient partie de l'Assemblée constituante, à l'exception de Robespierre, Petion, Rœderer, Coroller, Buzot et Grégoire, abandonnèrent les Jacobins et fondèrent une Société rivale, qui se réunit, elle aussi, rue Saint-Honoré, en face de la place de Louis-le-Grand (1), dans l'ancienne église des *Feuillants* (2). »

Ici François Chéron fit observer en souriant que, parmi les fondateurs du nouveau club, plus d'un avait contribué à détruire les couvents, et que c'était chose assez curieuse de voir les divers partis qui avaient chassé les ordres religieux, prendre, pour leur compte, les noms de ces moines qu'ils avaient proscrits, *Jacobins*, *Feuillants* et *Cordeliers*.

« — La remarque de Chéron, reprit Beaulieu, est aussi juste que piquante ; mais en juillet 1791, Barnave, Duport et leurs amis voulaient remonter le courant ou tout au moins opposer une digue à la Révolution. L'affaire du Champ-de-Mars (3) ouvrit les yeux aux plus aveugles. Les inscriptions affluèrent ; plusieurs personnes qui n'avaient jusqu'alors fait partie d'aucun club — j'étais de ceux-là — se firent recevoir à la nouvelle Société. Il y eut là un moment de confiance véritable, et pour les Feuillants une aurore pleine de promesses : aussi vit-on se tourner vers eux les adorateurs du soleil levant, et tel qui maintenant siège à la Montagne croyait alors plus prudent d'être

(1) Aujourd'hui place Vendôme.
(2) Le couvent des Feuillants était situé rue Saint-Honoré, sur l'emplacement actuel de la rue de Castiglione.
(3) 17 juillet 1791.

des nôtres. Barère fut pendant quelque temps fort assidu à nos séances ; il les présida même quelquefois (1). Un homme qui est aujourd'hui l'un des soutiens de Robespierre, Louis de Lavalette (2), se faisait remarquer à nos réunions par l'ardeur de son zèle (3).

« Ces beaux jours durèrent peu.

« Les Feuillants avaient pris, comme les Jacobins, et à plus juste titre, le nom de *Société des Amis de la Constitution*. Mais là n'était pas le difficile ; ce qui l'était réellement c'était d'accaparer le journal de la Société (4), ce formidable instrument de propagande ; c'était d'attirer à soi les sociétés affiliées qui couvraient toute la France. Nous échouâmes dans cette entreprise, et un peu par notre faute. Notre règlement excluait « tous ceux qui n'étaient pas ci-« toyens actifs ou fils de citoyens actifs ». Mesure fort honnête assurément et au fond très raisonnable, mais qui nous aliéna immédiatement presque tous les Jacobins de province. De nombreuses adhésions ne tardèrent pas à arriver à nos rivaux ; le vide se fit peu à peu autour de nous. Les députés qui avaient déserté les Jacobins s'aperçurent bien vite qu'ils ne trouveraient pas aux Feuillants les mêmes avantages ; que contenir, modérer le peuple, ne serait ni aussi facile, ni aussi *populaire* que le pousser en avant et

---

(1) *Essais historiques sur les causes et les effets de la Révolution de France*, par Beaulieu, t. III, p. 48.

(2) Exécuté le 10 thermidor an II (28 juillet 1794), comme complice de Robespierre.

(3) Beaulieu, t. III, p. 48.

(4) *Journal des débats de la Société des Amis de la Constitution*, séant aux Jacobins, à Paris. In-4o.

lui lâcher la bride, et qu'après avoir recueilli ses applaudissements, il faudrait s'exposer à ses huées. Dès le 7 août 1791, Anthoine, l'un de nos secrétaires, faisait sa soumission aux Jacobins et déclarait sans vergogne « n'être allé aux Feuillants que pour déjouer les complots des ennemis de la patrie ». A son exemple, les Constituants abandonnèrent l'un après l'autre notre malheureux club, qui se trouva bientôt réduit à un nombre infime de membres. J'étais de ce petit bataillon qui sauva du moins l'honneur du drapeau. Pendant près de deux mois, jusqu'à la réunion de l'Assemblée législative (1), nous parvinmes à faire croire aux départements, par une correspondance d'une activité singulière, que la grande Société des Amis de la Constitution existait toujours, non aux Jacobins mais aux Feuillants, où nous étions de plus en plus nombreux, où nous recevions sans cesse des affiliations nouvelles. Or, voulez-vous savoir combien nous étions à ce moment ? Huit, pas un de plus (2).

« Dès les premiers jours de la Législative, quelques Constitutionnels vinrent aux Feuillants. La plupart d'entre eux, cependant, effrayés de notre petit nombre, crurent préférable de former une Société entièrement nouvelle et composée uniquement de députés. Elle s'assembla dans l'hôtel du feu maréchal de Richelieu (3). Incapable de balancer l'influence toujours croissante des Jacobins, divisés d'ailleurs de principes et d'intérêts, les membres de cette association ne tardèrent à se séparer. Les uns résolurent de n'ap-

---

(1) 1ᵉʳ octobre 1791.
(2) Beaulieu, t. III, p. 47.
(3) L'hôtel de Richelieu était situé rue Neuve-Saint-Augustin.

partenir à aucun club et se flattèrent de s'élever au-dessus de tous les partis ; d'autres allèrent aux Jacobins ; d'autres enfin, et, à leur tête Beugnot, Ramond, Jaucourt, Dumolard, vinrent à nous, et déjà nous nous flattions que notre Société allait reprendre l'importance et l'éclat de ses premiers jours. Plusieurs constituants, qui n'avaient pas quitté Paris, les Lameth, Barnave, d'André, Thouret, Le Chapelier, Talleyrand de Périgord, Beaumetz, Desmeuniers, y reparurent. Les membres du Directoire du Département, des chefs de la garde nationale, des gens de lettres, grossirent nos rangs (1). C'est à ce moment que fut dressée la liste de huit cent trente-trois noms dont je vous parlais tout à l'heure. Nous avions avec nous presque tout le côté droit de la Législative (2), le Directoire du Département, la partie la plus honorable de la garde nationale et de la bourgeoisie parisienne, des journalistes courageux, d'éloquents orateurs...

« — Quel journaliste et quel orateur, interrompit

---

(1) Beaulieu, t. III, p. 51.
(2) La Législative comptait 745 membres, qui se subdivisaient comme suit : Sur les bancs du côté droit, les *Constitutionnels*, au nombre de 160 environ ; sur les bancs du côté gauche, les *Jacobins*, au nombre de 330 ; au centre, les *Indépendants* ou *Impartiaux*, qui étaient à peu près 250. Un des membres les plus distingués de l'Assemblée législative, M. E.-H. Hua caractérise ainsi les *Indépendants* : « Phalange immobile pour le bien, et qui ne se remue que par la peur ; c'est elle qui donnera la majorité, et elle la donnera constamment, non au côté droit qu'elle estime, mais au côté gauche qu'elle craint. » (*Mémoires d'un avocat au Parlement de Paris, député à l'Assemblée législative* (E.-A. Hua), publiés par son petit-fils, E.-M. François Saint-Maur, 1872).

Lacretelle, que notre ami André de Chénier ! Vous connaissez tous ses beaux articles du *Journal de Paris;* son talent oratoire est à la hauteur de son talent littéraire. C'est à la tribune des Feuillants que je l'ai vu pour la première fois et j'en ai reçu une impression ineffaçable. Sa taille athlétique sans être haute, sa tête énorme comme celle de Mirabeau, son teint basané, ses yeux étincelants, fortifiaient, illuminaient sa parole. L'avis le plus énergique et le plus éloquemment exprimé partait toujours de sa bouche. On sentait que sous sa parole ardente, pleine de fougue et d'éclat, il y avait une âme intrépide, et que ce n'était pas là seulement un grand talent, mais un grand caractère. Sa véritable place était à la tribune de l'Assemblée nationale ; il eût, j'en suis sûr, ravi la palme de l'éloquence à Vergniaud lui-même (1).

« — Oui, certes, dit Beaulieu, c'est un puissant orateur que Chénier. Rien ne manquait donc au club des Feuillants, en ces premiers mois de la Législative, et s'il avait perdu la première manche au mois d'août 1791, il semblait qu'il dût aisément gagner la seconde au mois de novembre. Hélas ! pour renverser cette association, qui renfermait dans son sein toutes les grandeurs intellectuelles et toutes les forces sociales, il a suffi d'un enfant de vingt ans et de la fronde d'un journaliste.

« Certain soir de décembre, nous discutions avec calme ; d'André présidait et la séance marchait paisiblement vers sa fin, lorsque tout à coup nos tribunes

(1) *Dix années d'épreuves pendant la Révolution,* par Ch. Lacretelle, p. 82.

publiques sont envahies par une bande de femmes
dévergondées et de polissons pris aux Jacobins ou
dans la rue Saint-Honoré: ils étaient sous la conduite de Girey-Dupré, le collaborateur de Brissot (1).
Ces nouveaux venus étouffent sous leurs huées la voix
des orateurs. Chasser ces drôles et ces drôlesses nous
eût été d'autant plus facile que la garde nationale qui
entourait le lieu de nos séances nous était toute
dévouée. Le brave Dijon, lieutenant des canonniers
du bataillon des Filles Saint-Thomas, qui se trouvait
à côté de moi, leur eût volontiers administré quelques
coups de plat de sabre (2). Au lieu de cela, il nous
fallut subir, sans broncher, les plus violents outrages: ainsi l'avaient décidé les Sages qui nous dirigeaient. De toute la force de leurs poumons, ils
criaient *silence!* en invoquant gravement *la Constitution*. C'était votre frère, ami Lacretelle, qui avait
imaginé de nous affubler de cette bienheureuse devise: *la Constitution, toute la Constitution, rien
que la Constitution* (3)! Admirable formule qui nous
livrait sans défense à des adversaires sans scrupules.
La scène se prolongeait, et les sifflets faisaient rage,
lorsqu'un cri, imitant le chant du coq, partit de l'une
des tribunes, et fut répété aussitôt par la foule qui
avait pénétré dans notre salle et par celle qui en as-
siégeait les abords. Ce fut un très jeune chirurgien,
nommé Boi, qui le premier fit entendre ce cri;
l'idée, il faut l'avouer, était assez heureuse, notre
président, M. d'André, étant l'inventeur du journal-

(1) *Histoire de la Révolution de 1879*, par deux amis de
la liberté, t. VIII, p. 178.
(2) *Révolutions de Paris*, t. X, p. 581.
(3) Beaulieu t. III, p. 53.

affiche que la Cour faisait publier chaque matin sous ce titre : *le Chant du coq* (1). Nous avions tenu bon contre les injures. Devant cette malice, nous ne pûmes que quitter la place. Comme il pleuvait, et que plusieurs Jacobins, le parapluie sous le bras, circulaient au milieu de la foule dont la rue était pleine et y semaient leurs agitations, le bruit courut le lendemain dans tout Paris que nous avions été chassés à coups de parapluie.

« Nous continuâmes néanmoins à nous assembler les jours suivants ; les mêmes scènes se renouvelèrent. On se décida alors à adresser au maire une députation pour l'inviter à nous garantir le libre exercice de nos droits. Je fus l'un des députés. Pétion, qui était de nos ennemis, se contenta de nous donner un ordre pour l'officier de police de l'arrondissement, lequel devait « prendre *tous les moyens de concilia-*
« *tion* propres à rétablir la paix entre les membres
« de la Société et les personnes étrangères qui s'in-
« troduisaient dans leur salle ». Nous nous rendîmes aussitôt chez cet officier de police, qui, animé à notre endroit des mêmes sentiments que le maire, remplit fidèlement ses intentions. Il nous accompagna aux Feuillants, où nous trouvâmes la séance commencée et la tribune occupée par un polisson de seize à dix-sept ans, qui, assisté de quelques autres intrus de son âge, faisait la leçon à nos barbes grises. L'officier de police s'assied, réclame le silence, et, le plus gravement du monde, fait mine de chercher à concilier les droits des membres du club et ceux non moins respectables, à ses yeux, de l'étrange orateur qui s'est

(1) Beaulieu, t. III, p. 53.

emparé de notre tribune. La patience manque à quelques-uns d'entre nous, qui parlent de donner le fouet à l'orateur et de faire eux-mêmes la police de la salle. Notre officier craignant que l'effet ne suive la menace, se décide enfin à faire sortir les perturbateurs. La séance est levée, et nous nous retirons couverts de ridicule depuis les pieds jusqu'à la tête (1).

« Le lendemain, tandis que pleuvaient sur nous les brocards et les chansons, les journaux Jacobins criaient haro sur ce club *monarchico-aristocratico-constitutionnel*, qui seul causait tout le mal (2). Ils demandèrent que cette Société *turbulente et pestilentielle* fût chassée de l'enceinte des Feuillants. Leurs vœux ne tardèrent pas à être exaucés.

« Le dimanche 25 décembre 1791, un membre de l'Assemblée législative, Merlin-Moustaches, pénétra dans la salle des Feuillants et les insulta de la façon la plus grossière. Cette fois, nos gens se fâchèrent tout à fait; Merlin fut durement apostrophé, culbuté et même jeté à la porte (3). Il dénonça le lendemain à l'Assemblée l'atteinte portée en sa personne à la majesté de la représentation nationale. Lacroix et Grangeneuve s'élevèrent avec violence contre notre malheureuse Société, et leurs attaques furent couvertes d'applaudissements par les tribunes. Dans la séance du 27 décembre, sur la motion de Lacroix, et après avoir entendu le rapport de M. Haussi-Robbecourt (4), au nom du Comité des inspecteurs de la salle, l'Assemblée législative décréta qu'aucune So-

---

(1) Beaulieu, t. III, p. 51.
(2) *Révolutions de Paris*, t. X, p. 581.
(3) Beaulieu, t. III, p. 50.
(4) Député de la Somme.

ciété politique ne pourrait être établie dans l'enceinte des bâtiments des ci-devant Feuillants et Capucins.

« Forcés de déloger, nous nous réunîmes d'abord à l'hôtel de Lusignan (1), puis à l'hôtel de Richelieu, qui était le quartier général du bataillon des Filles Saint-Thomas. Deux canons en défendaient la porte, et les commandants du bataillon étaient bien décidés à faire la police sans l'intervention du maire Pétion et de ses officiers. Malheureusement dans ce local nos séances ne pouvaient être publiques. Force était donc, sous peine de n'avoir aucune influence, de nous transporter ailleurs. La Société loua l'église du cloître Saint-Honoré, et la fit disposer tant pour le public que pour elle-même (2).

« C'était prendre une peine inutile. Riches et peu soucieux de se compromettre, gens de bonne compagnie et peu désireux d'entrer en conflit avec la populace, la plupart des membres du club avaient réfléchi, et leurs réflexions les avaient conduits à abandonner la partie. Lorsque nous nous réunîmes au cloître Saint-Honoré, près de huit cents manquaient à l'appel. Nous n'étions plus que quarante. C'était assez pour former une académie ; pour former un club, c'était insuffisant. Nous dûmes nous borner à nous réunir en petit comité et à tenir des conciliabules

---

(1) L'hôtel de Mélusine-Lusignan était situé rue des Bons-Enfants. Après avoir été le siège officiel de la chancellerie d'Orléans, et avoir été habité par le cardinal Dubois, il était devenu, en 1752, la propriété du bibliophile Marc-René de Paulmy d'Argenson, marquis de Voyer, fils du comte d'Argenson. La magnifique bibliothèque du marquis de Paulmy, achetée en 1785 par Monsieur, comte d'Artois (depuis Charles X), est aujourd'hui la bibliothèque de l'Arsenal.

(2) Beaulieu, t. III, p. 58.

jusqu'au 10 août (1). — Ainsi finit cette Société qui avait un moment compté dans son sein presque tout ce que Paris renfermait d'hommes éminents dans nos assemblées et nos tribunaux, dans la finance et dans les lettres. Elle tomba, renversée par des polissons sortis du pavé et par des femmes sorties du ruisseau. — Et maintenant, mon cher ami, a ajouté Beaulieu, en se tournant vers moi, libre à vous de compter sur l'énergie des *honnêtes gens!* Pour moi, je croirais plutôt au courage de Robespierre et à la *vertu* de Petion! »

Un long silence succéda aux paroles de Beaulieu. Chacun de nous était plongé dans de sombres réflexions. Afin de nous en distraire, François de Pange prit dans ses papiers quelques pièces de vers de son ami André de Chénier. Il nous en fit lecture et nous arracha quelques instants aux douleurs, aux angoisses de l'heure présente. Chénier n'est pas seulement un puissant journaliste et un grand orateur; c'est aussi un grand poète. Je suis rentré chez moi en répétant quelques-uns de ses vers :

Français, nous périssons si vous n'aimez la France.
. . . .
Rien, rien que cet amour fraternel et sublime
Sous nos pas affermis ne peut combler l'abîme.
Que la France, partout, du jeune homme pieux
Remplisse, à tout moment, et le cœur et les yeux ;
Qu'il la voie et lui parle et l'écoute sans cesse ;
Qu'elle soit son trésor, son ami, sa maîtresse ;
Que même au sein des nuits, d'un beau songe charmé,
Il serre dans ses bras ce simulacre aimé (2).

(1) Beaulieu, t. III, p. 59.
(2) *Œuvres poétiques de André de Chénier*, publiées par M. Gabriel de Chénier, t. II, p. 219. Édition Alphonse Lemerre.

XVIII

SECOND BILAN DE QUINZAINE

Mardi, 9 avril 1793.

La première semaine du présent mois d'avril a été l'une des plus agitées, l'une des plus menaçantes que nous ayons encore traversées. Les factions qui déchirent le sein de la République sont plus violentes que jamais ; Girondins et Montagnards se font une guerre à mort et qui ne se peut terminer que par la disparition de l'un ou de l'autre parti. Il est évident que le dénouement approche, et nul doute qu'il ne soit tragique.

Lundi 1ᵉʳ. — La séance de la Convention a eu ce jour-là une gravité exceptionnelle. Elle s'est terminée par un vote dont les conséquences ne sauraient manquer d'être terribles. Sur la proposition d'un membre de la Gironde (1), la Convention a rendu le décret suivant :

La Convention nationale, considérant que *le salut du peuple est la suprême loi*, décrète que, *sans avoir égard à l'inviolabilité d'un représentant de la nation française*, elle décrétera d'accusation celui ou ceux de ses membres contre lesquels il y aura de fortes présomptions de sa complicité avec les ennemis de la liberté, de l'égalité et du

(1) Birotteau, député des Pyrénées-Orientales.

gouvernement républicain, résultant des dénonciations ou des preuves écrites déposées au Comité de défense générale, chargé des rapports relatifs aux décrets d'accusation à lancer par la Convention.

Ce qui est au bout de ce décret pour les représentants du peuple, c'est l'échafaud ; et c'est bien ainsi que l'entendent les Girondins. N'est-ce pas un de leurs principaux orateurs, le député Lasource, qui, au début de cette même séance, a fait entendre ces paroles : « Souvenez-vous que le peuple veut la justice. Il a vu assez longtemps le capitole et le trône, *il veut voir maintenant la roche Tarpéienne et l'ÉCHAFAUD* ».

Et pour que l'échafaud ne chôme pas, voici que, du côté droit comme du côté gauche, pleuvent les dénonciations.

Lasource dénonce Danton.
Penières dénonce Lacroix.
Birotteau dénonce Fabre d'Églantine.
Duhem dénonce Roland.
Maure dénonce Brissot, Barbaroux, Guadet.
Marat dénonce Lasource et Gensonné.

Danton dénonce tous les députés du côté droit. Il appelle le peuple à se réunir en armes pour écraser l'ennemi du dedans, « tous les lâches, tous les scélérats, tous les aristocrates, tous les modérés (1) ».

Les menaces de la Gironde se perdent en paroles. Les menaces de la Montagne sont immédiatement suivies d'effet. Le 1er avril, au matin, les scellés ont été mis sur les papiers de Roland, en vertu d'un ordre du Comité de surveillance de la Convention (2).

(1) *Moniteur* du 4 avril 1793.
(2) *Le Patriote français*, n° 1328.

Le Comité de surveillance a décerné, en outre, le même jour, des mandats d'arrêt contre un grand nombre de personnes, parmi lesquelles on compte MM. d'Espagnac (1) et Malus, ci-devant commissaires-ordonnateurs dans l'armée de Dumouriez ; Hébert, ci-devant secrétaire d'Adrien Duport ; Bonne-Carrère, ci-devant employé au bureau des affaires étrangères ; Gouy d'Arcy (2) ; Asseline, agent de M. de Liancourt ; Lalonde, à Cambrai ; Sainte-Foy, au Mont Saint-Martin, près Cambrai ; Candeyron, ci-devant maire de Cambrai ; Berneron, officier général ; Ligneville, officier général ; Devaux, adjudant général dans l'armée de Dumouriez (3) ; la citoyenne Beauvais, maîtresse de Dumouriez ; Victor de Broglie (4) ; de Boisgelin (5), ci-devant maître de la garde-robe de Louis

(1) L'abbé Sahuguet *d'Espagnac*, dont le père avait été lieutenant général, gouverneur des Invalides et grand'croix de Saint-Louis, était avant la Révolution, chanoine de l'Eglise de Paris. Après avoir cultivé les lettres et obtenu un accessit d'éloquence à l'Académie française pour son *Eloge de Catinat*, il s'occupa d'opérations financières, embrassa avec ardeur la cause révolutionnaire, se chargea de la fourniture de l'armée des Alpes, puis de l'entreprise des charrois dans l'armée de Dumouriez. Il fut guillotiné le 5 avril 1794 (16 germinal an II) avec Danton, Camille Desmoulins, Chabot, Basire, Fabre d'Eglantine, etc., etc.

(2) Gouy d'Arcy, député de Saint-Domingue aux Etats Généraux, où il joua un rôle assez important, avait été nommé maréchal de camp à la fin de la session de l'Assemblée constituante. Il fut guillotiné le 5 thermidor an II (23 juillet 1794).

(3) Philippe *Devaux*, âgé de trente-deux ans, colonel-adjudant général des armées de la République, fut guillotiné le 23 mai 1793.

(4) Le prince Victor *de Broglie*, maréchal de camp, fut guillotiné le 9 messidor an II (27 juin 1794).

(5) Le comte Louis-Bruno de *Boisgelin*, frère du cardinal

XVI : Mme de Sillery (1) ; lady Fitz-Gérald (2) ; le général Égalité ; l'aide de camp Montjoie ; Choderlos-Laclos, officier général ; Lemaire, trésorier chez M. d'Orléans ; le général Valence, gendre de M. de Sillery ; les deux fils de M. d'Orléans et M. Sauvan (3), l'un de ses officiers (4).

Mardi 2 avril. — Le Tribunal criminel extraordinaire a tenu sa séance d'inauguration.

Tout s'est borné, ce jour-là, à des discours. Les

de ce nom, fut guillotiné le 19 messidor an II (7 juillet 1794), en même temps que sa femme, sœur du chevalier de Boufflers, dame d'honneur de Mme Victoire. Deux autres Boisgelin périrent l'un sur l'échafaud, l'autre dans les massacres de Septembre.

(1) Mme *de Sillery* (1746-1830) est plus connue sous le nom de Mme *de Genlis*, du premier nom de son mari, le comte Bruslart de Genlis, colonel des grenadiers de France, devenu plus tard marquis de Sillery. M. de Sillery était membre de la Convention. Il fut guillotiné avec les Girondins le 10 brumaire an II (31 octobre 1793).

(2) Lady Edouard *Fitz-Gérald* était l'élève favorite de Mme de Genlis, qui lui avait donné le nom de *Paméla*, sous lequel elle jouit de quelque célébrité au commencement de la Révolution. « Vous qui trouvez les vertus civiques si faciles, écrivait Camille Desmoulins, avez-vous donc été exposés à Paméla ? » Son mari, lord Fitz-Gérald essaya, en 1797, de soulever l'Irlande contre l'Angleterre. Arrêté le 19 mai 1798, il se tua dans sa prison le 4 juin suivant. Lady Fitz-Gérald est morte à Paris en 1831, un an après Mme de Genlis.

(3) Jean-Baptiste *Sauvan* était contrôleur « du mobilier des châteaux du duc d'Orléans, tant à Paris que dans ses maisons de campagne ». Sa fille Adèle, morte le 7 septembre 1809, avait épousé, le 21 janvier 1803, Gabriel Legouvé, auteur du *Mérite des femmes*. De ce mariage est né M. Ernest Legouvé, membre de l'Académie française.

(4) *Courrier français*, n° 94. — *Le Patriote français*, n° 1329.

mises en accusation, aux termes de l'article X de la loi du 10 mars, doivent être prononcées par une Commission de six membres de la Convention, chargés d'examiner toutes les pièces, d'en faire le rapport, de rédiger et de présenter les actes d'accusation, de surveiller l'instruction, etc. Cette Commission n'a encore renvoyé personne devant le Tribunal.

Juges et jurés auraient été sans doute très aises de marquer leur première séance par quelque bon jugement. Aussi se sont-ils empressés de se présenter à la barre de la Convention et de déplorer l'inaction à laquelle ils se voyaient condamnés par les lenteurs de la Commission des Six.

Garran-Coulon (1), président de cette Commission, déclare que « si elle n'a pas encore proposé de rendre de décret d'accusation, c'est qu'elle n'a pas reçu les pièces nécessaires pour servir de bases à un acte d'accusation ».

Albitte se précipite à la tribune. « S'il s'agissait, dit-il, de juger des faux monnayeurs, je consentirais à ce que l'on suivît toutes ces formes, mais *quand il s'agit de juger des conspirateurs, il n'y a plus de formes à suivre*. Je demande donc la suppression de la Commission des Six, et que toutes les poursuites se fassent à la requête de l'accusateur public ».

Le girondin Rabaut Saint-Étienne, qui succède à Albitte, se garde bien de protester contre les odieuses paroles de l'orateur montagnard. Membre de la Commission des Six, il déclare ne point s'opposer à sa suppression, qui est décrétée sans débat.

(1) Député du Loiret.

Mercredi 3 avril. — La Convention est informée, dans sa séance du matin, que Dumouriez a fait arrêter les commissaires envoyés près de lui, Camus, Quinette, Bancal et Lamarque, ainsi que le ministre Beurnonville ; qu'il les a envoyés dans un lieu sûr pour servir d'otages, et qu'il se prépare à marcher sur Paris avec son armée.

A cette nouvelle, l'Assemblée se déclare en permanence. Elle décrète, sur la proposition de Thuriot, que tout Français qui reconnaitra Dumouriez pour général, sera regardé comme traitre à la patrie et *puni de mort*, et que ses biens seront confisqués au profit de la République.

Elle met Dumouriez *hors la loi ;* autorise tout citoyen à lui *courir sus*, et assure une récompense de 300.000 livres à ceux qui s'en saisiront et l'amèneront à Paris mort ou vif. Les 300,000 livres seront réversibles à leurs héritiers.

Dans la séance du soir, Robespierre a prononcé un violent réquisitoire contre les membres du côté droit, et en particulier contre Brissot ; il a conclu en demandant que ce député fût décrété d'accusation. — La Convention a passé à l'ordre du jour. En revanche, elle a rendu un décret aux termes duquel toutes les personnes qui ne porteront pas de cocardes seront arrêtées.

Aux Jacobins, Robespierre a réédité ses accusations contre Brissot, et a indiqué, comme seules capables de sauver Paris et la Révolution, les mesures suivantes : « Il faut, a-t-il dit, lever une *armée révolutionnaire ;* il faut que cette armée soit composée de tous les patriotes, *de tous les sans-culottes ;* il faut que les *faubourgs* fassent la force et le noyau de cette armée. Je ne dirai pas qu'il faut aiguiser nos sabres pour tuer les *calotins;* ce sont des ennemis trop méprisables, et les fanatiques ne demanderaient pas mieux pour avoir un prétexte pour crier. Il faut chasser impitoyablement de nos sections tous ceux qui se sont signalés par un caractère de *modérantisme;* il faut désarmer, non pas les nobles et les calotins, mais tous les *citoyens douteux*, tous les *intrigants*, tous ceux qui ont donné des preuves d'incivisme... *Que tout Paris s'arme, que les sections et le peuple veillent, que la Convention se déclare peuple* » (1)!

Jeudi 4 avril. — Le 9 mars dernier, la Convention avait armé les commissaires envoyés par elle dans les départements du droit « de faire mettre en état d'arrestation les individus qu'ils trouvaient *suspects* » (2). Le 4 avril, elle a déposé dans la loi un autre principe, non moins odieux, celui de l'arrestation des *otages*. C'est sur la proposition de Lasource que ce décret a été rendu : toutes les fois que paraît une mesure inique, on est sûr d'y trouver la main d'un Girondin. L'article premier est ainsi conçu :

Les *pères et mères*, les *femmes et les enfants* des officiers de l'armée qui était commandée par Dumouriez, depuis le grade de sous-lieutenant jusqu'à celui de lieutenant général inclusivement, seront gardés à vue, comme *otages*, par chaque municipalité du lieu de leur résidence, jusqu'à ce que les commissaires envoyés par la Convention natio-

---

(1) *Journal des débats et de la correspondance de la société des Jacobins*, n. 383.
(2) Décret du 9 mars 1793. — *Moniteur* du 11 mars.

nale, ainsi que le ministre de la guerre, détenus par la perfidie de Doumouriez, soient mis en liberté.

Un autre décret ordonne que la femme et les enfants du général Valence, la citoyenne Montesson (1) et la citoyenne femme Égalité seront mis sur-le-champ en état d'arrestation, — et que les citoyens Bruslart-Sillery et Égalité, membres de la Convention nationale, seront gardés à vue, avec liberté d'aller où ils jugeront à propos, dans Paris seulement.

Un troisième décret décide que « le général Miaczinski sera traduit sous bonne et sûre garde à Paris, et mis au secret aux prisons de l'Abbaye (2) ».

Il est procédé à l'appel nominal pour l'élection d'un ministre de la guerre, en remplacement de Beurnonville. Le citoyen Bouchotte, commandant temporaire à Cambrai, réunit l'unanimité des suffrages (3).

Gonchon, orateur d'une députation du faubourg Saint-Antoine, demande qu'il soit organisé une compagnie de *Scévolas*, dont le chef serait pris dans la Convention (4).

(1) *Charlotte-Jeanne Béraud de la Haye de Riou*, marquise de *MONTESSON*, née en 1737, avait épousé en 1773, avec le consentement du roi, Louis-Philippe, quatrième duc d'Orléans, petit-fils du Régent et père de Louis-Philippe-Joseph-*Égalité*. Louis-Philippe d'Orléans, qui mourut en 1785, était en 1773 veuf de Henriette Bourbon-Conti. La marquise de Montesson a composé un assez grand nombre de pièces de théâtre. Elle est morte à Paris le 6 février 1806 (Voyez *Souvenirs et portraits*, par le duc de Lévis).

(2) Le général Miaczinski a été guillotiné le 17 mai 1793.

(3) *Moniteur* du 7 avril 1793.

(4) *Le Républicain français*, n° CXLII.

Marat est nommé président du club des Jacobins (1).

Vendredi 5 avril. — Les bruits les plus contradictoires continuent à courir au sujet de Dumouriez. Les uns disent qu'il est émigré; d'autres assurent qu'il est encore à la tête de son armée (2).

La Convention, qui a déjà fait disparaître la plupart des faibles garanties que l'on avait d'abord laissées à l'accusé devant le tribunal criminel extraordinaire, a rapporté l'article de son décret du 10 mars, « qui ordonnait que le tribunal ne pourrait juger les crimes de conspiration et délits nationaux que sur le décret d'accusation porté par la Convention ». L'accusateur public est autorisé à faire arrêter, poursuivre et juger tous prévenus desdits crimes, soit d'office, soit sur la dénonciation des autorités constituées ou des simples citoyens. Un décret de la Convention n'est plus exigé que quand il s'agit d'un ministre, d'un général d'armée ou d'un représentant du peuple.

La formation d'un camp de quarante mille hommes sous Paris est décrétée. Il ne sera admis dans cette armée aucun ex-noble, ni comme officier, ni comme soldat.

A la suite de ce vote, Danton a pris la parole en ces termes: « Vous allez avoir une armée de sans-culottes; mais ce n'est pas assez. Il faut que, tandis que vous irez combattre les ennemis de l'extérieur, *les aristocrates de l'intérieur soient sous la pique des sans-culottes.* Je demande qu'il soit créé

---

(1) *Patriote français*, n° 1333.
(2) *Courrier français*, n° 97.

une garde du peuple qui sera salariée par la nation. Nous serons bien défendus, quand nous le serons par les sans-culottes. J'ai une autre proposition à faire : il faut que, dans toute la France, le prix du pain soit dans une juste proportion avec le salaire du pauvre ; ce qui excédera sera payé par le riche. »

Ces deux propositions de Danton sont adoptées au milieu des applaudissements de toute l'Assemblée (1).

Au club des Jacobins, Robespierre jeune, invite tous les bons citoyens à se réunir, dans leurs sections. « Il est nécessaire, a-t-il dit, qu'ils viennent à la barre de la Convention *nous forcer de mettre en état d'arrestation les députés infidèles* (2). »

Samedi 6 avril. — Une lettre des commissaires de la Convention pour les frontières du Nord, Cochon, Bellegarde et Lequinio, informe officiellement l'Assemblée que Dumouriez, n'ayant pu entraîner son armée dans sa défection, est passé à l'ennemi avec les généraux Valence et Égalité, quelques officiers et la plupart des hussards de Berchigny.

Le *Comité de défense générale* créé le 1er janvier 1793, et réorganisé, le 25 mars, sous le nom de *Comité de défense générale ou de salut public* (3), est remplacé, sur la proposition d'un membre de la Gironde, le député Isnard, par un comité d'exécution, composé de neuf membres seulement, qui prendra le nom de *Comité de salut public* et auquel seront remis « l'exercice de la souveraineté et tous les pouvoirs ».

(1) *Moniteur* du 9 avril 1793.
(2) *Club des Jacobins*. Séance du 5 avril. Présidence de Marat.
(3) Voy. ci-dessus chapitre XVI.

Les membres appelés à en faire partie, et qui sont nommés pour un mois, appartiennent presque tous à la Montagne. Ils ont été élus à l'appel nominal, dans l'ordre suivant: Barère, Delmas, Bréard, Cambon, Jean Debry, Danton, Guyton-Morveau, Treilhard, Lacroix. Jean Debry, qui a déclaré ne pouvoir accepter, pour cause de santé, a été remplacé par Robert Lindet.

Marat demande que *cent mille des parents et amis des émigrés soient pris en otages*, afin que, s'il arrivait la moindre chose aux commissaires arrêtés par Dumouriez, la tête de ces scélérats pût en répondre (1).

Jaloux sans doute des lauriers de l'*Ami du peuple*, le girondin Boyer-Fonfrède a proposé « d'arrêter tous les Bourbons et de les garder en otages ». — « Citoyens, s'est-il écrié, les princes, au moins pour les forfaits, sont tous parents; conservons donc tous ces Bourbons en otages; et si les tyrans qu'est allé rejoindre Égalité osent porter sur les représentants du peuple français un fer assassin, que tous ces Bourbons soient traînés au supplice! que leurs têtes roulent au pied des échafauds! qu'ils disparaissent de la vie, comme la royauté a disparu de la république, et que la terre de la liberté n'ait plus à supporter leur exécrable existence! »

On applaudit pendant plusieurs minutes. L'Assemblée entière est debout. La proposition de Boyer-Fonfrède est adoptée à l'unanimité (2).

Il est décrété que « tous les individus de la famille

---

(1) *Moniteur* du 9 avril 1793.
(2) *Ibid.*

de Bourbon seront mis en état d'arrestation et conduits à Marseille. — Les individus de la famille ci-devant royale, détenus au Temple, continueront d'y rester prisonniers. »

Le tribunal du 10 mars, auquel tout le monde donne et qui prend lui-même le titre de *Tribunal révolutionnaire* (1), a rendu son premier jugement. L'accusé était un gentilhomme poitevin, Louis Guyot des Maulans, arrêté le 12 décembre 1792 au Bourg de l'Égalité, et trouvé muni de deux passeports et d'une cocarde blanche. Il a été condamné à mort et guillotiné le jour même. La nuit était déjà venue lorsqu'on le conduisit au supplice; il a été exécuté aux flambeaux (2).

Dimanche 7 avril. — L'officier de paix Cavaignac a mis en état d'arrestation le duc d'Orléans. — Philippe-Joseph ÉGALITÉ, — en vertu d'un mandat d'amener, signé Pache, maire de Paris.

Santerre annonce à la Commune qu'il a reçu deux lettres du ci-devant *Monsieur*, frère de défunt Louis Capet. Elles sont adressées : *A Monsieur le commandant général de la force armée de Paris.* Par ces lettres, le ci-devant Monsieur lui notifie qu'il est

---

(1) Voici l'en-tête du procès-verbal de sa première séance : *Procès-verbal de séance du Tribunal criminel révolutionnaire établi à Paris par la loi du 10 mars 1793, et en vertu des pouvoirs à lui délégués par la loi du 5 avril de la même année* (Voy. Wallon, *Histoire du Tribunal révolutionnaire de Paris*, t. I, p. 84).

(2) Le 27 septembre 1793, la nation payait à la veuve Favier, qui avait fourni les quatre douzaines de flambeaux nécessaires à cette opération, la somme de 96 livres. (Arch. nation., AA., 399. — *Le Tribunal révolutionnaire de Paris*, par Émile Campardon, t. I, p. 27).

régent de France, et qu'on doit reconnaître Louis XVII depuis le 21 janvier, jour où l'on a porté, dit-il, une hache criminelle sur la tête de Louis XVI (1). — Santerre a renvoyé ces deux lettres à la Convention.

Lundi 8 avril. — Le duc d'Orléans, le duc de Beaujolais, son troisième fils, âgé de treize ans, la duchesse de Bourbon (2) et le prince de Conti (3) sont partis pour Marseille sous la garde d'une forte escorte. La duchesse d'Orléans, malade et retirée depuis le commencement de la révolution à Bizy-lès-Vernon, continuera d'y résider sous la surveillance de la municipalité.

La Convention, dans sa séance du soir, que présidait Garran-Coulon, admet à sa barre une députation de la section de Bon-Conseil, qui demande l'arrestation de Brissot, de Guadet, de Gensonné, de Vergniaud, de Barbaroux, de Louvet, de Buzot, etc. L'orateur de la section termine par cet appel aux *patriotes de la Montagne :* « C'est sur vous que se repose la patrie du soin de désigner les traîtres. Il est temps de les dépouiller de l'inviolabilité liberticide. Sortez de ce sommeil qui tue la liberté ; levez-vous, livrez aux tribunaux les hommes que l'opinion publique accuse ; déclarez la guerre à tous les modé-

---

(1) Séance du Conseil général de la Commune du 7 avril (*Histoire parlementaire*, etc., par Buchez et Roux, t. XXV, p. 309).

(2) Louise-Thérèse d'Orléans, sœur du duc d'Orléans, femme du duc de Bourbon et mère du duc d'Enghien.

(3) Le prince de Conti était le dernier descendant d'Armand, prince de Conti, frère puîné du grand Condé. Il mourut à Barcelone en 1814.

rés, les Feuillants, à tous ces agents de la ci-devant cour des Tuileries. Paraissez à cette tribune, ardents patriotes ; appelez le glaive de la loi sur la tête de ces inviolables conspirateurs, et alors la postérité bénira le temps où vous aurez existé. »

À la demande de Marat, les honneurs de la séance sont décernés aux pétitionnaires (1).

Cette première semaine d'avril a été véritablement la semaine de Marat. Comme il n'a cessé, depuis le commencement de la guerre, de dénoncer les généraux et de crier à la trahison, il triomphe aujourd'hui. Tout ce qu'il avait prédit n'est-il pas arrivé ? Sa prévoyance n'égale-t-elle pas son incorruptibilité ? N'avait-il pas raison de prendre le titre d'*Ami du peuple ?* Et quel autre, s'appelât-il Robespierre ou Danton, oserait le lui disputer ? Il semble bien, en effet, que le *peuple* ne veuille plus connaître que lui : Marat est cité dans les groupes, il est lu dans les cafés, il est célébré dans les sociétés populaires. On ne peut plus faire un pas dans la rue sans entendre crier : *Journal de Marat* (2) !

(1) *Moniteur* du 10 avril 1793.
(2) *Courrier français*, n° 93.

XIX

SECOND BILAN DE QUINZAINE

(Suite.)

Jeudi 18 avril 1793.

La lutte entre Girondins et Montagnards, plus furieuse que jamais, reste toujours sur le même terrain. Les Montagnards disent à leurs adversaires : « Vous êtes les complices de Dumouriez; vous comptiez sur lui comme il comptait sur vous, qu'il appelait « la partie saine » de la Convention. Vous le défendiez encore à la tribune et dans vos journaux, alors que déjà il avait commencé de trahir (1)! » — Les Girondins, à leur tour, disent aux Montagnards : « Oui, Dumouriez est un traître! mais ce traître était l'instrument des projets ambitieux de d'Orléans et de son fils; et qui donc, si ce n'est vous, n'a cessé de protéger d'Orléans, de s'opposer à son expulsion ? N'est-il pas visible que vous tenez à le garder, comme une maîtresse carte dans votre jeu, jusqu'au jour où vous croirez possible de *tourner le roi* et de rétablir le trône à son profit — et au vôtre ? Est-ce que Camille Desmoulins ne s'est pas écrié, la première fois qu'il fut question de bannir d'Orléans : *Si ce décret passe,*

---

(1) Voir notamment *le Patriote français* (journal de Brissot) du 1ᵉʳ avril 1793.

la France est perdue? Est-ce que les Cordeliers et la Commune ne tenaient pas le même langage ? Est-ce que Marat ne disait pas alors : *Il faut qu'Égalité reste* (1) *!* Et hier encore, ce même Marat ne se faisait-il pas son avocat, et ne tenait-il pas à la Convention ce langage, singulièrement étrange dans sa bouche : « Je prie les représentants du peuple de ne pas se livrer à des mesures précipitées, surtout de ne pas entamer la dignité de la Convention. Jusqu'ici aucune preuve convaincante, pas même de soupçons justifiés, ne repose sur la tête d'Égalité (2). »

Si j'avais à juger ce débat, qui rappelle tout à fait celui du *Loup plaidant contre le Renard*, je ne serais guère embarrassé et je condamnerais les deux partis à la fois :

On ne saurait manquer, condamnant un pervers.

En attendant le verdict, qui pourrait bien être rendu par un tribunal plus redoutable que le mien, par celui-là même que, d'un commun accord, Girondins et Montagnards ont institué le 10 mars, je me borne à noter ici, jour par jour, les phases du procès.

Mardi 9 avril. — Le pouvoir militaire est subordonné au pouvoir civil. Il est décrété, après un rapport fait par Bréard, au nom du Comité de salut public, qu'il y aura constamment trois représentants du peuple députés près de chacune des armées de la République. Tous les mois, l'un des trois sera renou-

---

(1) Voir le *Journal d'un bourgeois de Paris pendant la Terreur*, tome 1, pp. 289-307.
(2) Séance du 6 avril 1793 (*Moniteur* du 9 avril).

velé. Ces commissaires sont investis de pouvoirs illimités (1).

Une lettre des commissaires Lequinio, Bellegarde et Charles Cochon, annonce qu'ils ont fait arrêter le général Lescuyer, ainsi que plusieurs particuliers de Valenciennes, qui excitaient le peuple à la révolte par des propos inciviques en faveur de la royauté. La Convention décide que Lescuyer sera traduit au tribunal révolutionnaire (2), met au nombre des tentatives contre-révolutionnaires la provocation au rétablissement de la royauté, et décrète que le tribunal criminel du département du Nord se transportera sans délai à Valenciennes, et dans tels autres lieux de son arrondissement qu'il appartiendra, pour y juger définitivement, et sans recours à la voie de cassation, tous les prévenus de provocation au rétablissement de la royauté, ou d'émeutes contre-révolutionnaires, et prononcera contre les coupables les peines déterminées par la loi du 10 mars dernier, et dans les formes prescrites par ladite loi. — Les tribunaux criminels de tous les départements de la République sont également chargés de poursuivre et juger les mêmes délits, dans les mêmes formes et d'après la même loi (3).

Mercredi 10 *avril.* — Pétion a lu à la tribune une Adresse que la section de la Halle-au-Blé faisait circuler dans Paris, et où l'on disait que Roland méritait l'échafaud; que la majorité de la Convention était corrompue; que, dans son propre sein, siégeaient les plus grands ennemis du peuple. Après avoir demandé:

(1) *Moniteur* du 11 avril 1793.
(2) Le général Lescuyer fut guillotiné le 11 août 1793.
(3) *Moniteur* du 12 avril 1793.

1° que Roland fût décrété d'accusation; 2° que les députés coupables fussent arrêtés; 3° que ceux qui n'ont pas eu le courage de défendre la République fussent destitués et remplacés par leurs suppléants, les auteurs de l'Adresse terminaient ainsi: « Montagne de la Convention, sauvez la République; ou, si vous ne vous sentez pas assez forts pour le faire, osez nous le dire avec franchise: nous nous chargerons de la sauver. La crise que nous éprouvons doit être la dernière; il faut que la France soit anéantie, ou que la République triomphe (1). »

Des applaudissements convulsifs éclatent sur les bancs de la Montagne et dans les tribunes. Des cris, des hurlements effroyables se font entendre dans toutes les parties de la salle, la tribune est assiégée. Danton veut y monter; Petion refuse d'en descendre. Le tumulte est à son comble. Le président se couvre. « Vous êtes des scélérats! » crie Danton aux membres du côté droit, qui répondent par cet autre cri: « A bas le dictateur! »

Cependant le calme se rétablit peu à peu, et l'on entend successivement Petion, Danton, Boyer-Fonfrède, Lahaye, Guadet, — à qui Marat dit: « Vil oiseau, tais-toi! » — Robespierre qui *a lu* une interminable harangue; — Vergniaud, qui a prononcé, en réponse à Robespierre, un plaidoyer admirable. Pas un de ces discours qui ne débordât de haine et qui ne respirât la fureur et la vengeance. Ils ont rempli la journée tout entière: commencée à huit heures du matin, la séance a été levée à huit heures du soir, et la discussion renvoyée au lendemain (2).

(1) *Histoire parlementaire*, t. XXV, p. 320.
(2) *Moniteur* des 12, 13, et 14 avril 1793.

Pendant que les chefs de la Gironde et de la Montagne dressaient ainsi, les uns contre les autres, de véritables réquisitoires, dont le citoyen Fouquier-Tinville, l'accusateur public, aura peut-être un jour à faire son profit, le tribunal révolutionnaire jugeait un pauvre diable, nommé Nicolas Luttier, ancien soldat, canonnier de la 6ᵉ compagnie, casernée à la Sorbonne. Il était accusé d'avoir dit, le 31 mars, dans un groupe de maçons, au coin de la rue de la Huchette : « Avez-vous une âme ? et moi aussi j'en ai une, mais c'est pour mon roi qui m'a toujours bien payé. Il est mort, mais il y en a un autre qui paraîtra sous peu. » Devant le tribunal, Luttier affirma ne point se rappeler le propos qu'on lui prêtait ; qu'il était, d'ailleurs, ce jour-là, en état complet d'ivresse, si bien que ce fut seulement cinq heures après son arrivée à l'Abbaye que, s'étant réveillé et croyant être dans la chambre de sa caserne, il apprit qu'il était en prison. Déclaré coupable, et interpellé par le président de dire s'il avait des observations à faire sur l'application de la loi, il a dit : « qu'il attestait les dieux qu'il ne pardonnerait jamais sa mort à ceux qui le condamnaient, attendu qu'il était ivre et ne savait ce qu'il disait (1) ».

Il a été exécuté sur la place de la Maison-Commune (1).

Jeudi 11 avril. — Les scènes dont la séance du jeudi a donné le spectacle, de huit heures du soir à minuit, ont été encore plus violentes que celles de la veille. De tous les journaux, le *Patriote français*

(1) *Bulletin du Tribunal criminel révolutionnaire*, nᵒˢ 2 et 3.

est celui qui a reproduit le plus exactement la physionomie de cette séance. Voici son compte rendu :

Excidat illa dies œvo ! Tel est le vœu que tout républicain doit former, lorsque les représentants du peuple oublient le grand caractère dont ils sont revêtus et donnent l'exemple funeste du déchainement des passions. Dans cette séance, des glaives homicides ont brillé, des instruments de mort ont menacé des hommes que la volonté nationale a déclarés inviolables. Nous ne nous étendrons pas sur les faits qui ont donné lieu à ce triste évènement ; nous les passerions même sous silence, s'ils ne devaient servir de leçon à nos concitoyens.

Des sections demandaient instamment leur admission à la barre. Buzot fait observer à l'Assemblée qu'il est pour elle une occupation plus urgente, celle de nommer les quatre commissaires qui doivent aller dans le département de l'Orne suivre les traces de la conspiration de Dorléans. Marat a révoqué en doute les crimes et les vices mêmes de Dorléans ; il n'a vu de coupables que le jeune Égalité et les autres Bourbons ; il a demandé que leurs têtes fussent mises à prix. Lecointe-Puyraveau a combattu ces conclusions comme impolitiques, comme homicides, puisque les ennemis avaient entre leurs mains nos commissaires, envers lesquels ils ne manqueraient pas d'user de représailles.

Ce député patriote réfutait Marat ; il ne pouvait donc être entendu sans défaveur. A chaque mot, il était interrompu par des murmures, il le fut enfin par des injures atroces. Alors le tumulte devient extrême ; des deux côtés, on se précipite au milieu de la salle ; un membre de la Montagne tire un pistolet ; Duperret l'aperçoit et tire son épée. Des cris affreux se font entendre. Le président obtient avec la plus grande peine le retour du calme ; il renait enfin ; Duperret est dénoncé ; il expose les faits ; on passe à l'ordre du jour.

On procède à la nomination des commissaires qui doivent suivre le fil des complots de Dorléans. Ce sont Merlin (de Douai), Cambacérès, Charlier et Lesage (1).

La séance du matin avait prélude aux scènes dramatiques du soir par une scène comique : Dans le drame auquel nous assistons, le grotesque, à chaque pas coudoie l'horrible.

Le décret de l'Assemblée législative qui a rendu la cocarde obligatoire autorisait les citoyens à porter des cocardes de toute forme et de toute étoffe, pourvu qu'elles fussent aux trois couleurs nationales. La municipalité de Paris a *abrogé* cette loi, et a *décrété* qu'on ne pourrait porter d'autres cocardes que celles de laine, tricolore des deux côtés, et que ceux qui en porteraient d'une autre étoffe seraient arrêtés. En exécution de ce décret du Conseil de la Commune, Taillefer, député de la Dordogne, a été arrêté, injurié, maltraité, traîné au corps de garde, parce que sa cocarde, très *nationale* à la vérité, n'était pas *municipale*. Il n'a servi de rien à Taillefer de montrer sa carte de député. — Sur la dénonciation de ce fait, la Convention a rendu un décret, aux termes duquel le commandant général sera tenu d'insérer, dans le prochain ordre, qu'on n'aura pas le droit d'arrêter un député du peuple, hors le cas de flagrant délit (2).

Vendredi 12 avril. — Après une séance de plus de douze heures, la Convention a décrété que Marat serait mis en état d'arrestation à l'Abbaye.

---

(1) *Le Patriote français*, n° 1339.
(2) *Le Patriote français*, n° 1339. — Cet incident ne figure ni au *Moniteur* ni dans l'*Histoire parlementaire* de Buchez et Roux.

Dès l'ouverture de la séance, à l'occasion d'un rapport de Poultier, montagnard assez obscur, une violente altercation s'était produite entre le *vertueux* Petion et l'*incorruptible* Robespierre.

PETION. — Je demande la censure de Poultier.

ROBESPIERRE. — Et moi, je demande la censure de ceux qui protègent les traîtres.

PETION. — Je demanderai en effet que les traîtres et les conspirateurs soient punis.

ROBESPIERRE. — Et leurs complices.

PETION. — Oui, leurs complices, et vous-même. Il est temps enfin que toutes ces infamies finissent. Il est temps que les traîtres et les calomniateurs *portent leurs têtes sur l'échafaud ;* et je prends ici l'engagement de les *poursuivre jusqu'à la mort.*

ROBESPIERRE. — Réponds aux faits.

PETION. — C'est toi que je poursuivrai.

Maintenant que l'inviolabilité qui les couvrait est supprimée (1), nos députés ont peut-être tort de parler si souvent de *poursuites*, de *mort* et d'*échafaud*. Mais il paraît que tel n'est point l'avis de Petion, car il est revenu à la charge dans cette même séance. « Je ne serai content, a-t-il dit, que lorsque j'aurai vu ces hommes qui veulent perdre et qui perdraient enfin la liberté, la République, *laisser leur tête sur l'échafaud* ». Au milieu de l'agitation que provoquent ces paroles, le peintre David s'élance au milieu de la salle et, découvrant sa poitrine, crie à l'orateur : « Frappez, je demande que vous m'assassiniez » (2)...

(1) Voir ci-dessus page 178.
(2) *Moniteur* du 11 avril 1793.

A Pétion a succédé Guadet, qui a tenu la tribune pendant deux heures et demie (1). Plus grand que Vergniaud, maigre, brun, teint bilieux, barbe noire, yeux noirs et vifs, Guadet est doué d'un rare talent de parole. Parmi les orateurs de la Convention, il occupe sans conteste le troisième rang, immédiatement après Vergniaud et Danton. Il sait, au milieu des discussions les plus ardentes, rester calme et maître de lui-même (2). Ce calme, cette présence d'esprit, qui d'ordinaire excluent le feu et l'élan, s'associent chez lui à une sensibilité très prompte, à une impétuosité, à une véhémence extraordinaire. Nul ne manie le sarcasme avec plus d'habileté, nul ne prodigue, avec plus d'audace, les apostrophes amères : ses dénonciations sont des coups de poignard (3).

Son discours du 12 avril est un des plus remarquables qu'il ait prononcés, et il a produit un grand effet. Guadet n'a pas usé des ménagements dont Vergniaud est trop coutumier. Au lieu d'accuser *M. Pitt*, comme l'avait fait son collègue de la députation de Bordeaux, il a dénoncé M. de Robespierre; au lieu de s'en prendre aux *agents de l'Angleterre*, il a montré que le foyer de la conjuration était beaucoup plus près de nous, rue Saint-Honoré, au club des Jacobins. Il a donné lecture d'une Adresse des Jacobins de Paris *à*

---

(1) *Le Patriote français*, n. 1310.
(2) *Souvenirs de l'insurrection normande dite du Fédéralisme en 1793*, par M. Frédéric Vaultier, p. 73, — *Essai historique et critique sur la Révolution française*, par M. Paganel, ancien député à la Convention, t. II, p. 128.
(3) *Histoire de la Révolution de France*, par deux amis de la liberté, t. VIII, p. 418.

leurs frères des départements, Adresse qui est signée de Marat et où il est dit :

Amis, nous sommes trahis, aux armes, aux armes !... Nos ennemis ont enfin mis le sceau à leurs noires perfidies, et, pour les consommer, Dumouriez, leur complice, marche sur Paris... Mais, frères et amis, ce ne sont pas là tous vos dangers... Vos plus grands ennemis sont au milieu de vous... C'est dans le Sénat que de parricides mains déchirent vos entrailles. Oui, la contre-révolution est dans le gouvernement, dans la Convention nationale ; c'est là que de criminels délégués tiennent les fils de la trame qu'ils ont ourdie avec la horde des despotes qui viennent nous égorger ! C'est là qu'une cabale, dirigée par la Cour d'Angleterre et autres... Mais déjà l'indignation enflamme votre courageux civisme. Allons, républicains, armons-nous !

C'EST VRAI ! s'est écrié Marat de sa place.

A ces mots, les trois quarts de l'Assemblée se lèvent ; seule, la Montagne reste immobile. Le *côté droit* crie avec fureur : « Marat à l'Abbaye ! — Le décret d'accusation contre Marat ! »

L'*Ami du peuple* paraît à la tribune. Les galeries le saluent d'applaudissements frénétiques ; mais bientôt, devant l'attitude indignée de la majorité, il sent fléchir son audace. Il cherche à esquiver le coup qui le menace ; il invoque de misérables subterfuges. « J'ai été, dit-il, président de la Société des Jacobins pendant sept à huit minutes. On m'a présenté un écrit *que je n'ai point lu*, portant la signature des secrétaires ; et, *sans savoir ce qu'il contenait*, je l'ai signé... C'est un délibéré de la Société auquel, suivant l'usage, je n'ai mis ma signature que pour attester qu'il était émané de la Société (1). »

La discussion est fermée après un discours de Danton, qui demande le renvoi à un comité des accusations portées contre Marat, et une réplique de Boyer-Fonfrède, qui réclame le décret d'accusation. Combat pour la priorité entre ces deux motions. Le renvoi à un comité est écarté à une majorité des deux tiers. Lacroix propose de mettre sur le champ Marat en état d'arrestation à l'Abbaye, et de charger le comité de législation de faire un rapport sur le décret d'accusation. On voit alors reparaître à la tribune l'*Ami du peuple*, pâle, balbutiant (2) ; il demande à être conduit aux Jacobins entre deux gendarmes pour y prêcher la paix et prévenir un mouvement. — « Nous ne craignons point de mouvement, lui crie-t-on. — Paris saura obéir aux lois, ajoute le président (3). »

On adopte la proposition de Lacroix, et la séance, qui avait commencé le matin à 8 heures, est levée à 9 heures du soir.

Tout fiers d'avoir voté l'arrestation de Marat, les membres de la Gironde se hâtent d'aller souper sans plus s'inquiéter de savoir si leur décret va recevoir son exécution. Tandis qu'ils s'éloignent, laissant l'*Ami du peuple* à son banc, plusieurs habitués des tribunes glissent le long des colonnes, et, pénétrant dans l'enceinte réservée aux députés, se groupent autour de Marat et des Montagnards, au nombre de cinquante environ, qui sont restés près de lui. Ils le conduisent à l'une des portes de la salle. Une sentinelle s'oppose

(1) *Moniteur* du 14 avril 1793.
(2) *Le Patriote français*, n° 1310.
(3) *Ibid.*

à sa sortie. On va chercher l'officier de garde qui arrive avec l'expédition du décret qu'il vient de recevoir, et que président et secrétaires ont oublié de signer : « Ce n'est qu'un chiffon de papier ! » lui crie-t-on ; il perd la tête, lève la consigne et laisse passer Marat, qui, suivi d'un nombreux cortège, va se cacher en lieu sûr, riant, non sans motifs, de l'ineptie des *hommes d'État* (1).

Samedi 13 *avril.* — Un nouveau décret portant la peine de mort a été rendu au commencement de la séance, sur la proposition de Robespierre, appuyée par Danton. Il est ainsi conçu :

La Convention décrète la peine de mort contre quiconque proposerait de négocier ou de traiter avec des puissances ennemies, qui n'auraient pas préalablement reconnu solennellement l'indépendance de la nation française, sa souveraineté, l'indivisibilité et l'unité de la République fondée sur la liberté et l'égalité.

Après la lecture d'une lettre de Marat déclarant qu'il n'obéira pas au décret rendu contre lui, attendu qu'il se doit au peuple « dont il est l'œil », Delaunay, le jeune, monte à la tribune pour faire, au nom du comité de législation, un rapport sur tous les délits imputés à l'*Ami du peuple*. Ce rapport commençait par la reproduction de la fameuse circulaire signée *Marat, président*, qui avait donné lieu, la veille, à l'accusation portée contre lui. A peine Delaunay a-t-il achevé de la lire, que plusieurs membres de la Montagne se lèvent et se déclarent prêts à la signer à

(1) *Le Publiciste de la République française* (par Marat), n° CLXIX.

leur tour. « Je demande, dit David, que cette adresse soit déposée sur le bureau et que tous les patriotes aillent la signer ». A la suite de David, Thirion (1), Dubois-Crancé, Camille Desmoulins, se précipitent vers le bureau, et, après eux, une centaine de leurs collègues. On remarque que Danton ne quitte pas sa place. Quant à Robespierre, il s'avance à pas comptés vers le bureau et retourne à son banc sans avoir signé (2). Pendant toute cette scène, le côté droit et le centre restent immobiles et silencieux : les tribunes, au contraire, ne cessent d'applaudir avec frénésie.

Granet demande que l'Adresse des Jacobins soit imprimée, envoyée aux départements et aux armées. Vergniaud et Lacaze appuient cette motion. Gensonné s'y rallie également et réclame la convocation immédiate des assemblées primaires. La Montagne, qui a ses raisons pour ne pas vouloir que la nation soit consultée, comprend la faute qu'elle a commise, et l'on voit alors la plupart de ses membres quitter de nouveau leurs places et se diriger vers le bureau, mais, cette fois, pour retirer leur signature (3).

La proposition de Gensonné ayant été ajournée au lundi 15, Delaunay a repris la lecture de son rapport (4), dans lequel se trouvent rappelés tous les

---

(1) *Thirion*, député de la Moselle, et non Thuriot, comme le dit par erreur M. Mortimer-Ternaux, t. VIII p. 134.
(2) *Le Patriote français*, n° 1341.
(3) *Le Moniteur* du 17 avril 1793.
(4) Le *Moniteur* n'a pas reproduit le rapport de Delaunay, bien que la Convention en eût ordonné l'impression (Voyez l'intéressante notice de Delaunay le jeune par M. Bougler, au tome II de sa *Biographie des députés de l'Anjou*).

articles du Journal de Marat, demandant 250,000 *têtes*, réclamant *un dictateur, un triumvirat* ou *un tribun militaire*. Chacune de ces citations a été accueillie par les applaudissements de la Montagne et des tribunes. Le rapporteur a terminé en proposant le décret d'accusation. Les tribunes sont alors entrées dans une véritable fureur; elles ont menacé, trépigné, hué (1), et cela pendant douze heures! Pendant ces douze heures, il n'a régné un peu de calme que dans les moments où la parole était aux apologistes de Marat; tout le reste a été rempli par d'horribles hurlements, par des menaces sanguinaires, par une révolte ouverte des tribunes contre la représentation nationale (2).

On finit cependant par décréter qu'on ira aux voix par appel nominal, que l'appel nominal sera imprimé et envoyé aux départements avec la lettre de Marat.

Épuisé de fatigue, le président invite le vice-président ou un ex-président à prendre le fauteuil. L'ex-président Lacroix et le vice-président Thuriot déclarent insolemment qu'ils ne peuvent présider à une délibération attentatoire à la liberté. La Convention est obligée d'appeler au fauteuil le secrétaire Garran-Coulon (3).

L'appel nominal commence à dix heures du soir.

(1) Lettre inédite de Dufriche-Valazé, du 14 avril 1793 (Voy. *la Démagogie en 1793 à Paris*, ouvrage de Beaulieu publié par C.-A. Dauban).
(2) *Le patriote français*, n° 1341.
(3) Cet incident n'est mentionné ni dans le *Moniteur*, ni dans l'*Histoire parlementaire* de Buchez et Roux (*Patriote français*, n° 1341, p. 421).

Un grand nombre de membres motivent leur vote. Parmi ceux qui votent contre le décret, les uns voient en Marat le sauveur, le père de la patrie ; les autres demandent pour lui une couronne civique; d'autres, des statues. Chaque vote est, de la part des tribunes, l'objet d'applaudissements prolongés ou de huées interminables, suivant qu'il est favorable ou contraire à l'*Ami du peuple* (1).

Ce n'est qu'à sept heures du matin que l'appel nominal a été terminé. En voici le résultat. Le nombre des votants a été de 360. 220 ont voté pour le décret d'accusation, 92 contre, 7 pour l'ajournement. 41 se sont récusés ou ont déclaré ne pouvoir voter (2). Le décret d'accusation a été prononcé.

La séance avait duré vingt-deux heures.

Dimanche 14 *avril.* — Le lendemain de cette séance de 22 heures, les Parisiens ont eu, pour se remettre de leurs émotions, une fête d'un autre genre, la *Fête de l'Hospitalité*.

A la suite de l'entrée des Autrichiens dans Liège, une centaine d'habitants de cette ville se sont réfugiés à Paris. Le conseil général de la Commune leur ayant offert une salle de la maison de ville, la salle de l'Égalité, pour y tenir leurs assemblées et y déposer leurs archives, il s'agissait, dimanche, de procéder à cette installation. Des députations de tous les corps constitués, parties de la place de la Bastille, sont allées

---

(1) Lettre de Dufriche-Valazé.
(2) M. de Barante (t. III, p. 39) rapporte inexactement les chiffres de l'appel nominal. Il porte à 132 au lieu de 92 le chiffre de ceux qui votèrent contre le décret. De son côté, M. Louis Blanc (t. VIII, p. 280) porte à tort le chiffre des votants à 397. — Archives 269 w 16 (Dossier Marat).

chercher les Liégeois à la porte Saint-Martin, qui leur avait été assignée comme point de réunion. Voici quel était l'ordre du cortège.

Hussards de la liberté; bannière : *Guerre aux tyrans !* — Gendarmerie à cheval; enseigne : *Hospitalité*. — Sapeurs; canonniers; tambours. — Les légions avec leurs drapeaux. — Déclaration des Droits de l'homme. — Sociétés populaires. — Juges et officiers de paix, et commissaires de police. — Le buste de Brutus. — Tribunal révolutionnaire. — Corps judiciaires. — Faisceaux des départements. — Le Département. — Comités révolutionnaires de surveillance des sections. — Musique. — Statue de la liberté. — Corps électoral. — Municipalité de Paris. — Celle du 10 août. — Modèle en miniature de la Bastille, fabriqué avec une pierre provenant de cette forteresse et fournie par le *patriote* Palloy. — Tribunal de la nation. — Conseil exécutif. — Le livre de la Loi. — Convention. — Bannière : *Les tyrans passeront, les peuples sont éternels*. — Tableau des morts et des blessés à la journée du 10 août. Les veuves et les enfants de nos frères morts pour la défense de la liberté. — Cavalerie légère; bannière : *République française une et indivisible* (1).

Lorsque le cortège est arrivé à la porte Saint-Martin, où l'attendaient des officiers municipaux liégeois, décorés de leurs écharpes et entourant un chariot qui portait les archives de leur ville, on a tiré une salve d'artillerie. Puis le cortège a repris sa marche; escorté d'une foule immense, il a suivi les boulevards, la rue Saint-Honoré, la rue du Roule et les quais jus-

(1) *Chronique de Paris*, n° CV.

qu'à la maison commune. Toutes les fois que cessaient les airs patriotiques, exécutés par de nombreux corps de musique guerrière, on chantait un hymne, composé pour la circonstance sur l'air *de la marche des Marseillais*, et dont la foule répétait en chœur le refrain (1). Voici le premier couplet de cet hymne, dont l'auteur est le citoyen Dorat-Cubières, secrétaire adjoint de la Commune (2) :

   D'une patrie infortunée
   Braves enfants, accourez tous ;
   Dignes d'une autre destinée,
   Venez habiter parmi nous ;
   L'hospitalité fraternelle
   Vous ouvre et ses bras et son cœur,
   Tandis qu'un féroce vainqueur
   Vous forge une chaîne éternelle.
Amis, rassurez-vous, les rois n'auront qu'un temps ;
Bientôt ils paieront cher leurs succès insolents.

(1) *Révolution de Paris*, t. XVI, p. 162.
(2) Michel, chevalier *de Cubières* (frère du marquis de Cubières, écuyer de Louis XVI), connu sous le nom de Palmezeaux et plus encore sous celui de *Dorat-Cubières*, était né à Roquemaure le 27 septembre 1752. Il mourut à Paris le 23 août 1820. Le nombre de ses ouvrages ne s'élève pas à moins de soixante-dix-sept. Sa muse banale a célébré tous les évènements et tous les crimes de la Révolution. Il demanda des autels pour Marat et rima le *Calendrier républicain*. « Cubières, dit Mme Roland dans ses *Mémoires*, p. 330, fidèle à ce double caractère d'insolence et de bassesse qu'il porte au suprême degré sur sa répugnante figure, prêche le sans-culottisme comme il chantait les Grâces, fait des vers à Marat comme il en faisait à Iris, est sanguinaire sans fureur, comme il fut apparemment amoureux sans tendresse, il se prosterne humblement devant l'idole du jour, fût-ce Tantale ou Vénus. Qu'importe pourvu qu'il rampe ou qu'il gagne son pain ? »

Les deux autres couplets sont de la même force (1). La *Fête de l'Hospitalité* n'a pas été, il faut le reconnaître, la fête de la Poésie.

Lundi 15 avril. — Le procès de Rouxel-Blanchelande, ci-devant maréchal de camp et lieutenant au gouvernement des îles françaises Sous-le-Vent, s'est terminé, après quatre jours de débats, le lundi 15 à 7 heures du matin, par la condamnation de l'accusé. Il était prévenu d'avoir favorisé, à Saint-Domingue, le parti contre-révolutionnaire; mais on n'avait pu produire contre lui aucune charge sérieuse, et son innocence avait été pleinement mise en lumière par son défenseur, le citoyen Tronson du Coudray, dans une plaidoirie que le *Bulletin du Tribunal criminel révolutionnaire* lui-même apprécie en ces termes : « Le citoyen Tronson du Coudray développe, avec autant de clarté que d'éloquence, la défense de son client ; il combat successivement chacun des chefs d'accusation. Nous n'entrerons dans aucun développement de cette intéressante plaidoirie, dans la crainte qu'en la morcelant nous n'en altérions les beautés. Il suffira de dire que, pendant trois heures qu'il a parlé, le peuple immense qui remplissait l'auditoire (quoiqu'il fût 2 heures du matin) l'a écouté avec admiration dans le plus profond silence » (2).

Rouxel-Blanchelande a été exécuté le même jour

---

(1) *Les Révolutions de Paris*, t. XVI, p. 164, ont reproduit en entier l'hymne de Dorat-Cubières.
(2) *Bulletin du Tribunal criminel révolutionnaire*, n° 10. Déporté comme royaliste après le 18 fructidor. Tronson du Coudray est mort à Sinnamary le 23 mai 1798.

sur la place de la Réunion (1), à 3 heures du soir. Il était âgé de cinquante-six ans. Voici comment *les Révolutions de Paris* rendent compte de sa mort :

Le public a confirmé par ses applaudissements le jugement du tribunal révolutionnaire contre Blanchelande, guillotiné lundi dernier sur la place de la Réunion, ci-devant Carrousel. Le *stoïcisme* du contre-révolutionnaire n'en imposa point. A la honte de l'espèce humaine, ce n'est pas d'aujourd'hui que *le royalisme a eu des apôtres et des martyrs* (2).

Le tribunal révolutionnaire peut être certain de ne plus chômer. La Convention se charge de lui fournir de la besogne. A l'ouverture de sa séance du 15, elle a renvoyé devant lui le général d'Harville, le général Boucher, le commissaire des guerres Barneville et plusieurs autres officiers subalternes (3).

Il y a deux jours, c'était le tour de Marat. Serait-ce aujourd'hui le tour de Brissot et de ses amis ? Les commissaires de la majorité des sections de Paris, le maire à leur tête, sont admis à la barre de l'Assemblée. Rousselin (4), leur orateur, est un jeune homme

(1) Ci-devant place du Carrousel.
(2) *Révolutions de Paris*, t. XVI, p. 166.
(3) *Moniteur* du 18 avril 1793.
(4) Alexandre *Rousselin-Corbeau*, dit *de Saint-Albin*, né en 1773, mort le 15 juin 1847 à Paris, devait devenir un des fondateurs et l'un des principaux rédacteurs du *Constitutionnel* sous la Restauration. On lui doit une *Vie de Lazare Hoche*. Il a rédigé en grande partie les *Mémoires de Barras*. Son fils, M. *Hortensius de Saint-Albin* (1805-1878), député de la Sarthe de 1837 à 1849, conseiller à la Cour d'appel de Paris, a publié des *Poésies lyriques*, et les *Tablettes d'un rimeur*,

de vingt ans, Jacobin forcené et l'un des séides de Danton. Il donne lecture d'une pétition à laquelle ont adhéré 35 sections sur 48 et le Conseil général de la Commune. Elle conclut à l'expulsion des vingt-deux députés dont les noms suivent : Brissot, Guadet, Vergniaud, Gensonné, Grangeneuve, Buzot, Barbaroux, Sallc, Birotteau, Pontécoulant, Pétion, Lanjuinais, Valazé, Hardy (1), Lehardi (2), Louvet, Gorsas, Fauchet, Lanthénas, Lasource, Izarn-Valady, Chambon (3).

Boyer-Fonfrède a eu un mouvement admirable. « Si la modestie, a-t-il dit, n'était pas un devoir plutôt qu'une vertu dans un homme public, je m'offenserais de ce que mon nom n'a pas été inscrit sur la liste honorable qui vient de vous être présentée ». — *Tous! tous !* s'écrient, en se levant, les trois quarts de l'Assemblée, — l'Assemblée tout entière, à l'exception des 92 amis de Marat, de Danton et de Robespierre.

La discussion sur la pétition présentée par les sections de Paris est ajournée au lendemain.

La majorité, une majorité considérable, appartient encore aux Girondins ; mais que de terrain ils ont perdu depuis un mois ! Au 10 mars, 4 sections seulement prenaient parti contre eux ; ni Pache, ni le Conseil général de la Commune, n'osaient se joindre

---

contes, apologues et anecdotes. — Un autre fils de Rousselin, M. *Philippe de Saint-Albin* (1810-1879), a été bibliothécaire particulier de l'Impératrice Eugénie.

(1) Antoine-François *Hardy,* député de la Seine-Inférieure.

(2) Pierre *Lehardi,* député du Morbihan.

(3) M. Louis Blanc (t. VIII, p. 281) place à tort à la séance du dimanche 14 avril le dépôt de la pétition contre les vingt-deux. Elle fut présentée dans la séance du 15.

ouvertement à leurs ennemis. Au 15 avril, ils ont contre eux 35 sections et la Commune tout entière ; et voici que *le bonhomme Pache, papa Pache*, comme on l'appelle (1), ne craint pas de signer, en pleine séance de la Convention, l'adresse qui les dénonce (2) !

Un dernier trait — et non certes le moins curieux — achèvera de peindre la physionomie de Paris pendant cette première quinzaine d'avril. Je l'emprunte au *Courrier Français : «* La tranquillité, dit-il, règne toujours dans cette grande ville. Chacun vaque à ses occupations domestiques. Les maisons de jeux, les maisons de danse, les spectacles, tous les antres des plaisirs sont ouverts et fréquentés comme dans les jours les plus calmes. Notre capitale ressemble aux plaines riantes et fertiles qui avoisinent les volcans de l'Etna et du Vésuve : quelle est la cause de cette sécurité ? La philosophie s'en étonne, le patriotisme s'en afflige (3) ».

---

(1) Séance du 15 avril 1793. Voir sur Pache l'étude de M. Edouard Gibert. Dentu, éditeur, 1888.

(2) Dans la séance du 20 avril, la Convention adopta le décret suivant : « La Convention nationale improuve comme calomnieuse la pétition qui lui a été présentée, le 15 de ce mois, au nom de trente-cinq sections, adoptée par le Conseil général de la Commune de Paris et tendant à proscrire vingt-deux de ses membres ». — Croirait-on qu'à la fin de cette même séance les officiers municipaux furent admis aux honneurs de la séance par 113 voix contre 6 ? Les « inconcevables Girondins », comme les appelle Beaulieu, s'étaient tous retirés avant que la séance ne fût levée, laissant le champ libre à leurs ennemis.

(3) *Courrier français*, avril 1793, n° 95.

XX

FLORIAN ET FOUQUIER-TINVILLE

Samedi 20 avril 1793.

On crie sous mes fenêtres les *Dernières condamnations du Tribunal révolutionnaire!* La journée a été bonne pour Fouquier-Tinville. Deux affaires, deux condamnations à mort. Le premier prévenu était un ancien prieur de Clisson, en Bretagne, Antoine-Jean de Clinchamp, dit Saint-André, coupable d'avoir voulu faire imprimer un écrit de quatorze pages, ayant pour titre : *Aux amis de la vérité*. Le second, Breton également, était un jeune lieutenant de vaisseau, M. Gabriel Du Guiny, coupable d'être allé, en janvier 1792, à Bruxelles, et de là à Spa, pour prendre les eaux. *Ah! mon Dieu!* s'est écrié le prieur, en entendant les conclusions de l'accusateur public. *Bien obligé!* a dit l'officier de marine (1)...

... J'essaie de reprendre ma lecture interrompue. J'ai là sur ma table le dernier numéro du *Mercure français*. Il renferme un article de La Harpe sur les

(1) *Bulletin du Tribunal criminel révolutionnaire*, n°s 13, 14, 15. « En allant au supplice, dit le *Bulletin*, Du Guigny salua différentes personnes, avec un air gai, surtout dans la rue Saint-Honoré. Sa figure ne souffrit pas dans la route la moindre altération. »

Fables de M. de Florian (1), et je ne sais vraiment qui je dois le plus admirer, du poète ou du critique; — du poète, qui publie, en l'an de grâce 1793, ces fables, dont la malice inoffensive, dont la gaieté douce et badine, forment, avec les réalités terribles de l'heure présente, un si prodigieux contraste, — ou du critique, qui pèse, dans ses balances, avec un si merveilleux sang-froid, les rimes et les césures du poète. C'est le 13 avril, précisément à l'heure où la Convention discutait sur le décret d'accusation contre Marat, que La Harpe faisait imprimer ce qui suit :

> De rossignols une centaine
> S'écrie : épargne-le, nous n'avons plus que lui.

L'auteur a oublié que l'*e* muet n'a point de valeur à la césure, qui est le repos du vers.

> Armés d'hoyaux, de pics, etc.

L'*h* est aspirée dans *hoyaux*: il faut absolument prononcer *armés de hoyaux*.

> Notre *lièvre*, *hors* d'haleine.

Même faute : *hors* est aspiré. Il fallait : *le lièvre hors d'haleine*.

L'inversion n'est point admise dans ce qu'on appelle les phrases faites, telle que celle-ci : il parle beaucoup et ne

---

(1) *Fables* de M. de Florian, de l'Académie française, suivies du poème de *Tobie*. Un volume in-18. Chez Didot l'aîné, 1793. — Les Fables de Florian ont paru en 1793, et non *en 1792*, comme le dit Sainte-Beuve, dans ses *Causeries du Lundi*, t. III, p. 187 (Voy. *Mercure français* de 1793, n° 87, et, dans *l'Almanach des Muses* de 1794, la liste des publications poétiques de 1793).

dit rien. C'est une raison pour condamner ces deux vers :

> Et chacun comme à l'ordinaire,
> Parle beaucoup *et rien ne dit.*

La contrainte de la rime se fait trop sentir ici. On ne doit la sentir nulle part, mais dans la fable moins que partout ailleurs.

> Le fermier qui passait en revenant des champs
> Voit ce *spectacle sanguinaire.*

Sanguinaire, qui exprime toujours une disposition à répandre le sang, ne peut s'appliquer au mot *spectacle.* L'auteur aurait pu mettre :

> Voit ce passe-temps sanguinaire,

parce que alors ce qu'on dit du passe-temps peut s'appliquer, par une métonymie très permise, à ceux qui se donnent ce passe-temps (1).

Le moment est-il bien choisi pour nous parler de *métonymie ?* Est-ce quand le sang coule à flots sur nos places publiques qu'il convient de rechercher s'il est mieux de dire *passe-temps sanguinaire* ou *spectacle sanguinaire ?* Au long article de La Harpe, je préfère cette courte appréciation d'un autre académicien, l'abbé Morellet (2), qui, parlant il y a peu de jours des *Fables* du chevalier de Florian, résumait ainsi son impression : « Lancé en pleine Terreur, au lendemain de l'établissement du Tribunal révolu-

---

(1) *Mercure français*, n° du 13 avril 1793, p. 286.
(2) André *Morellet* (1727-1819), membre de l'Académie française depuis 1785. Il tint, pendant la Révolution, une conduite très courageuse. Il a laissé des Mémoires d'un vif intérêt, publiés en 1821 sous ce titre : *Mémoires sur le dix-huitième siècle et sur la Révolution.*

tionnaire, ce gracieux volume, avec ses vers riants et faciles, avec sa morale innocente et pure, me fait l'effet d'un agneau égaré loin de sa bergerie et tombé au milieu des loups. »

Allons, mon pauvre chevalier, n'y revenez plus. Vous croyez-vous donc encore sous le règne de Louis XVI ou sous celui de Numa Pompilius ? — La parole aujourd'hui n'est pas à *Florianet* (1), elle est à Fouquier-Tinville.

(1) Florian, âgé de dix ans (1765), avait reçu de Voltaire le nom de *Florianet*. — Le plus inoffensif des poètes n'a pas trouvé grâce devant la Révolution. Florian fut arrêté le 27 messidor an II (15 juillet 1794) et conduit à la prison de Port-Libre. On lit dans le *Journal des événements arrivés à Port-Libre, ci-devant Port-Royal* : « Du 27 messidor, On nous a amené ce matin un homme bien estimable, le chevalier de Florian, auteur de *Numa Pompilius*, d'*Estelle*, etc. Il nous a appris que Parny, le poète du naturel et des grâces était aussi incarcéré, mais il ignore dans quelle maison d'arrêt » — Je trouve, dans une note de la Harpe, au tome IX de son *Cours de littérature*, p. 464, les lignes suivantes sur la mort de Florian : « On sait qu'échappé *en thermidor* aux bourreaux révolutionnaires, il passa de la prison dans son lit de mort, où il fut emporté en peu de jours par une fièvre chaude, suite des angoisses et des horreurs de la situation dont il sortait. Dans son délire continu, son imagination sensible, et frappée sans remède, l'entourait de tous les monstres de la Révolution. Il sera toujours compté au nombre de ses victimes, sinon de celles qu'elle *a tuées*, au moins de celles qu'elle *a fait mourir* ; ce qui est la même chose devant Dieu et devant les hommes. »

XXI

LE TRIOMPHE DE MARAT

Jeudi 25 avril 1793.

« Peuple, c'est demain que ton incorruptible défenseur se présente au Tribunal révolutionnaire (1) ». Cet *Avis au lecteur*, publié avant-hier par le journal de Marat, affiché sur les murs et colporté dans les faubourgs, a produit son effet. Un grand nombre de sans-culottes ont passé la nuit dans la salle du Tribunal (2). Hier matin, avant huit heures, toutes les salles du palais de Justice, les corridors, les cours et les rues adjacentes étaient remplis d'une foule énorme hurlant tour à tour la *Carmagnole* ou l'*Hymne des Marseillais*, et poussant des cris formidables de *Vive Marat! Vive l'ami du peuple! A bas les Rolandistes! Mort aux Brissotins!*

Lorsque Marat a été introduit dans la salle, escorté de quelques-uns de ses collègues de la Convention, d'un colonel de la garde nationale, d'un capitaine de

---

(1) *Le Publiciste de la République française*, par Marat, l'ami du peuple, député à la Convention, auteur de plusieurs ouvrages patriotiques, n° 175. Mardi 23 avril 1793. — De l'imprimerie Marat, rue des Cordeliers, vis-à-vis celle Haute-Feuille.

(2) *Jean-Paul Marat, l'ami du peuple*, par M. Alfred Bougeart, t. II, p. 219.

frégate et de plusieurs administrateurs et municipaux qui avaient passé la nuit avec lui à la Conciergerie (1), il a été salué par un véritable tonnerre d'applaudissements.

Le tribunal, présidé par le citoyen Montané, les jurés, le citoyen Fouquier-Tinville, accusateur public, l'ont reçu avec les marques de la plus extrême déférence. Est-ce que l'un des juges, Roussillon, n'a pas dit, lundi soir, au club des Cordeliers : « Ne craignez rien pour sa tête. On parle de l'arrêter ; je vous invite à poignarder celui qui oserait porter une main sacrilège sur l'Ami du peuple... Que le peuple nous amène aussi toute la faction girondine, vous verrez lesquels auront la tête sur les épaules en sortant du Tribunal (2) ».

A peine entré, Marat dit à ses juges : « Citoyens, ce n'est point un coupable qui paraît devant vous, c'est l'apôtre et le martyr de la liberté ; ce n'est qu'un groupe de factieux et d'intrigants qui ont porté un décret d'accusation contre moi (3) ». Dès ces premières paroles, il était aisé de voir, en effet, que ce n'était point là un accusé comparaissant devant ses juges, mais bien plutôt un souverain à la tête de ses sujets : il était évident que nous allions assister, non au procès, mais au triomphe de Marat.

L'*Ami du peuple* était vêtu avec une sorte de recherche. Au lieu de sa houppelande de tous les jours, il portait une lévite jadis verte, relevée d'un collet d'hermine jaunie. Il avait renoncé, pour ce grand jour, à nouer autour de sa tête un mouchoir gras et

(1) M. Alfred Bougeard, *op. cit.*
(2) *J.-P. Brissot à ses commettants*, p. 16.
(3) *Bulletin du Tribunal criminel révolutionnaire*, n° 16.

salle ; son front découvert attendait les couronnes et les fleurs.

Après la lecture de l'Acte d'accusation, il est procédé à l'audition des témoins. Le débat roule tout entier sur un article du *Patriote français* ; et, sur le réquisitoire de l'accusateur public, le député Brissot est invité à se rendre à l'audience. Cette décision du Tribunal est accueillie par des applaudissements, et c'est Marat lui-même qui invite l'auditoire à garder le silence. Puisque c'est lui qui préside véritablement l'audience, il est juste qu'il fasse la police de la salle. On entend encore quelques témoins, qui ne sont interrogés que sur l'article du *Patriote*, lequel est complètement étranger à l'affaire (1). Le président annonce que, sur la lettre par lui écrite au président de la Convention pour demander la comparution de Brissot, la Convention a passé à l'ordre du jour ; puis il donne la parole à Marat. Le plaidoyer de l'*Ami du peuple* n'a été qu'un long réquisitoire contre ses col-

(1) Voici cet article du *Patriote français*, inséré dans le n° du 17 avril 1793 (et non du 16, comme le dit par erreur le *Bulletin du Tribunal révolutionnaire*) : « Un triste évènement vient d'apprendre aux anarchistes quels sont les funestes fruits de leur doctrine affreuse. Un Anglais, dont je tairai le nom, avait abjuré sa patrie, parce qu'il détestait les rois ; il vient en France, espérant y trouver la liberté ; il ne voit que son masque sur le visage hideux de l'anarchie. Déchiré de ce spectacle, il prend le parti de se tuer. Avant de mourir, il écrit ces mots, que nous avons lus écrits de sa main tremblante, sur un papier qui est dans les mains d'un étranger célèbre : « J'étais venu en France pour jouir de la liberté, « mais Marat l'a assassinée. L'anarchie est plus cruelle encore « que le despotisme. Je ne puis résister au douloureux spec- « tacle du triomphe de l'imbécillité et de l'inhumanité sur le « talent et la vertu ».

lègues, et chacune de ses phrases a été couverte d'applaudissements.

Les questions soumises aux jurés étaient ainsi conçues :

1° Est-il constant que, dans des écrits intitulés *l'Ami du peuple*, par Marat, et *le Publiciste*, l'auteur ait provoqué : 1° au pillage et au meurtre ; 2° un pouvoir attentatoire à la souveraineté du peuple ; 3° l'avilissement et la dissolution de la Convention nationale ?

2° Jean-Paul Marat est-il l'auteur de ces écrits ?

3° Jean-Paul Marat a-t-il eu dans lesdits écrits des intentions criminelles et contre-révolutionnaires (1) ?

Les jurés se sont retirés dans la salle de leurs délibérations et sont rentrés à l'audience au bout de 15 minutes.

Le citoyen Dumont, premier juré, a motivé son opinion en ces termes :

J'ai examiné avec soin les passages cités des journaux de Marat. Pour les mieux apprécier, je n'ai pas perdu de vue le caractère connu de l'accusé, et le temps pendant lequel il a écrit. Je ne puis supposer d'intentions criminelles et contre-révolutionnaires à l'intrépide défenseur des droits du peuple. Il est difficile de contenir sa juste indignation, quand on voit son pays trahi de toutes parts ; et je déclare que je n'ai rien trouvé dans les écrits de Marat qui me parût constituer les délits dont il est accusé (2).

Les autres jurés ont déclaré à l'unanimité que les faits n'étaient pas constants.

D'après cette déclaration, Fouquier-Tinville a conclu à ce que Jean-Paul Marat fût acquitté de l'accusa-

---

(1) *Bulletin* n° 18.
(2) *Ibid.*, n° 17.

tion portée contre lui et mis sur-le-champ en liberté.

A peine le Tribunal, faisant droit à ces réquisitions, a-t-il prononcé l'acquittement, que la salle retentit d'applaudissements frénétiques, bientôt répétés dans les salles voisines, dans les vestibules et les cours du palais. On couronne Marat de feuilles de chêne, on se presse autour de lui ; c'est à qui aura l'honneur de l'embrasser. Les officiers municipaux, les gardes nationaux, les canonniers, les gendarmes, les hussards qui sont dans la salle, craignant qu'il ne soit étouffé par la foule, forment une double haie et le placent au milieu d'eux (1). On se met en marche. Arrivé en haut du grand escalier, le cortège fait une halte, pour permettre aux citoyens rassemblés sur les marches et dans la cour de contempler à leur aise l'*Ami du peuple* (2); mais l'Ami du peuple est de petite taille: on le voit à peine, on le voit mal. Le fauteuil d'un des juges est passé de main en main. Deux hommes vigoureux prennent le triomphateur sur leurs bras, le hissent sur le fauteuil, et voilà qu'au-dessus de la multitude battant des mains, poussant des cris de joie, dans le palais de saint Louis, à deux pas de la Sainte-Chapelle, apparaît rayonnante, luisante, couverte de taches et couronnée de fleurs, la tête de cet immonde bandit, le masque de Marat !

Une immense clameur: *Vive Marat ! Vive le peuple ! Vive la République !* accueille le cortège à son arrivée sur le quai de l'Horloge. Aussi loin que la vue peut s'étendre, les deux rives de la Seine, les rues, les ponts, sont couverts et comme inondés par

(1) *Le Publiciste de la République française*, n° 181.
(2) *Ibid.*

des flots de peuple. Le fauteuil qui porte Marat et ses couronnes avance lentement, battu, soulevé par ces flots humains. Par instants, il semble qu'il va sombrer ; mais il reparait bientôt, triomphant et superbe. Aux cris qui le saluent, aux fleurs qu'on lui jette, Marat répond par des sourires qui le font paraître plus hideux encore. Il remue la tête, se démène sur son fauteuil comme un épileptique, étale avec complaisance sa poitrine débraillée. Il ouvre les bras comme pour embrasser le peuple. Il met la main sur son cœur, — le cœur de Marat ! De distance en distance, les orateurs des clubs et ceux des sections arrêtent le cortège, prononcent des harangues et offrent des couronnes à l'objet de leur culte. Il a fallu plus d'une heure pour aller du palais de Justice au Pont-Neuf. Dans la rue de la Monnaie, les femmes des Halles ont littéralement noyé Marat sous les fleurs. Le pauvre homme, éperdu, aveuglé, suffoqué, a secoué ses oreilles, et de ses cheveux gras, de son cou cuivré, de son collet jauni, est tombé une véritable pluie de lilas et de roses. Mais c'est dans la rue Saint-Honoré que l'enthousiasme sans cesse grandissant a atteint son apogée. Les spectateurs s'écrasaient dans la rue, encombraient les marches des églises (1), garnissaient les fenêtres, et partout, partout, des rubans, des guirlandes et des bouquets. L'*Ami du peuple* a reçu aujourd'hui assez de fleurs pour couronner les 270,000 têtes qu'il a demandées dans son journal. Et pendant que la terre donnait ses fleurs et que le printemps vidait sa corbeille aux pieds de Marat, le soleil prêtait ses rayons et ajoutait à l'éclat de cette

(1) *Le Publiciste de la République française*, n° 181.

fête inouïe! Lorsque, accablé de chaleur, épuisé de
fatigue, la tête en feu et presque fou de rage, j'ai
aperçu à quelques pas de moi, le hideux cortège, j'ai
maudit, à l'égal de ce peuple sans raison, ce ciel sans
pitié qui étendait au-dessus de la tête de Marat, comme
un dais triomphal, son beau pavillon bleu! Le cortège
avançait toujours; il allait me toucher. Je voulus
fermer les yeux; je ne sais quelle puissance irrésistible me contraignit presque aussitôt à les rouvrir. Je
les fixai de nouveau sur l'implacable azur du ciel;
mais de ce ciel, que tout à l'heure je maudissais, sortaient, sortaient en foule des évêques, des prêtres,
des vierges, des vieillards; et il me semblait que je
reconnaissais les martyrs des Carmes et de Saint-
Firmin, de l'Abbaye et de la Force. Livides, une blessure au flanc, la main étendue, ils déployaient leurs
linceuls, qui faisaient, au-dessus de cette pompe, de
ce fauteuil enguirlandé, de cette tête couronnée de
roses, une immense tache noire. Cependant de toutes
les fenêtres les fleurs continuaient à pleuvoir sur
Marat, mais elles n'arrivaient plus jusqu'à lui, et son
front ne recevait que les gouttes de sang qui tom-
baient du flanc ouvert de ses victimes. Les cris de:
Vive Marat! continuaient à sortir de toutes les bou-
ches, mais ils s'évanouissaient dans l'air comme un
vain son, et du haut du ciel descendait cette clameur
vengeresse : *Septembre! Septembre!* — Combien
de temps dura cette vision? Quand je revins à moi,
le cortège était passé, le soleil embrasait les pavés
jonchés de fleurs, et, pareils à de pâles fantômes, de
beaux nuages blancs bordés de rose glissaient sur le
ciel bleu...

...Il était 5 heures du soir quand la Convention fut

avertie que Marat et son cortège étaient à la porte de l'Assemblée. Le girondin Lasource, qui présidait, veut lever la séance; mais la Montagne et les tribunes s'y opposent. Déjà la barre est envahie, et le sapeur Rocher, qui a été le geôlier de Louis XVI (1), prend la parole : « Citoyen président, nous vous ramenons le brave Marat ; nous saurons confondre tous ses ennemis. Je l'ai déjà défendu à Lyon ; je le défendrai ici, et celui qui voudra avoir la tête de Marat, aura aussi celle du sapeur (2). Nous vous demandons, président, la permission de défiler devant l'Assemblée. »

Cette permission est accordée. Gardes nationaux, militaires, officiers municipaux en écharpes, hommes, femmes, enfants, se précipitent dans l'enceinte aux cris de : *Vive la République ! Vive Marat ! Vive l'Ami du peuple !* Une partie du cortège se répand sur les gradins. La salle retentit d'acclamations réitérées. Porté sur les bras des gardes nationaux, la tête ceinte d'une couronne de laurier, Marat entre enfin, et son apparition soulève dans les tribunes un enthousiasme qui va jusqu'au délire. Ses collègues de la Montagne l'accueillent par des embrassements. Il dépose entre leurs mains les couronnes dont son front et ses bras sont encore chargés. On le porte à la tri-

(1) « Rocher, geôlier de la Tour, toutes les fois que la famille royale descendait au jardin, courait se placer, une longue pipe à la bouche, à côté de la dernière porte. Lorsque les princesses venaient à passer, il leur soufflait au nez des bouffées de fumée de tabac. Les soldats de garde riaient aux éclats et se permettaient des propos outrageants. » (*Mémoires pour servir à l'histoire de l'Assemblée constituante et de la Révolution de 1789*, par le marquis de Ferrières, t. III, p. 271).

(2) *Le Publiciste de la République française*, n° 181.

bune. Les applaudissements l'empêchent longtemps de parler ; il réclame le silence. « Législateurs, dit-il, j'ai été perfidement inculpé ; un jugement solennel a fait triompher mon innocence. Je vous rapporte un cœur pur et je continuerai à défendre les droits de l'homme, du citoyen et du peuple avec toute l'énergie que le ciel m'a donnée (1). »

Les applaudissements redoublent et se prolongent pendant plusieurs minutes. On crie de toutes parts : *Vive Marat ! Vive la Montagne !* Les députés de l'extrémité gauche agitent leurs chapeaux. Les *patriotes*, qui ont escorté Marat, jettent en l'air leurs bonnets rouges. Le défilé recommence, et dans les cris de cette foule, dans les gestes, sur le visage des sans-culottes qui lui ramènent en triomphe l'homme qu'elle a décrété d'accusation, la Gironde peut lire son arrêt de mort (2).

(1) *Moniteur* du 26 avril 1793.
(2) « Et cet homme est porté en triomphe au sein de la Convention même qu'il venait d'outrager ! Il y paraît en vainqueur ! Et Danton appelle un *beau jour* ce jour de deuil pour la vertu et la liberté ! Et Osselin demande l'insertion au Bulletin de ce scandaleux jugement ! Et l'Assemblée reste muette, ferme les yeux sur la prévarication, sur la violation de la loi, sur l'outrage fait à la représentation nationale ! » (*J.-P. Brissot à ses commettants*, p. 26).

————

« M. Michelet, dans son *Histoire de la Révolution*, n'a guère commis qu'une seule erreur de fait. » C'est M. Jules Simon qui a délivré à M. Michelet, dans la *Notice* qu'il lui a consacrée, comme secrétaire perpétuel de l'Académie des sciences morales et politiques, ce brevet d'exactitude. *Une seule erreur !* La vérité est que l'ouvrage du célèbre historien fourmille d'erreurs sans nombre et que, pour les relever, il faudrait plusieurs volumes. J'en veux signaler une que je trouve dans le récit du procès de Marat et qui ne laisse pas d'être assez forte. « A ce tribunal, dit M. Michelet (t. V, pp. 484,485, 486), à ce tribunal, composé de Robespierristes et de Maratistes, les Girondins avaient envoyé Marat. Le président du tribunal, c'était Robespierre dans le doux *Herman* d'Arras, son ami. Le vice-président, c'était lui dans le franc-comtois *Dumas*. Ceux dont il refit plus tard la Commune étaient là déjà (*Payan, Coffinhal*). Son fanatique admirateur, le peintre *Topino-Lebrun*, siégeait pour lui au tribunal... Son imprimeur *Nicolas* était juré révolutionnaire... Nommons en tête *Antonelle, Dobsent... Souberbielle* . » — De tous les personnages cités ici par Michelet, *pas un seul* n'a siégé dans le procès de Marat; pas un seul, au mois d'avril 1793, ne faisait encore partie du tribunal révolutionnaire, soit comme juge, soit comme juré. Voici, d'après le procès-verbal d'audience, la composition du tribunal dans sa séance du 24 avril 1793 : Président : Jacques-Bernard-Marie *Montané* ; Juges : *Etienne Foucault* et *Antoine Roussillon* ; jurés : *Dumont, Coppins, Jourdeuil, Fallot, Ganney, Leroy, Brochet, Duplain, Saintex,* et *Chrétien*. (Archives W 269, n° 16, dossier Marat).

Si rien n'est plus rare que l'exactitude chez les historiens de la Révolution, au moins devrait-elle se rencontrer chez les écrivains qui ont circonscrit leur sujet et consacré des monographies, soit à un homme, soit à un épisode particulier. Il n'en est malheureusement pas ainsi. Voici, par exemple, M. Alfred Bougeart, qui a écrit une Vie de *Marat l'ami du peuple*, en deux volumes in-octavo (Paris, 1865) ; il traite de *menteurs*, de *calomniateurs*, ceux qui accusent Marat d'avoir demandé 270,000 têtes. Il affirme que ce chiffre est de pure invention et qu'on ne le trouvera nulle part. Il suffit cependant, pour le trouver, d'ouvrir le *Moniteur*. On lit, en effet, au compte-rendu de la séance de la Convention du 24 octobre 1792 :

« N. Je demande que l'on reçoive les déclarations de tous ceux qui connaissent la conduite de Marat. Je sais qu'un membre de cette assemblée a entendu dire à Marat que, pour avoir la tranquillité, *il fallait que 270,000 têtes tombassent encore*.

« *VERMONT*. Je déclare que Marat a tenu ce propos auprès de moi.

« *MARAT*. Eh bien ! oui, c'est mon opinion, je vous le répète. »

(*Moniteur* de 1792, no 300. — *Histoire parlementaire de la Révolution française*, par Buchez et Roux, t. XIX, p. 379).

XXII

LE MARIAGE DE Mme RÉCAMIER

Samedi 27 avril 1793.

Le destin se plaît parfois à d'étranges rapprochements. Mercredi 24 avril, à l'heure même où le triomphe de Marat se déroulait dans les rues de Paris, avait lieu le mariage de Mlle Juliette Bernard et de M. Récamier, l'un des principaux banquiers de la capitale. Le soir, quelques amis, répondant à l'invitation de M. Bernard, se sont réunis dans son hôtel, au n° 13 de la rue des Saints-Pères (1). Un peu remis de mes émotions de la journée, je m'y suis rendu vers les dix heures. A mon entrée dans le salon, où se trouvaient déjà Tassin le banquier et son frère (2), M. Lémontey, ancien député à l'Assemblée législa-

---

(1) *Souvenirs et correspondance tirés des papiers de Mme Récamier* (par Mme Charles Lenormant, sa nièce), t. Ier.

(2) *Tassin* (Louis-Daniel), banquier, député suppléant du tiers état de la ville de Paris aux Etats-Généraux, l'un des officiers du bataillon des Filles-Saint-Thomas, dont son frère, *Tassin de Lestang*, était commandant en premier. Les deux frères Tassin furent traduits au Tribunal révolutionnaire et guillotinés tous les deux le même jour, 13 floréal an II (2 mai 1794).

tive (1), M. de La Harpe et quelques autres personnes, la belle Juliette est venue à moi et m'a tendu la main. Dans la rue Saint-Honoré, j'avais vu le crime dans toute sa laideur, et voilà que je contemplais l'innocence dans toute sa beauté. Juliette a quinze ans et demi (2). Des cheveux châtains, naturellement bouclés, un front pur et charmant, le nez délicat et régulier, une bouche petite et vermeille, des dents de perle, un éclat de teint incomparable, la tête la mieux attachée, la taille la plus fine, la démarche la plus gracieuse, et par dessus tout, une physionomie pleine de candeur et que l'expression de la bonté rend irrésistiblement attrayante, telle est celle qui s'appelle maintenant Mᵐᵉ Récamier, si svelte, si aérienne, si divinement belle, qu'il nous semblait par instants voir en elle l'ange même de la réconciliation et de la paix. Comme elle traversait le salon, M. Lémontey me rappela ce que le duc de Saint-Simon, dans ses *Mémoires*, dit de la duchesse de Bourgogne : « Les grâces naissent d'elles-mêmes de tous ses pas, de toutes ses manières... Une marche de déesse sur les nues. » — *Et vera incessu patuit dea*, dit avec un sourire M. Récamier, qui aime à citer des vers d'Horace et de Virgile (3). M. Lémontey n'est point de ceux que l'on prend aisément sans vert. Il continua donc à son tour :

Non Beroe vobis, non hæc Rhœteia...
Est Doryclî conjux : divini signa decoris,

(1) *Lémontey* (1762-1826), membre de l'Académie française, était de Lyon, comme Mᵐᵉ Récamier.
(2) Mᵐᵉ *Récamier* (Jeanne-Françoise-Julie-Adélaïde *Bernard*) était née à Lyon le 3 décembre 1777.
(3) *Souvenirs et correspondance*, etc., t. I.

Ardentisque notate oculos; qui spiritus illi,
Qui voltus vocisve sonus, vel gressus eunti (1).

Vers la fin de la soirée, M. Récamier, absent depuis quelques moments, reparut les mains pleines de lys, et les déposant devant sa jeune femme, nous dit :

Manibus date lilia plenis.

« — Non, non, dit Mme Bernard, d'une voix grave et triste ; non, pas de fleurs *aujourd'hui.* » — Je remarquai alors que les salons de Mme Bernard, ordinairement tapissés de fleurs (2), n'en renfermaient pas une seule. — « Mme Bernard a raison, » reprit M. Récamier. « Les fleurs aujourd'hui appartiennent à Marat », ajouta-t-il à demi-voix, comme s'il eût craint que ce nom hideux n'empoisonnât l'atmosphère de pureté et d'honneur que nous étions tous si heureux de respirer pendant ces trop courts instants.

Je suis sorti avec M. Lémontey. « Vous le voyez, me dit-il, quoi qu'on fasse et quelque soin qu'on y apporte, il n'est plus de réunion intime, plus de fête de famille que ne vienne troubler le spectre de la Révolution. C'est vainement que cet aimable M. Récamier a évoqué le doux Virgile et ses riantes peintures. Chacun de nous avait présents à la pensée

---

(1) *Énéide*, livre V. L'abbé Delille a ainsi traduit ces vers :

Non ce n'est pas ici Béroé que je vois...
. . . .
Voyez : sont-ce bien là les traits d'une mortelle ?
Observez ces regards où la flamme étincelle,
Cette marche, ce port, et cet éclat divin.

(2) *Salons politiques de Paris après la Terreur*, par Louis Lacour, p. 78.

ces autres vers où le poète semble avoir décrit d'avance les monstres que l'enfer a vomis et que Paris couronne :

> *Tristius haud illis monstrum, nec sævior ulla*
> *Pestis, et ira deum Stygiis sese extulit undis* (1) ».

(1) *Énéide*, livre V.

XXIII

LES FUNÉRAILLES DE LAZOWSKI (1).

Mardi, 30 avril 1793.

Les premières lettres de grâce signées par Louis XVI furent celles de Claude Lazowski, qui servait dans un régiment de cavalerie et avait été condamné à mort pour avoir frappé un de ses officiers (2).

Il était fils d'un Polonais venu en France à la suite du roi Stanislas. Tandis que son frère, appelé en 1781 à une des quatre places d'inspecteurs du commerce créées par M. de Calonne, ne se croyait pas délié par la Révolution des devoirs de la reconnaissance et montrait, après le 10 août, un dévouement sans bornes à son ancien protecteur, le duc de la Rochefoucauld-Liancourt, Claude Lazowski se jetait dans tous les excès, braillait dans les clubs, arborait des premiers la livrée du sans-culottisme et ne tardait pas à devenir commandant des canonniers de la section du Finistère (3).

---

(1) On trouve aussi, dans les journaux du temps, les formes ci-après : *Lazowski, Lajouski, Lasiouski, Latiouski, Lajorki, Lasosky*, etc.

(2) *Anecdotes relatives à quelques personnes et à plusieurs événements remarquables de la Révolution*, par le conventionnel Harmand (de la Meuse), p. 90.

(3) Dans ses *Mémoires*, Mme Roland a écrit sur Lazowski des pages fort belles et, au fond, très justes, mais où se sont glis-

Au 20 juin, c'est lui qui fait transporter à bras un canon jusque dans la troisième pièce du château, dans la salle des Suisses. Au 10 août, il est à la tête des assaillants. Au 2 septembre, il est à Orléans avec Fournier l'Américain. Avec Fournier et Bécart, commandant du bataillon de Popincourt, il est un des chefs de cette expédition qui a abouti aux massacres de Versailles, à l'égorgement des cinquante-trois prisonniers de la Haute-Cour (1). Au mois de mars dernier, il était, avec Desfieux et Varlet, un des chefs de la conjuration qui avait pour objet l'assassinat des principaux membres du *côté droit*. Son arrestation fut décrétée ; mais le cœur manqua à la Gironde et on le laissa libre. Nous l'avons vu, depuis lors, parcourant nos rues avec la face enluminée d'un buveur et l'œil hagard d'un assassin (2), en horreur à tous les honnêtes gens, et si décrié auprès de ses compli-

sées quelques inexactitudes. C'est ainsi qu'elle a réuni sur une seule tête ce qui concernait les deux Lazowski, et qu'elle a fait du *héros du 10 août* l'ancien protégé et le commensal du duc de la Rochefoucauld-Liancourt. Lacretelle jeune, dans ses *Dix années d'épreuve pendant la Révolution*, p. 67 et 110, a relevé cette erreur, ce qu'il pouvait faire mieux que personne, ayant été honoré, dans sa jeunesse, de l'amitié de M. de la Rochefoucauld.

(1) Mme Roland (*Mémoires*, p. 326) dit : « Les exploits de Lazowski datent du 2 septembre et de l'activité qu'il sait entretenir dans le massacre des prêtres à Saint-Firmin, sur la section du Finistère, qui était la sienne ». — Mme Roland commet ici une double erreur : Lazowski, le 2 septembre, n'était pas à Paris, mais à Orléans. Saint-Firmin était sur la section des Sans-Culottes, et non sur celle du Finistère. Le séminaire de Saint-Firmin, appartenant aux Pères de la Mission de la maison de Saint-Lazare, était situé rue Saint-Victor.

(2) *Mémoires de Mme Roland*, p. 326.

ces eux-mêmes, que l'un des journaux de la démagogie n'a pu se défendre de glisser, au milieu des éloges qu'il lui décerne, ces aveux significatifs :

Aux services rendus par Lazowski à la Révolution, en vain opposerait-on *des reproches de concussion fondés peut-être, et d'autres délits encore,* trop familiers aux hommes à grand caractère. De *grands excès* accompagnent nécessairement de grandes qualités. Déplorons la fragilité humaine, et ne rappelons pas des torts pour nous autoriser à être ingrats envers ceux de nos concitoyens qui ont bien mérité de la patrie dans ces occasions décisives où l'homme ordinaire, sans vice comme sans vertu, se contente de gémir sans se sentir capable de servir efficacement son pays (1).

Cet homme, ce bandit, meurt à Issy (2), d'une fièvre inflammatoire, fruit des débauches, des veilles et de l'eau-de-vie (3). Robespierre le proclame *grand homme* et prononce aux Jacobins son oraison funèbre : « Depuis deux jours, s'écrie-t-il, je pleure Lazowski, et toutes les facultés de mon âme sont absorbées par la perte immense que la République vient

---

(1) *Révolutions de Paris*, t. XVI, p. 265.

(2) Mme Roland le fait mourir à Vaugirard ; mais les *Révolutions de Paris* (t. XVI, p. 265) disent qu'il mourut à Issy, et cette dernière indication est évidemment exacte, puisque, dans le cortège du 28 avril, nous voyons figurer la Commune d'Issy, à l'exclusion de celle de Vaugirard.

(3). *Mémoires de Mme Roland*, p. 326. — *Le Patriote français* annonçait en ces termes, à la date du 27 avril, la mort de Lazowski : « Les Jacobins prétendent qu'il est mort empoisonné ; je ne sais si le fait est vrai ; mais il est probable qu'il n'a eu d'autre poison que le vin, auquel il était fort adonné, ainsi que plusieurs autres grands hommes. »

de faire (1). » La municipalité, sur le réquisitoire de Chaumette, arrête de demander pour ce *héros* les honneurs du Panthéon (2). Il est décidé que ses funérailles seront célébrées solennellement ; le peintre David, qui a été l'ordonnateur de la pompe funèbre de Michel Lepeletier, sollicite l'honneur d'organiser celle de Claude Lazowski.

La cérémonie a eu lieu le dimanche 28 avril. Elle a commencé sur la place de l'Hôtel-de-Ville. Le citoyen-maire, à la tête d'une députation du Conseil, descend au perron de la maison-commune pour y recevoir le corps du *grand homme*, que les membres de la section du Finistère, à laquelle il appartenait (3), apportent ensuite au milieu de la salle du Conseil, où il est déposé sur des tréteaux.

Le président de la section du Finistère exprime le premier ses regrets civiques dans un discours qu'il termine ainsi :

Glorieuse de posséder en ce moment les restes de Lazowski, la section du Finistère ne les abandonnerait point si, convaincue de l'estime de toute la ville de Paris, de toute la République pour ce patriote zélé, elle ne se disait qu'étant le père de la liberté, il appartient à tous ses enfants. Elle vous abandonne son corps pour lui rendre des honneurs mérités, et se réserve son cœur, qu'aucune puissance ne pourra jamais lui ravir (4).

(1) *Journal des débats et de la correspondance de la société des Jacobins*, n° 401.
(2) *Le Patriote français*, n° 1356.
(3) « Claude *Lasosky*, commandant du bataillon du Finistère, rue Mouffetard, n° 138. » *Almanach national de France*, année 1793.
(4) Séance de la Commune du 28 avril 1793.

Le citoyen Destournelles, membre de la Commune et directeur de l'enregistrement (1), prononce ensuite l'oraison funèbre du héros du 20 juin, du 10 août et du 9 septembre (2). Ce discours est accueilli par de bruyants applaudissements. Ils se calment enfin, et Fleuriot-Lescot, substitut de l'accusateur public près le Tribunal révolutionnaire, — *homme sensible*, par conséquent, — prend la parole ; « Des républicains, dit-il, ne doivent pas se borner à une pompe funèbre en l'honneur d'un citoyen qui a bien servi la patrie. Je demande que la Commune adopte la fille de Lazowski. » Un arrêté du Conseil général, pris à l'unanimité, consacre cette proposition. Anaxagoras Chaumette, — encore un *homme sensible!* — couvre de larmes et de baisers la pauvre enfant, âgée de trois ans et demi, sur la tête de laquelle le maire place une branche de lauriers.

Un autre membre de la Commune se lève et déclare qu'il se charge de l'éducation de la jeune Lazowski : c'est le citoyen Blin, instituteur (3) : « Brave citoyen, répond le président, la Commune accepte ton offre avec reconnaissance ; elle n'attendait pas moins de ton patriotisme » (4).

(1) Six semaines plus tard, le 13 juin, Destournelles était nommé ministre des contributions publiques.
(2) Le massacre des prisonniers de la Haute-Cour d'Orléans eut lieu à Versailles le dimanche 9 septembre 1792.
(3) Le citoyen Blin, un an plus tard, au mois d'avril 1794, était nommé secrétaire-greffier-adjoint de la Commune, en remplacement de Dorat-Cubières.
(4) Michelet, au tome V de son *Histoire de la Révolution*, signale l'adoption de la fille de Lazowski par la Commune. Il raconte, à leur vraie date, la mort et les funérailles du *héros du 10 août* (avril 1793). Cela ne l'empêchera pas un

LES FUNÉRAILLES DE LAZOWSKI

Le cortège s'est enfin mis en marche, et l'on s'est dirigé vers la place de la Réunion, choisie par la Commune pour être le lieu de la sépulture de Lazowski, en mémoire des services qu'il a rendus sur cette même place, le 10 août, à l'attaque du château.

La première bannière portait cette inscription :

Sans-culottes,
Lazowski n'est plus.

Sur une autre étaient inscrits ces mots qu'il prononça, le 10 août, à la tête de ses camarades les canonniers :

Que ceux qui m'aiment me suivent !
Au soleil levant
Le tyran ne sera plus !

Sur une autre : *Il fut calomnié par les conspirateurs ; il est pleuré par ses collègues.*

Sur la dernière : *Patriotes indigents, il fut toujours votre ami.*

Plus loin, deux drapeaux que l'on portait la flèche en bas : un drapeau blanc et un drapeau rouge. Auprès du drapeau blanc, on lisait : *Il l'enleva aux ennemis de la liberté.* Auprès du drapeau rouge : *Il vengea les patriotes en déchirant ce drapeau avec ses collègues* (1).

peu plus tard, dans un autre volume (*Histoire du XIXᵉ siècle*, t. I, p. 171), de faire mourir Lazowski à la veille de la Journée de Prairial (20 mai 1795).

(1) *Le Républicain, journal des hommes libres*, nº 181. — Le 17 juillet 1791, la loi martiale avait été proclamée, et le drapeau rouge, emblème de cette loi, avait été arboré par

Derrière les drapeaux venait un canon, au-dessus duquel était cette inscription : *Il fit porter ce canon dans l'appartement du tyran (20 juin 1792)*. A côté, la cloche qui a sonné le tocsin dans la nuit du 9 au 10 août (1).

Le cercueil suivait, chargé de branches de cyprès et de couronnes civiques ; il était porté par les canonniers dont Lazowski était le commandant.

D'autres canonniers, aidés par les *forts pour la patrie*, ci-devant forts de la Halle, portaient un lit de repos, dressé à la manière antique. Le corps de Lazowski était censé placé sur cette couche, que recouvrait une draperie tricolore. Au pied du lit funèbre, la fille du *héros*, et à ses côtés, le citoyen Blin ; au chevet un canonnier *pleurant la mort prématurée de son compagnon d'armes* (2). Je n'ai point vu de larmes sur le visage de ce *patriote*, mais enfin elles étaient sur le programme de David.

Les sociétés populaires, les sections, les compagnies de canonniers, la commune d'Issy, la municipalité et le Conseil général de Paris, formaient le cortège, dont tous les membres avaient à la main un rameau de cyprès. Les frères Jacobins se faisaient remarquer par leur bonnet rouge entouré d'un crêpe noir, et les sœurs jacobines avaient revêtu pour la circonstance des robes à peu près blanches, serrées à la taille par des ceintures noires.

Un corps nombreux de musiciens a joué une marche

Bailly aux fenêtres de l'Hôtel-de-Ville. Quelques émeutiers avaient été tués au Champ-de-Mars. De là la haine de Lazowski et des *patriotes* contre le drapeau rouge !

(1) *Révolutions de Paris*, t. XVI, p. 266.
(2) *Ibid.*

funèbre, composée par le citoyen Gossec, qui assistait à la cérémonie et dirigeait les chœurs (1).

Une salve d'artillerie annonça l'arrivée du cortège sur la place de la Réunion, autour de laquelle étaient rangés quelques bataillons de la garde nationale. Après le chant d'un hymne mortuaire, suivie d'une seconde salve d'artillerie, le corps a été déposé dans le tombeau qui lui avait été préparé sur la place même, au pied de l'arbre de la Fraternité, à peu de distance de l'endroit où, quelques instants auparavant, avait fonctionné la guillotine. Il était alors trois heures, et l'on n'avait pas eu le temps de faire disparaître les traces de l'exécution qui avait eu lieu à midi (2). La victime était un pauvre diable de cocher de fiacre, condamné à mort la veille au soir, pour avoir, en état complet d'ivresse ainsi que l'avaient reconnu tous les témoins, tenu des propos contre-révolutionnaires.

Une tombe couverte de gazon s'élève maintenant au-dessus des restes de Lazowsky, à deux pas de l'échafaud. Elle sera arrosée chaque jour du sang des *aristocrates*; chaque jour de nouvelles hécatombes réjouiront l'ombre du héros du 10 août (3).

Telle a été la pompe funèbre du *patriote* Lazowski. Nul doute qu'en célébrant avec un pareil éclat

---

(1) *Révolutions de Paris*, t. XVI, p. 266.

(2) *Le Patriote français*, n° 1356. — *Mercure français*, n° du 4 mai 1793.

(3) Après la mort de Marat, on lui éleva, sur cette même place de la Réunion, un cénotaphe voûté, sous lequel furent placés son buste et sa baignoire. Le monument de Lazowski, orné d'une espèce de parterre, se trouvait en avant : le disciple était enterré aux pieds de l'autel du Maître (*Biographie universelle* de Michaud, t. LXX, article sur *Lazowski*).

les funérailles d'un homme que la Gironde avait décrété d'accusation, les Jacobins et les membres de la Commune n'aient entendu infliger aux Brissotins un nouvel échec, une humiliation nouvelle. Ils ont voulu apprendre en même temps, non plus seulement aux Brissotins, mais à tous, que le parti révolutionnaire n'a point de sots préjugés, point de fausses et niaises délicatesses, qu'il ne demande à ses adeptes que de le servir, qu'à celui-là qui le sert bien, tout est pardonné, — tout, même le crime !

Je veux purifier ces pages, souillées par le nom de Lazowski, en inscrivant ici le nom du malheureux cocher de place, guillotiné dimanche, pour avoir dit qu'il ne voulait plus servir depuis qu'on avait assassiné son roi ; il s'appelait Désiré-Charles Mangot, et n'était âgé que de vingt et un ans (1).

(1) *Bulletin du Tribunal criminel révolutionnaire*, n° 20.

Je suis heureux de pouvoir donner ici une lettre inédite de *Lanjuinais*, écrite à ses amis de Rennes, au moment de la mort de Lazowski :

Paris, 26 avril 1793.

Chers concitoyens,

Marat vient d'être acquitté lestement par les jurés en partie ses complices, puisque deux étaient des Septembriseurs de l'Abbaye. La clique l'a couronné et amené en triomphe à la Convention ; Danton a dit que c'était un *beau jour* ; les citoyens en ont gémi.

Lazouski, chef des bandits qui devaient, le 10 mars, massacrer la Convention, et qui sortit ce jour des Jacobins, à la tête de sa troupe, avec Fournier, se rendant aux Cordeliers et à la Municipalité pour les derniers préparatifs de cette bonne œuvre, Lazouski vient de mourir; c'était le vertueux ami du vertueux Robespierre. Celui-ci en a fait, à une séance publique des Jacobins, un panégyrique larmoyant : « C'était mon ami, disait-il, il devait commander l'armée révolutionnaire. » Les Jacobins, les Cordeliers, la Commune, lui feront une pompe funèbre ; nous serons très heureux si on ne nous invite pas à rendre les derniers honneurs à notre assassin. Gardez-vous de croire que les citoyens de Paris approuvent ces extravagances criminelles. Ils pleurent à leur foyer ou vont à la Comédie. La Convention travaille et dissimule ; les hommes de cœur n'ont rien de mieux à faire dans cette assemblée ; ils hâtent la Constitution, tandis que des factieux l'ajournent. Ils bravent la calomnie, les poignards, les listes de proscription, et ce sont ceux-là qu'on accuse dans des Adresses que les émigrés et Cobourg paieraient bien cher, s'ils pouvaient les acheter.

LANJUINAIS.

(*Archives de Rennes*, cote 9, N° 4).

XXIV

AU THÉATRE DE LA NATION

Lundi 6 mai 1793.

L'anarchie est à son comble. Les sections et les clubs retentissent d'appels incessants à l'insurrection. La Commune conspire ouvertement contre la majorité de la Convention et la Convention elle-même se déchire de ses propres mains. Le Tribunal révolutionnaire envoie chaque jour de nouvelles victimes à l'échafaud. La guerre civile désole nos départements de l'Ouest. Les Autrichiens menacent nos frontières du Nord... Et Paris, — l'incorrigible Paris, — s'amuse toujours !

Depuis que le printemps est revenu, les promenades regorgent de monde, et les femmes s'y font remarquer par l'éclat ou la fraîcheur de leur toilette (1). Elles essaient leurs robes nouvelles : robe de taffetas vert d'eau ou de taffetas bleu, — robe et jupon de satin bleu, — robe de soie d'un gris tendre, — robe en fourreau de taffetas gris (2), — robe rayée des trois couleurs de la nation, — robe d'*indienne* très fine, semée de petits bouquets blancs, bleus et

---

(1) *Révolutions de Paris*, t. XVI, p. 285 (nº du 4 au 11 mai 1793).

(2) Inventaire fait chez Mme Danton, après le supplice de son mari (*Danton, Mémoires sur sa vie privée*, par le docteur Robinet).

rouges, — robes *à la Psyché, à la Ménagère, à la Turque, au lever de Vénus* (1).

Les hommes ne veulent point faire tache, par leur costume, au milieu de ces élégances; et beaucoup, loin d'imiter Marat et de s'affubler, à son exemple, de la défroque jacobine, s'habillent, au contraire, avec une véritable recherche : pantalon de basin blanc et gilet de la même étoffe, cravate blanche nouée en cordon aux bouts flottants; frac long, flottant, d'une étoffe de drap fine et légère (2); — frac bleu de ciel ou frac de drap puce, et gilet de gourgouran à raies blanches et bleues (3); — large pantalon à plusieurs raies, bleu et rouge, ou jaune et rouge; habit à basques rétrécies, dont les revers carrés et larges touchent au bras; cravate lâche de soie ou de mousseline, nouée avec négligence, — et quelquefois, cachés dans les poches du gilet ou de l'habit, les bijoux à la mode, — un ou deux pistolets (4).

Le soir, toutes les salles de spectacle sont pleines (5). Tandis que les uns vont rire à la représentation du *Triomphe de Marat* sur le théâtre de l'Estrapade (6), ou à celle de la *Papesse Jeanne* sur le

---

(1) Annonce de la citoyenne Rispal, ci-devant Teillard, demeurant au Palais-Égalité, galerie de la rue de Richelieu, au Pavillon d'Or, n° 4.(*Journal de Paris*, 1793, n° 58. — *L'Art pendant la Révolution*, par Spire Blondel, p. 214).

(2) Charles Nodier, *Souvenirs de la Révolution*.

(3) Inventaire fait chez Danton, *Mémoires sur sa vie privée*, par le docteur Robinet.

(4) *Histoire pittoresque de la Convention nationale et de ses principaux membres*, par M. L., conventionnel, 1833. — Spire Blondel, *op. cit.*, p. 192.

(5) *Révolutions de Paris*, t. XVI, p. 256.

(6) *Révolutions de Paris*, t. XVI, p. 285.

théâtre de la rue Feydeau, les autres vont entendre, rue Favart, au théâtre de l'Opéra-Comique national, la *Lodoïska* de Cherubini, la polonaise : *Souvent près d'une belle*, ou l'air *Perdre ma belle* :

> Perdre ma belle !
> Plutôt le jour !
> Je vis pour elle
> Et meurs d'amour !

D'autres vont au théâtre de la République (1), applaudir Talma dans *Fénelon ou la religieuse de Cambrai*, de Marie-Joseph Chénier (2), ou admirer Julie Candeille dans *Catherine ou la Belle Fermière*.

Mais c'est encore le théâtre de la Nation (3) qui est le meilleur théâtre de Paris. Il a perdu Talma, Dugazon et Grandménil, Julie Candeille, Mlle Desgarcins et

(1) Rue de Richelieu. La salle du *Théâtre de la République* était celle que la Comédie-Française occupe encore aujourd'hui. De construction récente, elle avait été élevée, d'après les plans de l'architecte Moreau. En 1791, lorsque Talma et ceux de ses camarades qui avaient embrassé avec ardeur les principes révolutionnaires avaient quitté le *Théâtre-Français*, dont les acteurs étaient pour la plupart entachés d'aristocratie, ils s'étaient transportés au théâtre de la rue de Richelieu, qui portait alors le nom de théâtre du Palais-Royal et avait pour directeurs Gaillard et Dorfeuille. Le nouveau Théâtre-Français fut inauguré, le 27 avril 1791, par le *Henri VIII* de Chénier.

(2) Talma jouait, dans *Fénelon*, le rôle de Delmance.

(3) Le *Théâtre de la Nation* était l'ancien Théâtre-Français. Cette salle, située à l'extrémité du terrain qu'occupait le jardin de l'hôtel Condé, avait été bâtie, par ordre de Louis XVI, d'après les plans des architectes Peyre et de Wailly. Ouverte le 9 avril 1782, elle fut incendiée dans la nuit du 18 au 19 mars 1799, à la suite de la première représentation de *l'Envieux*, comédie en cinq actes et vers de Dorvo.

Mme Vestris; mais il a conservé Fleury, Vanhove, Saint-Phal, Larochelle, Dazincourt, Naudet, Mmes Rancourt, Contat, Joly, Thénard, Suin, Devienne, Lange et Mézeray.

Les comédiens du théâtre de la Nation ne sont pas seulement des acteurs excellents, ce sont aussi des gens de cœur, et ils l'ont bien prouvé, lorsqu'au mois de janvier dernier, pendant le procès de Louis XVI, ils ont joué l'*Ami des lois* (1). En ce moment ils donnent une pièce, dont le succès est assez vif, mais qui n'attirera pas sur le théâtre les foudres de la Commune : *les Femmes*, comédie en trois actes et en vers, du citoyen Demoustier, l'auteur des *Lettres à Émilie sur la mythologie*. C'est bien la berquinade la plus inoffensive, la plus fade pastorale qui ait jamais paru à la scène. Il n'y a pas de loups dans les *Fables* de Florian ; c'est à peine s'il y a un homme dans la pièce de Demoustier.

La scène se passe aux environs de Paris, dans le château de Mme de Saint-Clair, où se trouvent en ce moment,

Par un coup de hasard, sept femmes rassemblées.

Mme de Saint-Clair, d'abord ; sa mère, Mme d'Orville ; sa nièce Constance, deux de ses amies, Ursule et Mme de Courtmonde ; et enfin sa fille Eugénie, et Justine, sa femme de chambre : en tout cinq veuves et deux jeunes filles. En revanche pas un homme au château. Mme de Saint-Clair a même

Chassé le jardinier, de peur de médisance.

(1) Sur les représentations de l'*Ami des lois*, voy., *Journal d'un Bourgeois de Paris pendant la Terreur*, tome I, ch. XXXVIII.

C'est au milieu de ce couvent, où l'on ne parle d'ailleurs que de toilette et de parures, de tendresse et d'amour, que soudain tombe, ou plutôt se traîne Germeuil, — officier, dix-huit ans.

> Par la fièvre surpris au milieu d'un voyage...
> Seul, égaré, sentant sa force défaillante,
> Transi de froid, tandis que la fièvre brûlante,
> Fait circuler ses feux dans son sang agité.

Il est recueilli au château et soigné comme on ne l'est pas. Il n'a pas moins de sept gardes-malades, et toutes les sept, les cinq veuves, aussi bien que les deux jeunes filles, sont devenues amoureuses de lui. C'est une contagion, et la grand'mère elle-même, la bonne Mme d'Orville, n'y a point échappé. L'heureux Vert-Vert, chez les Visitandines, était moins comblé d'attentions, de douceurs et de sirops :

Mme D'ORVILLE, *à Germeuil.*

Allons, Monsieur ; allons, faites ce que je veux ;
Prenez un peu de thé.

URSULE.

Du sirop vaudrait mieux.

Mme D'ORVILLE.

Pour un mal d'estomac ?

URSULE.

Oui, le sirop lui donne...

Mme D'ORVILLE.

Un capitaine est-il un confesseur de nonne,
Pour le sucrer ?

URSULE.

Son mal tient au genre nerveux,
Et l'on sait que les nerfs aiment les onctueux.

Mme DE SAINT-CLAIR,

Peut-être qu'un bouillon...

CONSTANCE.

Du lait.

EUGÉNIE.

Un lok.

Mme D'ORVILLE.

Chimère !

Prenez du thé.

Mme DE COURTMONDE.

Du thé ? remède de grand'mère.

Mme D'ORVILLE.

De grand'mère ?

Mme DE COURTMONDE.

Du vin ; le vin rend la vigueur,
Rétablit l'estomac et raffermit le cœur (1).

Comment faire un choix parmi tant d'aimables personnes ? Le jeune malade se tire d'affaire en les aimant toutes.

LISIDOR.

Et laquelle aimez-vous ?

GERMEUIL.

Toutes.

LISIDOR.

Quelle manie !

GERMEUIL.

Je brûle pour Constance, et j'adore Eugénie ;
J'aime sa mère avec la plus sincère ardeur,

(1) *Les Femmes*, acte I, scène IV.

Justine avec ivresse, Ursule avec langueur :
Non sans émotion j'embrasse la grand'mère.
L'une plaît, l'autre a plu, l'autre commence à plaire !
Mon cœur, ivre d'amour, d'espoir, de souvenir,
Adore le présent, le passé, l'avenir (1).

Lisidor est l'oncle de Germeuil ; il est venu le chercher au château, bien décidé à l'en faire sortir et à l'envoyer rejoindre l'armée. Cet oncle est un aimable roué ; il a été l'amant de plusieurs de ces dames et la première inclination de la maîtresse de la maison. Il se reprend de passion pour elle. Mme de Saint-Clair, de son côté, revient à ses premières amours ; et comme ce coquin de Lisidor a perdu tout son bien au jeu et encouru la disgrâce de son ministre, elle vole à Paris entre deux actes, et en rapporte les quittances des créanciers qu'elle a payés et un nouveau brevet qu'elle a obtenu pour lui du ministre. Si elle ne l'épouse pas, elle marie à Germeuil sa fille Eugénie, si bien que le galant Lisidor couronne tous les madrigaux de la pièce par un bouquet final :

Si d'un défaut sur vous on s'apprête à médire,
Deux vertus à l'instant désarment la satire.
En vain on vous démasque, en vain on vous connaît ;
Il faut vous adorer, en dépit qu'on en ait.

Si peu intéressante, si remplie d'invraisemblances et si fade que soit la comédie de Demoustier, elle obtient cependant un grand succès, grâce au citoyen Fleury, qui joue *Lisidor* ; à Dupont, qui joue *Germeuil* ; et à Dazincourt, qui tient un rôle de valet ; —

(1) *Les Femmes*, acte III, scène I.

grâce surtout à la beauté et au jeu piquant des sept *femmes*, que Demoustier a eu la bonne fortune de réunir dans sa pièce, et qui ne sont rien moins que les citoyennes Louise Contat, Lange, Mézeray, Thénard, Émilie Contat, Lachassaigne et Devienne (1).

La première représentation a eu lieu le vendredi 19 avril, à 4 heures. Avant de se rendre au théâtre, quelques-uns des auditeurs avaient pu assister à un autre spectacle. Sur la place de la Réunion, à une heure après-midi, on avait guillotiné une *femme*, une pauvre servante, âgée de cinquante-six ans, Catherine Clère, condamnée à mort pour avoir tenu, étant ivre, des propos contre-révolutionnaires (2).

(1) Voici comment étaient distribués les rôles de la pièce :

PERSONNAGES	ACTEURS
Mme de Saint-Clair...	La citoyenne *Contat.*
Eugénie...	— *Lange.*
Constance...	— *Émilie Contat.*
Mme d'Orville...	— *Lachassaigne.*
Ursule...	— *Mézeray.*
Mme de Courtmonde...	— *Thénard.*
Justine...	— *Devienne.*
Lisidor...	Le citoyen *Fleury.*
Germeuil...	— *Dupont.*
Dubois...	— *Dazincourt.*

(*Archives du Théâtre-Français*).

(2) *Bulletin du Tribunal criminel révolutionnaire*, n° 11.

XXV

LA NOUVELLE SALLE

Samedi 11 mai 1793.

Hier, *vendredi*, 10 du mois de mai, la Convention nationale a pris possession des Tuileries. Le Conseil général de la Commune avait demandé que l'inauguration de la nouvelle salle fût retardée jusqu'à dimanche (1). Est-ce que, par hasard, le philosophe Anaxagoras Chaumette et ses collègues redouteraient pour nos législateurs l'influence néfaste du vendredi?

Je connais le citoyen Berthollet jeune, l'un des huissiers attachés à la Convention (2), et j'ai pu, grâce à lui, pénétrer dans la salle et la visiter tout à mon aise avant la séance.

Elle est située au premier étage, entre le pavillon central, aujourd'hui *pavillon de l'Unité*, et l'an-

---

(1) *Commune de Paris.* — *Conseil général.* — Séance du 8 mai 1793.

(2) Berthollet, jeune, rue des Bons-Enfants, n° 24. (*Almanach national de France*, année 1793, p. 74). Les huissiers attachés à la Convention étaient au nombre de dix. L'un d'eux, Louis-François *Poiré*, ancien domestique de M. de Talleyrand et de Mme de Polignac, fut guillotiné le 9 germinal an II (29 mars 1794).

cien pavillon Marsan, aujourd'hui *pavillon de la Liberté* (1).

Pour y arriver, on monte par le grand escalier, dont la rampe de pierre était ornée, avant le 10 août, de lyres entrelacées de serpents et autres ornements allégoriques à la devise de Louis XIV et aux armes de Colbert (2) ; et l'on traverse successivement l'ancienne chapelle, un antisalon, le salon dit de la Liberté, que décore une statue colossale de la déesse, enfin un vestibule où s'ouvre la porte de la salle des Séances.

Cette salle est celle que l'on désignait autrefois sous le nom de *salle des Machines*, à cause des ballets que Louis XIV y avait fait représenter pour la cour. Elle a donné asile aux acteurs de l'Opéra, après l'incendie de leur salle, en 1763, et ensuite aux comédiens français, de 1770 à 1782, époque à laquelle ils ont pris possession de leur nouvelle salle au faubourg Saint-Germain. C'est dans la salle des Machines que Lekain s'est montré pour la dernière fois, sous les traits de Vendôme, de Tancrède et d'Orosmane, et que Mlle Clairon remplit, pour la dernière fois également, le personnage de Médée. Voltaire y a été couronné le 30 mars 1778. Le théâtre des Tuileries avait trois rangs de loges et pouvait contenir plusieurs milliers de spectateurs.

(1) Le pavillon de Flore, le plus rapproché du quai, s'appelait, en 1793, le *pavillon de l'Égalité*. Le pavillon de Mesdames, plus connu sous le nom de *pavillon Marsan*, était celui qui donnait sur la rue de Rivoli.

(2) Voy. pour la description des Tuileries avant le 10 août le *Journal d'un Bourgeois de Paris pendant la Terreur*, tome I, pp. 101 et suiv.

Les travaux nécessaires pour mettre cette salle en état de recevoir la Convention nationale ont été exécutés sous la direction de M. Gisors. Voici comment elle est aujourd'hui disposée.

A gauche en entrant, du côté du jardin, se trouve l'amphithéâtre réservé aux députés ; il est composé de dix rangs de banquettes qui s'élèvent en gradins. Au milieu de ces gradins, un espace vide destiné à ceux qui comparaîtront à la barre de l'Assemblée.

A droite, du côté de la cour, faisant face aux députés, le fauteuil du président, placé dans un enfoncement, et, à quelques marches plus bas, la tribune et les bureaux des secrétaires et commis.

Entre la tribune et les premiers rangs de banquettes, l'enceinte où prendront place les pétitionnaires invités aux honneurs de la séance.

Les deux grands côtés de la salle, — celui du jardin et celui de la cour, — présentent cinq portiques très élevés, dans les renfoncements desquels on a disposé deux rangs de tribunes pour le public muni de billets, soit dix tribunes sur chacun des grands côtés. Aux deux extrémités de la salle, — du côté du pavillon de l'Unité et du côté du pavillon de la Liberté, — deux vastes arcades s'ouvrent et laissent voir sous chacune d'elles deux étages d'amphithéâtres formés d'un grand nombre de gradins pour les personnes sans billets ; soit donc encore quatre tribunes, et en tout vingt-quatre. Ces diverses tribunes peuvent contenir environ deux mille spectateurs (1).

(1) 1400, suivant *les Révolutions de Paris* ; — 2000, suivant

Les journalistes ont été moins bien traités. On les a juchés au paradis, dans de petits pigeonniers, d'où l'on ne voit guère et où l'on entend mal (1).

Une draperie verte, où sont peintes en vert plus foncé des couronnes de chêne et de laurier, tapisse le rez-de-chaussée de la salle. Dans les angles, des faisceaux, la hache en dehors. De distance en distance, les statues de Brutus, de Solon, de Lycurgue, de Cincinnatus et de Camille (2). Devant la tribune, le buste de Lepeletier Saint-Fargeau. A droite et à gauche de la tribune, deux candélabres de 12 pieds de haut, ayant à leur sommet quatre paires de quinquets.

L'aspect général laisse beaucoup à désirer, et j'ai entendu exprimer par de bons juges une opinion qui me paraît fondée. La voici : tout ce qu'il y a de bien existait dans l'ancienne et magnifique salle bâtie par

---

la Chronique de Paris; — 2 à 3000, suivant *le Thermomètre du jour*.

(1) Un des journalistes du temps, Guiraut, rédacteur du *Logotachygraphe*, adressa à la Convention une lettre dans laquelle, après avoir rappelé que l'Assemblée législative avait fait construire une tribune spéciale afin de lui permettre l'exercice du procédé *logotachygraphique*, il ajoutait : « Resserré, comme tous les journalistes, dans des places ridicules qui nous ont été assignées et qui nous barrent toute communication avec l'Assemblée; privé des notes et décrets indispensables pour donner suite aux débats des séances ;... trop sensible pour éprouver toujours des reproches d'inexactitude qui tiennent à la disposition du local, je suspends le *Logotachygraphe* jusqu'à ce que la Convention nationale ait senti la nécessité indispensable d'un pareil établissement... *Pauvres patriotes, prenez patience* » ! (*La Chronique de Paris*).

(2) *Révolutions de Paris*, t. XVI p., 339.

Vigarani; le nouvel architecte a gâté toutes les parties auxquelles il a touché (1). Trop longue et trop étroite, cette salle est singulièrement resserrée, l'architecte ayant renoncé à abattre les quatre piliers en pierre qui soutiennent les combles de l'édifice. Par suite du trop grand nombre de percées et de renfoncements, la voix des orateurs s'étouffe et se perd. Il faudra, pour s'y faire entendre, des poumons de Stentor. Aussi le club des Jacobins a-t-il, dès hier soir, retenti à ce sujet de plaintes et de récriminations violentes. « Dans cette salle, a dit le citoyen Desfieux, il est impossible de rien entendre. La faction a su ce qu'elle faisait; elle a rejeté le plan d'un architecte patriote, de Boyer, qui voulait faire une salle où tout le monde eût entendu, car c'est pour le peuple qu'elle est faite. — Je demande, a continué Desfieux, qu'on fasse réparer cette salle aux dépens de Roland et de toute sa clique. Faites venir Boyer pour connaître les raisons pour lesquelles son plan a été écarté; alors nous ferons mettre Roland en état d'arrestation » (2). — La nouvelle salle présente

---

(1) *Révolution de Paris*, t. XVI, p. 339.

(2) *Journal des débats et de la correspondance de la Société des Jacobins*, séance du 10 mai 1793. — Neuf mois plus tard, dans la séance de la Convention du 23 février 1794, Danton faisait entendre les mêmes plaintes : « Cette salle est une véritable sourdine; il faudrait des poumons de Stentor pour s'y faire entendre. Il convient que les législateurs de la République française délibèrent dans un local où la raison puisse être entendue par les organes humains. Je demande que le Comité des inspecteurs de la salle soit tenu de consulter des artistes pour rendre le lieu de nos délibérations plus favorable à la voix ». (*Moniteur* de l'an II, n° 157).

encore d'autres inconvénients, particulièrement sous le rapport hygiénique : on a complètement négligé les moyens de renouveler l'air. Un autre inconvénient, moins grave, je le reconnais, est celui qui résulte de l'absence de tables ou de pupitres devant les députés ; toutes les fois qu'ils voudront prendre une note ou faire une lettre, ils seront obligés d'écrire sur leurs genoux.

Il est juste cependant d'ajouter qu'au moins sur un point l'installation nouvelle est très préférable à celle de la salle du Manège. Les tribunes publiques sont moins rapprochées des bancs des députés, et il sera sans doute plus difficile aux spectateurs de se mêler aux débats de la représentation nationale (1). De plus, les députés, assis maintenant sur une ligne presque horizontale, ne seront plus séparés comme deux corps d'armée rangés en bataille en face l'un de l'autre (2). Quelques optimistes (il y en a encore!) ne voient rien moins que le salut de la patrie dans cette nouvelle disposition des banquettes. A les entendre, ce mélange des hommes de tous les partis ne saurait manquer d'avoir pour effet le rapprochement d'un grand nombre de représentants, aujourd'hui divisés, mais à qui, pour s'estimer, il ne manque que de s'entendre et de se connaître (3) ! Plus de côté droit et de côté gauche ! Plus de Plaine et de Marais ! Plus de Gironde et plus de Montagne !

Cela n'est pas sérieux. Ce qui l'est peut-être davantage, c'est ceci. Quand l'Assemblée siégeait au Manège, il suffisait de cinquante personnes sur la terrasse

---

(1) *Mercure français*, n° du 18 mai, p. 127.
(2) *Ibid.*
(3) *Chronique de Paris Mercure et français*, mai 1793.

des Feuillants pour faire nombre. Pour peu qu'il y en eût deux ou trois cents, leurs cris arrivaient jusque dans la salle des séances (1). Aujourd'hui, deux ou trois cents hommes paraîtront isolés et comme perdus sur la vaste terrasse du château. Ils seront d'ailleurs trop éloignés de la salle, et l'on n'entendra pas la clochette, ce qui ne laissera pas de contrarier beaucoup les factieux (2).

Beaulieu, qui, depuis le commencement de la Révolution, a suivi, en qualité de journaliste, les séances de nos trois Assemblées, passait en revue avec moi, ce matin, les divers locaux qu'elles ont successivement occupés.

Le 4 mai 1789, veille du jour fixé pour l'ouverture des États-Généraux à Versailles, une messe solennelle a été célébrée dans l'église de Notre-Dame, qui était la paroisse du château. Une estrade richement décorée avait été préparée pour le roi. Les députés des trois ordres s'étaient rendus de bonne heure dans l'église : les députés de la noblesse étaient en habit

---

(1) « Un jour, raconte Montlosier dans ses *Mémoires*, que nous étions à délibérer sur cette question (Prendrait-on Avignon ?) Cazalès se lève et dit : « Entendez-vous des cris dans les Tuileries ? » C'était la multitude qui demandait avec fureur l'envahissement d'Avignon. Des membres proposaient de lever la séance. « Rassurez-vous, nous dit Foucault, ce sont d'honnêtes gens qui nous disent : Prenez Avignon ou bien vous serez pendus ». Nous prîmes Avignon ». (*Mémoires*, t. II, p. 208).

(2) *Rapport de Dutard à Garat*, ministre de l'intérieur, du 15 mai 1793. (*Tableaux de la Révolution française*, par Adolphe Schmidt, t. I, p. 320 I.).

noir, veste et parements de drap d'or, manteau de soie, cravate de dentelles, le chapeau à plumes retroussé à la Henri-Quatre ; — le clergé en soutane, grand manteau, bonnet carré ; les évêques avec leurs robes violettes et leurs rochets ; — le tiers, vêtu de noir, manteau de soie, cravate de mousseline blanche (1). On chanta le *Veni Creator*. Cette prière terminée, les députés, un cierge à la main et précédant le Saint Sacrement, se rendirent processionnellement à l'église de Saint-Louis, entre deux haies de gardes françaises et de gardes suisses (2).

Arrivés à Saint-Louis, les trois ordres s'assirent sur des banquettes, dans la nef. Le roi et la reine prirent place sous un dais de velours violet, semé de fleurs de lis d'or. Le Saint Sacrement fut porté sur l'autel au chant de l'hymne *O Salutaris hostia*. Les députés entendirent ensuite la messe et le sermon, prononcé par l'évêque de Nancy, Mgr de la Fare.

Le lendemain 5 mai, — c'était un mardi, — eut lieu, dans la salle des Menus ou *salle des Trois-Ordres*, l'inauguration de la session.

L'hôtel des Menus a été élevé sous Louis XV, en 1750, pour recevoir les ateliers et les magasins des Menus-Plaisirs du roi (3). Il est situé dans la belle avenue qui conduit au château. Sous Louis XVI, un bâtiment neuf, destiné à servir de magasin, avait été construit sur le terrain compris entre l'hôtel et le

---

(1) *Mémoires du marquis de Ferrières*, t. I, p. 18.
(2) *Histoire de Versailles*, par J.-A. Le Roi, t. I, p. 227.
(3) Les Menus-Plaisirs du roi comprenaient les différents jeux et exercices du corps, paumes, raquettes, etc., les concerts de la Chambre et les spectacles.

mur qui donne sur la rue des Chantiers. Comme ce bâtiment était très vaste et susceptible d'être décoré à volonté, c'est là que se réunit, le 22 février 1787, l'*Assemblée des Notables*, et c'est là également que se fit l'ouverture des États-Généraux. La décoration de la salle était restée la même; on y avait ajouté seulement des gradins et des tribunes. On voulait que le public, qui n'assistait pas aux réunions des Notables, pût assister aux assemblées générales des trois ordres. M. Necker était convaincu que rien n'était plus désirable que de rendre le peuple témoin du spectacle paisible, majestueux, attendrissant, que les représentants de la Nation allaient donner à la France et à l'Europe (1)! La salle des Menus avait donc été arrangée en manière de théâtre.

C'est une grande et belle salle de 120 pieds de longueur sur 57 de largeur, en dedans des colonnes qui la soutiennent. Dans les bas côtés se trouvaient les tribunes et les gradins en amphithéâtre destinés aux spectateurs (2). Plus de deux mille personnes avaient trouvé place dans les tribunes et sur les gradins (3).

Au fond, sous un baldaquin à franges d'or, étaient le trône, le fauteuil de la reine, les tabourets des princesses. Au bas de l'estrade royale, un banc pour les secrétaires d'État, et, devant eux, une table couverte d'un tapis de velours violet. Dans la longueur

---

(1) *Mémoires de Marmontel*, t. XIII. — *Mémoires de Malouet*, t. I, c. X.
(2) *Tableau de la salle préparée pour les États-Généraux : Moniteur* de 1789, *Introduction*.
(3) *Mémoires du marquis de Clermont-Gallerande*, t. I, p. 55.

de la salle, à droite du trône, étaient des banquettes pour les députés du clergé, à gauche pour ceux de la noblesse, et, en face, pour ceux des communes (1).

Le 6 mai, de grand matin, un placard ainsi conçu, fut affiché sur les murs de Versailles :

DE PAR LE ROI. — Sa Majesté ayant fait connaître aux Députés des trois Ordres l'intention où elle était qu'ils s'assemblassent aujourd'hui 6 mai, les députés sont avertis que le local destiné à les recevoir sera prêt à les recevoir à 9 heures du matin.

Du moment que les ministres avaient appelé le tiers état à nommer, seul, autant de députés que les deux autres ordres réunis, et n'avaient pas du même coup tranché la question de savoir si, dans les assemblées générales, le vote aurait lieu par ordre ou bien par tête, la prudence leur faisait une loi de préparer, avant l'ouverture des États, quatre salles : trois pour les trois ordres, d'une grandeur proportionnée au nombre de leurs députés respectifs ; une quatrième pour les séances d'apparat. Il paraît bien qu'ils y avaient songé. Les quatre salles furent même désignées, et M. de Saint-Priest chargé des détails d'exécution. Mais une de ces salles était un manège ; l'administration des écuries ne voulut pas la céder : la combinaison manqua (1). Qui peut dire que, sans ce refus de l'administration des écuries, les événements n'auraient pas pris un autre cours ?

(1) *Correspondance de Grimm*, 3ᵉ partie.
(2) *Notice sur M. le comte de Saint-Priest*, par M. de Barante, p. 94, tête des *Lettres et Instructions de Louis XVIII*.

A l'heure indiquée, les députés du tiers pénétrèrent dans la grande salle où avait eu lieu la séance de la veille, pendant que les députés de la noblesse et du clergé se rendaient dans les salles préparées pour eux à l'intérieur de l'hôtel des Menus. Lors de la convocation de l'Assemblée des Notables, on avait arrangé dans l'hôtel un appartement pour le roi. Il se composait d'une salle des Pages, d'une salle des Cent-Suisses, d'une salle des Gardes, d'une pièce dite des Nobles et du grand cabinet du roi, communiquant par une petite galerie avec la salle des Menus. Pour la réunion des États-Généraux, on avait supprimé une partie de l'appartement du roi: la salle des Cent-Suisses avait été disposée pour recevoir les députés du clergé, et celle des Gardes pour recevoir les députés de la noblesse (1). Dans ces deux salles, étroites, à peine suffisantes pour les membres des deux ordres privilégiés, il n'y avait pas de place pour le public. Dans la salle des Menus, au contraire, les galeries et les tribunes pouvaient contenir, je l'ai dit, un grand nombre de spectateurs. De là pour le tiers, un immense avantage. Chaque jour allaient affluer de Paris, de Versailles et des environs, une foule d'hommes de tout âge, de tout état, avides d'entendre les orateurs, et qui embrasseraient avec chaleur les principes qu'on voudrait leur faire adopter. Le peuple devait s'accoutumer bientôt à considérer la salle où s'assemblaient les communes, la seule où il pût pénétrer, comme le centre de la représentation nationale; à tenir les députés qui y siégeaient comme les seuls

---

(1) *Histoire de Versailles*, par J.-A. Le Roi, t. II, p. 423.

qui méritassent sa confiance (1). Pendant les premiers jours, cette salle était continuellement pleine de visiteurs, de curieux, qui se promenaient partout et se plaçaient dans l'enceinte même, réservée aux représentants, et cela sans aucune réclamation de la part de ces derniers qui, n'étant pas encore constitués, se regardaient plutôt comme faisant partie d'un club que d'un corps politique (2).

Avec une habileté incontestable, le tiers affecta de voir, dans la salle où il siégeait, non un local qui lui fût spécialement réservé, mais la salle même des États-Généraux. Il eut soin de n'occuper que les places qui lui avaient été assignées le jour de l'ouverture, et, laissant vacantes celles du clergé et de la noblesse, d'inviter leurs membres à en venir prendre possession, — invitation qui fut refusée (3).

Dans la séance du 17 juin, le député Guillotin (4), qui ne prévoyait sans doute guère à cette époque le genre de célébrité qui allait s'attacher à son nom, fit observer à ses collègues des communes que « la distribution des bancs était très insalubre; que chacun étant resserré derrière son voisin, à peine pouvait-il respirer. Remarquez, ajoutait-il que les banquettes actuelles sont des sièges très incommodes pour des séances de 12 et 14 heures, comme celle d'aujourd'hui. Je crois donc qu'il est nécessaire d'y faire des dossiers (5) ». L'Assemblée adopta les réflexions de

(1) *Mémoires d'un témoin oculaire de la Révolution*, par S. Bailly, t. I, p. 226. — *Mémoires de Ferrières*, t. I, p. 27.
(2) *Souvenirs sur Mirabeau*, par Étienne Dumont, p. 44.
(3) *Mémoires de Clermont-Gallerande*, t. I, p. 59.
(4) Député du tiers état de la ville de Paris, médecin.
(5) *Archives parlementaires* de 1787 à 1860, publiées par MM. Mavidal, Laurent et Clavel, t. VIII, p. 120.

M. Guillotin et le chargea d'y donner la suite nécessaire.

Le docteur Guillotin n'avait pas encore eu le temps de changer la disposition des banquettes et d'y faire appliquer des dossiers, lorsque, le samedi 20 juin, fut publiée, dans les rues de Versailles, la proclamation suivante :

De par le roi. — Le roi ayant résolu de tenir une séance royale aux États-Généraux le 22 juin, les préparatifs à faire dans les trois salles qui servent aux assemblées des ordres exigent que ces assemblées soient suspendues jusqu'après la tenue de ladite séance. Sa majesté fera connaître par une nouvelle proclamation l'heure à laquelle elle se rendra lundi à l'Assemblée des États.

M. Bailly, doyen des communes, et les deux secrétaires MM. Camus (1) et Pison du Galand fils (2), se présentèrent, à 9 heures, à la salle des États. Ils la trouvèrent fermée et gardée par un détachement de gardes françaises. L'avenue de Paris, sur laquelle donnait l'entrée principale de la salle, se remplit peu à peu de députés (3). Tous furent d'avis qu'il fallait tenir séance et chercher un local convenable. Sur la proposition de M. Guillottin, ils se rendirent rue Saint-François, à la salle du Jeu de Paume, dont le maître consentit à leur donner asile. Bailly pria deux députés de se tenir à la porte pour empêcher les étrangers d'entrer. Mais bientôt les gardes de la prévôté de l'hôtel vinrent s'offrir pour faire le service. Une foule

(1) Député du tiers état de la ville de Paris, avocat au Parlement.
(2) Député du tiers état du Dauphiné, avocat, juge épiscopal à Grenoble.
(3) *Mémoires de Bailly*, t. I, p. 187.

immense, remplissant les galeries, attachée aux fenêtres, répandue dans les rues, faisait retentir l'air d'acclamations, pendant que les membres du tiers délibéraient dans cette grande salle aux murs sombres et dépouillés, sans autres meubles que cinq ou six bancs et une table pour écrire (1).

En se séparant, les communes s'ajournèrent au lundi 22, jour où devait se tenir la séance royale : mais dans la nuit du dimanche, un billet de M. de Brézé informa Bailly que la séance royale n'aurait lieu que le mardi à dix heures du matin et que la salle resterait fermée jusque-là. Les communes, persistant dans leur délibération de l'avant-veille, mais ne pouvant se réunir de nouveau dans la salle du Jeu de Paume, que le duc d'Artois avait fait retenir (2), cherchèrent un autre local. On se présenta d'abord à l'église des Récollets; mais ces religieux ne voulurent pas recevoir l'Assemblée (3), qui se rendit alors à l'église paroissiale de Saint-Louis. Le curé Jacob, quoique attaché à la cour, n'osa pas en refuser l'entrée aux députés.

Ils s'établirent dans la nef. Une table fut placée devant le président, qui avait près de lui les secrétaires. On disposa, à la droite, des chaises représentant les places que le clergé avait dans la *salle des trois ordres ;* d'autres chaises, à gauche, représentaient les places de la noblesse. Comme il avait été décidé qu'on laisserait entrer le public, l'église fut remplie en un instant (4).

(1) *Mémoires de Ferrières*, t. I, p. 56. — *Mémoires de Bailly*, t. I, p. 188.
(2) *Mémoires de Ferrières*, t. I, p. 56.
(3) Beaulieu, *Essais historiques*, etc., t. I, p. 24.
(4) *Mémoires de Bailly*, t. I, p. 198.

Pendant ce temps, les membres de la majorité du clergé, qui s'étaient prononcés, le vendredi précédent, pour la vérification des pouvoirs en commun, se réunissaient dans le chœur, dont les portes s'ouvrirent bientôt et donnèrent passage à 134 curés, 6 chanoines, 2 grands vicaires, 1 abbé commendataire et 5 prélats (1). Ils se placèrent à droite, dans la nef, tandis que l'archevêque de Vienne (2), leur doyen d'âge, prenait séance à côté du président du tiers (3).

La séance royale du mardi 23 juin eut lieu, comme celle du 5 mai, dans la salle des trois ordres. Après le départ du roi, tous les députés de la noblesse et une partie de ceux du clergé se retirèrent; les communes restèrent à leur place, et, en présence de 40 à 50 témoins qui étaient sur l'estrade, déclarèrent qu'elles persistaient dans leurs précédents arrêtés (4).

Le lendemain et les jours suivants, les députés du tiers siégèrent dans cette même salle, où vinrent les rejoindre successivement la majorité du clergé et un certain nombre de députés de la noblesse. L'intérieur était rétabli dans son premier état. L'extérieur était changé : tout était entouré, la salle et ses avenues, de postes et de sentinelles des gardes françaises. La grande porte d'entrée, donnant sur la cour et sur l'avenue de Paris était fermée. Les membres du tiers étaient obligés d'entrer par la rue des Chantiers. Enfin, le 27 juin, sur l'ordre exprès du roi, ceux des

---

(1) Les archevêques de Vienne et de Bordeaux, les évêques de Chartres, de Rodez et de Coutances.
(2) Jean-Georges le Franc de Pompignan.
(3) *Mémoires de Bailly*, t. I, p. 200.
(4) *Ibid.*, t. I, p. 214.

membres de la noblesse et du clergé, qui s'étaient jusqu'alors opposés à la réunion, se rendirent dans la salle commune des États : ils y entrèrent en silence, graves et tristes (1), ayant à leur tête le cardinal de la Rochefoucauld et le duc de Luxembourg : la Révolution était faite.

Les députés de la noblesse tinrent cependant encore trois réunions dans leur salle particulière : le 3 juillet, au nombre de 138 ; le 10, au nombre de 93 ; et le 11, au nombre de 80 seulement (2).

Dans la séance du 9 octobre 1789, après avoir entendu la lecture d'une lettre du roi, disant qu'il avait fixé à Paris son séjour le plus habituel et invitant l'Assemblée à ne pas se séparer de lui, l'Assemblée nationale décréta qu'elle se transporterait à Paris, aussitôt que ses commissaires auraient choisi et fait disposer un local pour la recevoir.

Dès le lendemain, les commissaires, — M. Guillotin, le duc d'Aiguillon, le marquis de Gouy d'Arcy, l'évêque de Rodez, M. La Poule (3), et M. Lepeletier de Saint-Fargeau, — firent connaître qu'ils avaient visité les locaux les plus vastes de la capitale, et qu'aucun ne leur avait paru plus convenable que le manège des Tuileries. On y établirait les mêmes bancs ; les galeries destinées aux spectateurs seraient en état de recevoir cinq à six cents personnes. Les bureaux seraient logés aux Feuillants, et les Comités à l'hôtel

---

(1) *Mémoires de Clermont-Gallerande*, t. I, p. 101.
(2) *Mémoires de Bailly*, t. I, p. 317.
(3) Député du tiers état du bailliage de Besançon, avocat au Parlement.

de la Chancellerie, sur la place Vendôme. Le choix du Manège fut approuvé par l'Assemblée.

Le 12 octobre, les commissaires rendirent compte de leurs travaux. Il était impossible que la salle du Manège fût prête avant trois semaines. En attendant, les députés pourraient s'installer à l'Archevêché. L'Archevêque de Paris, Mgr de Juigné, déclara qu'il offrait à ses collègues tout ce qui serait, dans son palais, à la convenance de l'Assemblée nationale.

Il fut décidé, en conséquence, qu'elle siègerait à Versailles jusqu'au 15 octobre, et que le lundi 19, elle reprendrait à Paris le cours de ses séances (1).

Le 19 octobre, toutes les avenues qui aboutissent à l'Archevêché étaient fermées de barrières, garnies de canons et de nombreux détachements de la milice nationale. Cinq cents hommes de cavalerie occupaient le parvis Notre-Dame (2). C'était la Commune qui avait ordonné cet extraordinaire déploiement de forces, en vue de prouver à l'Assemblée qu'elle n'avait rien à craindre à Paris : il eut précisément pour effet de montrer au contraire, à quels périls elle était exposée dans une ville où de telles précautions étaient jugées nécessaires. Le peuple regardait cet appareil de guerre avec inquiétude et les députés avec un air sombre et menaçant (3).

L'Assemblée nationale tint séance dans la grande salle de l'Officialité (4), où avaient eu lieu, quelques

---

(1) *Moniteur* de 1789, n° 73.
(2) *Mémoires sur la Révolution française*, par le comte de Montlosier, t. I, p. 319. — *Mémoires de Ferrières*, t. I, p. 310.
(3) *Mémoires de Ferrières*, t. I, p. 310.
(4) *Mémoires pour servir à l'histoire ecclésiastique pendant le dix-huitième siècle* par Picot, t. V, p. 381.

mois auparavant, les opérations électorales. On avait dressé des tribunes pour le public ; mais cet ouvrage avait été fait à la hâte ; les poutres de soutènement ne portaient pas assez dans le mur, et, dès la première séance, une de ces tribunes s'écroula. Les spectateurs, hommes et femmes, tombèrent pêle-mêle les uns sur les autres et blessèrent dans leur chute quelques-uns des députés qui se trouvaient au-dessous (1). Le surlendemain, 21 octobre, un horrible évènement se passa dans le voisinage de l'Assemblée et presque sous ses yeux. Le boulanger François, qui avait sa boutique tout auprès de l'Archevêché (2), accusé par une vieille femme de cacher une grande quantité de pain, est arrêté par *le peuple*, conduit à l'Hôtel-de-Ville et traîné sur la place de Grève. On le pend au premier reverbère, on lui coupe la tête avec un couteau de cuisine (3). On force un boulanger qui passe sur la place à donner son bonnet ; on en couvre la tête de François qui est pesée dans des balances, mise au bout d'une pique et portée de rue en rue, de boutique en boutique. Sa jeune femme, enceinte de trois mois, accourait à sa défense; elle rencontre le cortège sur le pont Notre-Dame. On lui présente à baiser cette tête coupée. La malheureuse tombe à demi morte, le visage baigné de sang (4).

Ce fut sous de tels auspices qu'eut lieu, le 23 octobre, la reprise de la discussion sur les biens ecclé-

---

(1) *Mémoires de Montlosier*, t. II, p. 319.

(2) Denis *François*, demeurait rue Marché-Palu, district de Notre-Dame (*Révolution de Paris*, t. II, n° 15.)

(3) *Mémoires de Ferrières*, t. I, p. 312.

(4) *Histoire des Montagnards* par Alphonse Esquiros, t. I, p. 183.

siastiques, ouverte le 10 octobre à Versailles. Elle se termina le 2 novembre. Pendant les séances des 30 et 31 octobre, la populace avait entouré l'Archevêché, proférant contre les *aristocrates* les plus violentes menaces (1). Le 2 novembre, l'Archevêché fut investi avant le jour par une foule de bandits qui, lorsque parurent les députés, couvrirent de huées les membres du côté droit et se portèrent à des voies de fait contre les députés ecclésiastiques. Ils obtinrent gain de cause et l'Assemblée décréta, ce jour-là, que « tous les biens ecclésiastiques étaient à la disposition de la nation ». — Par une singulière dérision du sort, le décret qui dépouillait le clergé de ses biens fut adopté le Jour des Morts, sur le rapport d'un évêque, — Talleyrand-Périgord, évêque d'Autun, — sous la présidence de l'avocat du clergé, — M. Camus, — et dans le palais de l'Archevêché !

C'est également dans la salle de l'Officialité qu'a été rendu, le 7 novembre, malgré les efforts de Mirabeau, le décret portant qu'aucun député ne pourrait avoir place dans le ministère.

Le lundi 6 novembre, l'Assemblée nationale a transféré le lieu de ses séances dans la salle du Manège. Cette salle, qui s'étend parallèlement à la terrasse des Feuillants, à peu près à la hauteur de la place Vendôme, a environ 150 pieds de longueur. On y avait accès de deux côtés, — par la cour du Manège, cour longue, étroite, qui est également parallèle à la terrasse (2), et par la porte des Feuil-

(1) *Mémoires de Clermont-Gallerande*, t. I, p. 235.
(2) « Ce qui forme aujourd'hui la rue de Rivoli, depuis le château jusqu'à la rue Castiglione, formait alors la cour du

lants, qui est dans la rue Saint-Honoré. Dans la cour du Manège, l'architecte, chargé par le roi des dispositions à prendre pour approprier le local, avait placé au-devant de la salle, pour servir de vestibule, une des grandes maisons de bois des Menus-Plaisirs (1).

L'intérieur de la salle formait un parallélogramme bordé, dans sa plus grande longueur, de six rangs de bancs verts(2) disposés en gradins, et divisé, au milieu, en deux parties égales, par la barre de l'Assemblée. Les deux extrémités contenaient deux rangs de banquettes aussi en gradins (3).

Beaucoup moins grande que celle des Menus, la salle du Manège était également beaucoup moins sonore (4).

Comme à Versailles, il y avait pour les spectateurs des tribunes et des galeries. Les tribunes étaient séparées entre elles par des balustrades pleines et en bois, comme les loges de spectacles. Derrière le fauteuil du président était la loge du *logographe;* elle était large de 12 pieds, haute de 6. L'Assemblée constituante l'avait spécialement affectée aux rédacteurs du *Journal logographique* appelé aussi le *logolachy-*

Manège. Elle était séparée de la terrasse des Feuillants par une muraille qui est remplacée maintenant par une grille. » (*Chronique de cinquante jours*, (du 20 juin au 10 août 1792,) par P. L. Rœderer, p. 31).

(1). *Décision du roi concernant l'établissement du local de séances de l'Assemblée nationale au Manège des Tuileries,* art. 2.

(2) *Les Actes des Apôtres,* c. LXXII.

(3) *Le Thermomètre du jour,* n° du 1er janvier 1793.

(4) *Les Contemporains de 1789 et de 1790,* par l'auteur de la *Galerie des Etats-Généraux,* v° *Salle.*

graphe et plus communément le *logographe*. Dans la séance du 14 septembre 1791, lorsque Louis XVI se rendit à l'Assemblée pour signer la Constitution, il fut salué par des cris unanimes de *vive le roi !* Au moment où il prit la parole pour donner lecture de son discours, les rideaux fermés sur la loge du logographe s'ouvrirent, et les spectateurs aperçurent la reine tenant par la main le prince royal. L'enthousiasme alors ne connut plus de bornes, et les applaudissements prodigués au roi pendant son discours et pendant la réponse du président se détournèrent plus d'une fois vers la reine et vers son fils (1). Moins d'un an plus tard, la reine et son fils reparaissaient dans la loge du *logographe :* on sait dans quelles circonstances !

La décoration intérieure de la salle était infiniment plus simple que celle des Tuileries ; quelques drapeaux, parmi lesquels l'oriflamme de la Fédération du 14 juillet 1790 (2); la statue de Jean-Jacques Rousseau (3); les bustes du roi et de Bailly. Mirabeau avait aussi son buste dans cette salle qui avait si souvent retenti des accents de sa voix éloquente ; et une pierre de la Bastille sur laquelle était gravée l'effigie du puissant orateur avait été incrustée dans la balustrade de la tribune (4).

Après le 10 août, le buste du roi fit place à celui de Brutus. Un décret du 5 décembre 1792 ordonna que

---

(1) *Histoire de la Révolution de France, par les deux amis de la liberté,* t. VII, p. 333.

(2) Assemblée Constituante, séance du 15 juillet 1790.

(3) Décret de Décembre 1790.

(4) Séance du 9 octobre 1791. Voy. aussi *l'Ami du Roi* du 7 janvier 1792.

le buste et le portrait de Mirabeau seraient voilés (1). Inutile de dire que l'on chercherait aussi vainement dans la nouvelle salle de la Convention le buste de Mirabeau ou le buste Bailly que celui de Louis XVI lui-même.

On ne retrouve pas non plus aux Tuileries le poêle monumental qui faisait, depuis quelques mois, l'ornement de la salle du Manège et qui représente la Bastille avec ses huit tours, ses créneaux et ses portes. Sur la forteresse se dresse un canon, orné à la base des emblèmes du despotisme détruit et des attributs de la liberté conquise : bonnet, boulets, chaînes, coqs, et bas-reliefs. Ce poêle est en faïence émaillée et coloriée, avec des teintes tirées des minéraux et fixées au feu : les couleurs de la fonte, du cuivre, du marbre et de l'airain y sont parfaitement imitées. Il est sorti des ateliers d'Ollivier, le potier de la rue de la Roquette, qui en fit hommage à la Convention dans les derniers mois de 1792. Trouvé sans doute trop embarrassant, il n'a pas été déplacé (2). Il y avait, en outre, dans la salle du Manège, deux poêles à vapeur, que M. Guillotin y avait fait installer dès les premiers jours (3). Malgré cela, la salle était froide, humide. L'abbé Royou nous en a laissé ce croquis fidèle, tracé au sortir d'une séance, un soir d'hiver :

Qu'on se représente une centaine de députés, arrivant successivement, couverts de neige, transis, grelottants, soufflant dans leurs doigts, en bottes, en catogans, avec de

(1) *Courrier de l'Égalité*, n° du 7 décembre 1792.
(2) Le poêle d'Ollivier figure aujourd'hui au Musée de Sèvres.
(3) *Actes des Apôtres*, c. X.

vieux manteaux, quelques-uns avec des espèces de robes de chambre, presque tous le chapeau sur la tête :

Figurez-vous enfin cet illustre Manège
Que transforme en ruisseau la fonte de la neige.

... Dans les galeries ci-devant payantes, deux ou trois douzaines de leurs amis ou de leurs parents. Dans les tribunes soldées, de pauvres sans-culottes, appelés citoyens par une femme dégoûtante, qui leur vend de mauvaises pommes et du cidre plus bourbeux que le patriotisme de Brissot, décomposé par le chimiste Desmoulins. Telle était, samedi soir (18 février 1792), la première assemblée de l'univers, et tel son auditoire (1)...

Cabanis, le médecin et l'ami de Mirabeau, a signalé, en ces termes, dans son *Journal de la maladie et de la mort de H. G. Riqueti Mirabeau*, l'insalubrité de la salle du Manège :

Les membres les plus robustes de l'Assemblée se ressentaient du passage subit d'un local vaste et bien aéré (la salle des Menus) dont la belle saison avait permis, d'ailleurs, de laisser toujours les ouvertures libres, à ces salles humides, étroites, où l'hiver forçait de tenir habituellement de grands poêles allumés, et de clore avec soin les portes et les fenêtres ; il est difficile de respirer un air plus insalubre ; l'estomac et les yeux en étaient principalement affectés ; les ophtalmies et les larmoiements furent épidémiques, non seulement parmi les députés, mais encore parmi les spectateurs curieux qui suivaient leurs séances avec quelque assiduité.

L'Assemblée constituante a siégé dans la salle du Manège, du 9 novembre 1789 au 30 septembre 1791.

(1) *L'Ami du Roi*, n° du 21 février 1792.

L'Assemblée législative y a tenu toutes ses séances du 1er octobre 1791 au 21 septembre 1792.

La Convention nationale s'est réunie, pour la première fois, le 20 septembre 1792, au château des Tuileries, dans la salle des Cent-Suisses (1), où elle a procédé à l'élection de son bureau. Le vendredi 21 septembre, elle se réunit encore aux Tuileries et se rendit de là dans la salle du Manège, où elle a siégé sans interruption jusqu'au 9 du présent mois. La voilà installée depuis hier dans la *salle des Machines*.

Il semble, — le destin a parfois de ces ironies formidables, — que les lieux destinés par la royauté à ses plaisirs et à ses fêtes soient fatalement appelés à servir de théâtre aux principales scènes de la Révolution.

C'est dans la salle des Menus que les communes se sont constituées, le 17 juin 1789, en *ASSEMBLÉE NATIONALE*.

C'est dans la salle du Jeu de Paume que les députés du tiers ont fait le serment de ne se dissoudre qu'après avoir voté une constitution.

C'est dans la salle du Manège que l'Assemblée législative a prononcé, le 10 août 1792, la déchéance de Louis XVI, et que la Convention a prononcé, le 21 septembre, l'abolition de la royauté.

C'est dans la salle de spectacle des Tuileries que siège aujourd'hui la Convention nationale, et il n'est

---

(1) Pour les détails de cette première séance de la Convention, que presque tous les historiens ont passée sous silence, voir le premier chapitre du tome I, *Journal d'un Bourgeois de Paris pendant la Terreur*.

que trop aisé de pressentir quelles tragédies se joueront désormais sur cette scène, créée par Louis XIV !

Des fenêtres de leur nouveau palais, les membres de la Convention pourront se donner chaque jour la récréation d'une exécution capitale. Par une attention délicate, le tribunal révolutionnaire, vendredi, à 11 heures du matin, au moment où nos députés se rendaient aux Tuileries, leur a servi une double exécution, celle de Rivier de Mauny, ancien capitaine de dragons, et de Beaulieu, négociant, condamnés à mort pour avoir fait passer de l'argent à leurs parents émigrés (1). Autrefois, quand on voulait fêter un grand évènement, on tirait des salves d'artillerie. Aujourd'hui, pour fêter la prise de possession des Tuileries par la Convention nationale, on dresse l'échafaud et on fait rouler des têtes.

(1) « L'exécution a eu lieu vendredi 10 mai, vers 11 heures du matin, sur la place de la Réunion (place du Carrousel). » *Bulletin du tribunal criminel extraordinaire*, n° 30.

XXVI

LAZARE HOCHE

Mardi 14 mai 1793.

Je vois encore de loin en loin Marie-Joseph Chénier. Il y a peu de jours, je l'ai rencontré aux Tuileries; il était avec un jeune homme d'environ vingt-cinq ans, dont la physionomie et la tournure m'ont frappé. C'est un ancien grenadier des gardes françaises, aujourd'hui aide de camp capitaine du général Leveneur, qui vient de prendre le commandement du camp de Maulde. Il porte encore la coiffure qu'il avait aux gardes françaises : des faces simples et presque plates, un petit toupet tombant, une queue nouée près de la tête (1). Un coup de sabre reçu dans un duel, et dont la cicatrice s'étend du milieu du nez à l'extrémité du front, du côté droit, donne à ses traits un air martial qui s'harmonise d'ailleurs parfaitement avec sa haute taille et sa robuste constitution (2). — « Nous ferons un général de ce jeune homme », m'a dit Chénier, et la prédiction pourrait se réaliser. Ou je me trompe fort, ou le jeune Hoche, — c'est son nom, — unit l'intelligence au courage.

(1) *Vie de Lazare Hoche*, par Alexandre Rousselin, t. I, p. 15.
(2) *Op. cit.*, p. 11.

Sa parole brève, accentuée, son langage net et ferme, révèlent un homme supérieur.

Lorsque le citoyen Hoche nous a eu quittés, Chénier m'en a longuement parlé : il ne tarissait pas d'éloges sur son ardeur au travail, sur sa passion pour l'état militaire, et sur les talents dont il a déjà fait preuve. Il parait qu'il a été envoyé à Paris par son général pour éclairer le Conseil exécutif sur la véritable situation de l'armée. Avant de se présenter devant le Conseil, il a cru devoir se mettre en rapports avec quelques-uns des députés du département de Seine-et-Oise : de là entre Chénier et lui des relations journalières (1).

Jeudi 16 mai.

Vivement impressionné par ma rencontre de l'autre jour, j'aimais à parler à mes amis de l'aide de camp du général Leveneur. Je me plaisais à leur dire : « Retenez bien ce nom de *Hoche*, vous verrez que les journaux en retentiront quelque jour. » Pour un peu, je me serais fâché contre Beaulieu, qui se permettait de sourire de mon enthousiasme. Ce diable d'homme m'est venu voir ce matin, et, prenant son air le plus grave : « Je viens vous faire mes excuses, a-t-il dit : vous êtes meilleur prophète que vous ne le supposiez. Huit jours ne se sont pas écoulés ; et voici que déjà le nom de votre héros est dans les journaux. Tenez », a-t-il ajouté, et il a jeté sur ma table le *Publiciste de la République française*. — « Ah ! ah ! cette feuille

---

(1) Lazare Hoche était né à Montreuil, faubourg de Versailles, le 24 juin 1768. — Marie-Joseph Chénier était député de Seine-et-Oise.

immonde a dénoncé mon *héros*, comme vous l'appelez. J'en suis fort aise pour lui. — Ce n'est pas tout à fait cela, reprit Beaulieu, lisez donc. » Je pris le journal de Marat, le numéro d'aujourd'hui ; il contient une longue lettre adressée à l'*Ami du peuple*. Le signataire appelle Marat *mon cher Ami du peuple... Incorruptible défenseur des droits sacrés du peuple !* Il se vante d'avoir servi deux ans dans la garde nationale parisienne et *d'avoir commandé l'avant-garde lorsqu'on fut chercher Capet à Versailles ;* il réclame une place d'adjudant général, énumère avec complaisance ses droits à l'avancement, et, pour ajouter de nouveaux titres à ceux qu'il a déjà, il dénonce, dénonce, dénonce. Il dénonce Marolle et Brancas, qui viennent d'être nommés adjudants généraux ; il dénonce le colonel Virion, Noirod et Marnan, généraux de brigade ; il dénonce le général Ferrand...

Et au bas de toutes ces dénonciations, on lit : « Adieu, je vous embrasse fraternellement. *HOCHE*, rue du Cherche-Midi, n° 294 (1). »

Saisi de dégoût, je jetai loin de moi l'infâme journal. « Allons, me dit Beaulieu, ne passez pas d'un extrême à l'autre. Depuis son retour à Paris, le citoyen Hoche, je le sais de bonne source, est en relations suivies avec Marat (2). Mais qu'y a-t-il d'étonnant à cela ? Puisque cet excellent jeune homme a des dénonciations à faire, n'est-il pas tout simple

---

(1) *Le Publiciste de la République française, ou Observations aux Français, par l'Ami du peuple, auteur de plusieurs ouvrages patriotiques*, n° 184. Jeudi 16 mai 1793.
(2) Rousselin, op. cit., t. I, p. 51.

qu'il s'adresse à celui que Camille Desmoulins appelait déjà, en 1791, le *Dénonciateur par excellence* (1)? Puisqu'il veut obtenir de l'avancement, n'est-ce pas sage à lui de faire sa cour à *l'Ami du peuple?* Est-ce que ce dernier ne tient pas dans ses mains les destinées de la Convention, et n'est-ce pas lui qui demain fera et défera nos généraux? Je conclus donc que le citoyen Hoche n'est point un maladroit et qu'il arrivera. — Libre à vous de plaisanter en un pareil sujet, ai-je répondu à Beaulieu. Pour moi, une telle conduite, de tels actes me révoltent et m'indignent. Il se peut que le citoyen Hoche *arrive*, en effet, qu'il commande nos armées et qu'il se couvre de gloire. Mais tout cela n'empêchera pas qu'un jour, — et à quel moment, grand Dieu! — sa main a touché la main de Marat : vingt victoires n'effaceraient pas cette tache! »

(1) *Histoire politique et littéraire de la Presse en France*, par Eugène Hatin, t. VI, p. 98.

XXVII

UN OBSERVATEUR DE L'ESPRIT PUBLIC

Lundi 20 mai 1793.

Voici plusieurs fois que je rencontre au café de Chartres le citoyen Dutard avec lequel j'ai renoué connaissance.

Dutard est un ancien avocat de Bordeaux (1), légèrement frotté de littérature et de philosophie, très vaniteux et encore plus bavard, au demeurant assez honnête garçon. Persuadé que ses talents l'appelaient à jouer un grand rôle dans la politique, il a quitté la province pour la capitale, où il est arrivé en 1790. C'est à cette époque que je le vis pour la première fois. Ami de Garat le jeune, qu'il avait connu à Bordeaux, il suivait assidûment les leçons d'histoire que ce dernier professait au *Lycée* (2) et auxquelles j'as-

(1) Adolphe Schmidt, *Tableaux de la Révolution française publiés sur les papiers inédits du département et de la police secrète de Paris*, t. I, p. 140.

(2) Le *Lycée*, où professèrent avec éclat La Harpe, Garat, Fourcroy, Chaptal, etc., était situé rue de Valois, n° 2, où il occupait l'ancien Musée de Pilâtre de Rozier. Quelques amateurs des lettres, et à leur tête MM. de Montmorin et de Montesquiou, avaient fait les fonds du nouvel établissement, qui fut inauguré au commencement de 1786 et obtint jusqu'en 1789 un succès prodigieux. (*Lycée, ou Cours de littérature ancienne et moderne*, par J.-F. La Harpe, *Préface*, p. I.)

sistais moi-même assez régulièrement. Nous échangeâmes d'abord quelques politesses, qui donnèrent bientôt naissance entre nous à des relations, où je ne laissais pas de trouver un certain agrément. Je demeurais alors dans la rue Traversière-Saint-Honoré; il montait souvent chez moi, à la sortie du *Lycée*, et là, fenêtres ouvertes, nous prolongions, sans fin, nos entretiens et nos discussions. Encore qu'il ait embrassé avec chaleur, les principes de la Révolution, Dutard est resté dans son obscurité et dans sa misère, alors que tant d'autres qui ne le valent pas sont devenus des personnages. Cela tient, sans doute, à ce que sa montre, au lieu d'avancer, a toujours été en retard d'une heure ; il a eu le tort de la régler sur l'horloge de l'Assemblée, au lieu de la régler sur celle de l'Hôtel-de-Ville. Aussi, il y a deux mois, à bout de ressources, sans bas, sans habit, sans chemises (1), s'est-il trouvé tout heureux et tout aise d'accepter de la main de Garat, devenu ministre de l'intérieur (2) une place de *Commissaire observateur local du département de Paris* (3).

« Gardez-vous bien, mon cher ami, me disait ce soir encore ce brave Dutard, gardez-vous bien de confondre semblables fonctions avec celles que remplit un vulgaire agent de police. » Et comme ma physionomie n'exprimait pas, sans doute, une adhésion suffisante, désireux de dissiper les incertitudes qui pouvaient subsister dans mon esprit, il m'a expliqué longue-

---

(1) Adolphe Schmidt, t. I, p. 182.
(2) Ministre de la justice depuis le 10 octobre 1792, Garat fut nommé, le 14 mars 1793, ministre de l'intérieur.
(3) Adolphe Schmidt, t. I, p. 140.

ment, suivant son habitude, ce que sont au juste les *Observateurs de l'esprit public*.

A son entrée au ministère, Garat n'y trouva pas un seul moyen, pas un seul agent de surveillance (1). Roland avait bien créé un *bureau d'esprit public*, destiné à répandre des « écrits utiles ou propres à former l'opinion publique ». Mais si c'était là un moyen d'agir sur l'opinion, ce n'était pas un moyen de tout voir, de tout entendre, de tout savoir. Le *bureau* de Roland avait d'ailleurs été supprimé par la Convention, dans sa séance du 21 janvier (2).

Si la police, cette arme puissante, nécessaire, n'était plus aux mains du gouvernement, du Conseil exécutif, à qui l'avait-on remise, ou qui s'en était emparé? Elle était passée tout entière, depuis le 10 août, à la municipalité; il n'y avait pas d'autre *département* de police que celui qui a son siège à l'hôtel de la mairie.

En face de cette police de la Commune, sans frein et sans scrupules, indulgente aux malfaiteurs, terrible aux honnêtes gens, instigatrice et complice des désordres que son devoir serait de prévenir ou de réprimer, qui a pour agents les commissaires des quarante-huit sections et, dans les grands jours, les membres les plus ardents des sections et des clubs, en face de cette police, et bien moins assurément pour lui tenir tête que pour sa satisfaction personnelle, Garat a institué une toute petite police secrète,

---

(1) *Mémoires sur la Révolution, ou Exposé de ma conduite*, par D.-J. Garat, p. 97.
(2) *Moniteur* du 25 janvier 1793. — Cette suppression eut lieu sur la proposition de Thuriot.

composée d'une douzaine de ses *amis intimes et privés*, auxquels il a donné pour mission de se promener dans Paris, d'étudier les faits, et de lui soumettre tous les jours, soit par écrit, soit verbalement, le résultat de leur examen (1).

C'est le ministre lui-même qui dirige ce bureau d'observation ; le sous-directeur est Champagneux, chef de la première division de l'intérieur (2).

Parmi les *observateurs* dont Garat s'est entouré, les plus intelligents et les plus actifs sont, au dire de Dutard, les citoyens Perrière, Julian de Carentan, Baumier et Latour-Lamontagne (3). Leur tort, — toujours d'après Dutard, — est de se borner à rapporter ce qu'ils ont vu et entendu, sans tirer des faits la conclusion qu'ils renferment, sans « en extraire la philosophie ».

Et comme, à ce mot, je n'avais pu me défendre de sourire, Dutard reprit avec feu : « Oui, Monsieur, la

---

(1) *Mémoires de Garat*, p. 90 et suiv.

(2) Adolphe Schmidt, t. I, p. 138. — L. A. Champagneux était l'ami de Roland, qui l'avait placé à la tête du « Bureau de l'esprit public ». Son fils épousa la fille de Roland, Eudora. L. A. Champagneux fit paraître, en l'an VIII, les *Œuvres de J. M. Ph. Roland, femme de l'ex-ministre de l'intérieur, contenant ses Mémoires et Notices historiques, qu'elle a composés dans sa prison en 1793, sur sa vie privée, sur son arrestation, sur les deux ministères de son mari et sur la Révolution. — Son procès et sa condamnation à mort par le tribunal révolutionnaire. — Ses ouvrages philosophiques et littéraires, faits avant son mariage. — Sa correspondance et ses voyages*. Trois volumes in-8º, avec un portrait et cette épigraphe : *Fortis, et infelix et plus quam femina !...*

(3) Adolphe Schmidt, t. I, p. 110 et suiv.

philosophie ! Manuel, dans son ouvrage sur la police de Paris, a dit avec raison : « La police ne sera bien « faite que quand elle sera faite par des philoso- « phes (1) ». Cette parole est la règle de ma conduite, et je l'inscrirais volontiers en tête de chacun de mes rapports. Il faut sans contredit que j'énonce des faits : *Minima circumstantia facti inducit ad maximam differentiam juris.* Cette règle de jurisprudence reçoit aussi son application en politique, dans le droit public comme dans le droit privé. Mais les faits une fois constatés, je n'ai rempli que la première moitié de ma tâche ; reste la seconde, et la plus importante : il faut que je raisonne d'après les faits et que j'en tire les conséquences, il faut que je transmette ce que j'ai senti, plutôt que ce que j'ai entendu, — ce que j'ai *observé*, en un mot, plutôt que ce que j'ai vu.

« Je veux vous en donner un exemple. Dans les derniers jours d'avril, une querelle s'est élevée entre deux hommes au palais de l'Egalité. L'un d'eux, le plus jeune, qui me parut être un Brissotin, avait un chien ; l'autre, un Jacobin, marcha sur la queue du chien. De là échange d'injures, menaces, cris et rires, et, pendant quelques instants, un nombreux public. Si je me contente de relater le fait en ces termes, aurai-je vraiment rempli mon rôle d'*observateur* ? Vous ne le pensez pas. Voici à peu près comment j'ai parlé de ce fait dans mon rapport de ce jour-là, — c'était, si j'ai bonne mémoire, le 20 avril. — « Je « suis arrivé au Palais de l'Egalité à trois heures de

(1) *La Police de Paris dévoilée*, par P. Manuel, deux volumes in-8°, 1791, t. II, p. 297.

« l'après-midi. Deux cents Brissotins ou aristocrates
« garnissaient les allées du jardin ou les cafés. Il y
« avait peu de Jacobins. Quelques aristocrates rai-
« sonnaient sur la politique; ils invitaient les pro-
« priétaires à se jeter en masse dans les sections
« pour y régler l'esprit public et faire des lois d'ad-
« ministration. Beaucoup de gens des départements,
« tant en uniforme qu'en habit bourgeois. Chacun
« s'observait. Tout à coup un Jacobin marche sur la
« queue d'un chien. Le chien crie. Le maître, qui
« m'a paru être un Brissotin, se fâche; tout le monde
« accourt. Le Jacobin avait un grand sabre et fait
« mine de vouloir le tirer. Le Brissotin fait d'abord
« bonne contenance, puis pâlit et s'excuse. — Une
« douzaine de Jacobins ont fait peur à deux ou trois
« cents Rolandistes. Pourquoi cela? C'est que les pre-
« miers ont un point de ralliement et que les autres
« n'en ont pas; c'est qu'en révolution la victoire ap-
« partient aux plus audacieux ; c'est enfin que les
« modérés ont besoin, pour agir, pour attaquer et
« même pour se défendre, de se sentir soutenus par
« le gouvernement. Que cet appui leur manque, et
« les voilà, si nombreux soient-ils, condamnés à l'im-
« puissance » (1)!

Dutard s'arrêta. Je l'avais écouté avec un vif intérêt: y avait-il donc, en effet, un *philosophe* dans cet *observateur?* Il parut flatté de l'attention que je lui prêtais. — « Eh bien ! dit-il, commencez-vous à croire que l'on puisse exercer ces fonctions en étant autre chose qu'un espion vulgaire ou un misérable

---

(1) *Lettre de Dutard à Garat*, du 30 avril 1793. Schmidt, t. I, p. 161.

dénonciateur » ? Pour toute réponse, je lui serrai la main. « Après tout, ajouta-t-il, qu'est-ce que je fais? *J'étudie la Révolution.* Et puisque aussi bien vous l'étudiez, vous aussi, à votre façon, si vous voulez m'accompagner un de ces jours, je suis sûr que vous ne regretterez pas votre journée ».

Nous nous sommes donné rendez-vous pour dimanche matin, à huit heures, devant le portail de Saint-Eustache.

XXVIII

LES FÊTES DE LA PENTECOTE

Mercredi 22 mai 1793.

C'est Mirabeau qui a dit : « Si l'on veut *démonarchiser* la France, il faut commencer par la *décatholiciser*. » Je doute fort qu'on y parvienne, tant sont profondes les racines que le catholicisme a jetées dans l'âme de la France ! Voici la Fête-Dieu qui approche, et je serais bien étonné si le peuple de Paris ne faisait pas trêve, ce jour-là, aux agitations révolutionnaires pour célébrer cette fête, populaire entre toutes, et pour suivre, à travers les rues, le dais sous lequel le prêtre porte le Très Saint Sacrement.

La toute-puissante Commune n'a pas pu empêcher la fête de Noël (1) ; elle ne sera pas plus heureuse, j'en suis convaincu, dans la campagne qu'elle ne manquera sans doute pas d'entreprendre contre la célébration de la Fête-Dieu.

Déjà, l'année dernière, sur le réquisitoire de Manuel, alors procureur de la Commune, elle avait pris un arrêté portant que les citoyens ne seraient

---

(1) Voy. *Journal d'un Bourgeois de Paris pendant la Terreur*, tome I, c. XXVIII, *la Messe de minuit*.

pas tenus de *tendre ni de tapisser* l'extérieur de leurs maisons et que la garde nationale ne pouvait être requise d'assister aux cérémonies d'un culte quelconque (1). Cet arrêté, envoyé aux quarante-huit sections, était accompagné d'une circulaire dans laquelle le procureur de la Commune disait : « Le temps n'est pas éloigné où chaque secte religieuse, se renfermant dans l'enceinte de son temple, n'obstruera plus, à certaines époques de l'année, la voie publique qui appartient à tous, et dont nul ne peut disposer pour un usage particulier. »

Il semblait que l'arrêté du corps municipal et la circulaire de Manuel dussent rencontrer un favorable accueil dans les classes populaires, si énergiquement travaillées à ce moment, — on était à la veille du 20 juin, — par les passions démagogiques. On sait, au contraire, ce qui advint. Pétion fut accueilli à coups de pierre par les sans-culottes de la section des Arcis pour avoir déclaré, dans une ordonnance, qu'on serait libre, le jour de la Fête-Dieu, de travailler ou de ne pas travailler (2). Quant à Manuel, il faillit être lapidé (3).

L'Assemblée législative, si hostile pourtant aux idées et aux cérémonies religieuses, n'osa pas aller contre les sentiments de la population parisienne. Le mardi 5 juin 1792, — la Fête-Dieu tombait le

---

(1) *Révolutions de Paris*, t. XII, p. 455.
(2) Rapport de police de l'observation Dutard. — *Tableaux de la Révolution française, publiés sur les papiers inédits du département et de la police secrète de Paris*, par Adolphe Schmidt, t. I, p. 302.
(3) *Ibid.*

jeudi 7, — après la lecture d'une lettre du curé et des marguilliers de Saint-Germain-l'Auxerrois, l'invitant à assister à la procession, elle décréta qu'il n'y aurait point de séance le jeudi matin, afin de laisser à ses membres la liberté de répondre à cette invitation.

Le jeudi matin, les processions eurent lieu dans la plupart des paroisses, et dans les autres pendant la soirée. Tous les magasins étaient fermés ; les rues étaient tapissées avec plus de soin qu'avant la Révolution (1), et il en fut de même le jeudi suivant, à l'Octave de la fête, à la petite Fête-Dieu, comme on l'appelle. En tête du cortège, dans chaque paroisse, venaient les tambours et la musique militaire. Les gardes nationaux formaient la haie ; des officiers de la garde nationale marchaient, l'épée nue à main, devant le dais, autour duquel brillaient des torches allumées. La procession de Saint-Eustache et celle de Saint-Roch furent particulièrement remarquables par le grand nombre de gardes nationaux qui y assistèrent (2). Le dais de Saint-Sulpice était porté par des grenadiers (3). Celui de Notre-Dame était escorté par les juges de tous les tribunaux de la ville en grand costume, habit noir, chapeau relevé à la Henri IV,

---

(1) « Malgré le mauvais temps, le clergé parisien ne voulut point en démordre, il se promena dans la boue ; mais il eut la douce satisfaction de voir les rues tapissées, peut-être même avec un peu plus de soin qu'à l'ordinaire ; tant la classe du peuple qu'on nomme les bourgeois a de peine à dépouiller le vieil homme. *Il y a encore beaucoup plus de foi dans Israël que les prêtres eux-mêmes n'osaient le croire.* » (*Révolutions de Paris*, t. XII, p. 457).

(2) *Révolutions de Paris*, p. 494.

(3) *Ibid.*, p. 458.

avec cocarde tricolore et panache de plumes noires (1). Dans toutes les rues où des opposants affectèrent de garder leur chapeau sur la tête, les hommes du peuple, les femmes, les volontaires en uniforme, les forcèrent à se découvrir (2). Ceux qui voulurent résister eurent à subir de mauvais traitements ; quelques-uns furent même arrêtés (3). Rue de la Harpe, on brisa les vitres d'un charcutier qui n'avait point tendu de tapisseries à sa porte (4). Le patriote Legendre, qui demeure rue des Boucheries Saint-Germain, ayant essayé d'apporter quelque trouble à la procession de Saint-Germain des Prés, le 7 juin au soir, le peuple prit fait et cause pour son *soleil*, — suivant le mot des *Révolutions de Paris*, et le fameux boucher fut conduit à la section, au milieu des huées et des cris de joie de la foule (5).

Depuis cette époque, Paris s'est enfoncé de plus en plus dans le bourbier révolutionnaire, — dans la boue et le sang. Et cependant, plus d'un symptôme annonce que la foi n'est pas morte, et qu'en dépit des Hébert et des Marat, des Brissot et des Condorcet (6), Paris et la France ne sont pas encore prêts d'être *décatholicisés*.

(1) *Révolutions de Paris*, t. XII, p. 158.
(2) *Ibid.*, p. 494.
(3) *La Feuille villageoise*, n° 39 (du 21 juin 1792).
(4) *Révolutions de Paris*, t. XII, p. 494.
(5) *Ibid.*, p. 458.
(6) Les journaux de la Gironde rivalisaient d'impiété avec ceux de la Montagne. Sur le terrain des idées religieuses, la feuille de Brissot et celle de Marat marchaient de compagnie. (Voy. *Légende des Girondins*, par Edmond Biré, p. 205 et suiv.).

N'avons-nous pas vu, au mois de novembre dernier, la Commune, — la Commune elle-même, — obligée de s'associer à un *TE DEUM* chanté à Notre-Dame, pour remercier Dieu des victoires de la République (1)?

Le 11 janvier de cette année, des députés de quarante communes du département de l'Eure, de l'Orne et d'Eure-et-Loir, admis à la barre de la Convention nationale, on fait entendre ce langage : « Nous sommes délégués vers vous pour vous demander la conservation pure de la religion catholique, son culte libre et le maintien du traitement de nos ministres. Notre pétition ne peut manquer d'être accueillie, parce que vous n'avez pas été députés par des athées (2). »

Un des collègues de Dutard, le citoyen Perrière, sectateur ardent de la Révolution et de la *philosophie*, resté, en dépit de ses passions antireligieuses, observateur clairvoyant et judicieux, nous disait, il y a peu de jours, à Dutard et à moi : « Le feu de la superstition, allumé dans la Vendée, dans la Bretagne, dans la Lozère et la plupart des départements du Midi, couve là même où on le croit éteint pour jamais. Je connais beaucoup l'Auvergne ; je l'ai habitée longtemps et je la parcourais récemment encore. Certes la Révolution n'a pas de plus sincères partisans, de meilleurs soutiens que les Auvergnats ; mais s'ils détestaient leurs seigneurs, ils aimaient et ils aiment encore leurs prêtres. Tous les dimanches, au prône,

---

(1) *Histoire parlementaire de la Révolution*, par Buchez et Roux, t. XXI, p. 51.
(2) *Op. cit.*, t. XXIII, p. 62.

on crie, à l'enchère, des lieutenances et des sous-lieutenances. « A tant la lieutenance de Saint-Marc ! — A tant la lieutenance de Saint-Martial ! » Et si le paysan tarde à mettre le prix, vite un éloge du saint, et mes Auvergnats de *monter* à l'envi. Ces hommes simples sont aujourd'hui divisés en deux classes : l'une accepte les prêtres assermentés ; l'autre, et c'est malheureusement la plus nombreuse, se tient obstinément à ses prêtres réfractaires. Je puis le dire, ajoutait Perrière, l'Aristocrate, l'Espagnol et l'Autrichien n'avaient pas de plus dangereux ennemis, comme la terre n'a pas de plus industrieux et plus infatigables cultivateurs ; mais la France perdra des hommes si précieux sous ce double rapport, pour peu qu'elle persiste à exiger d'eux le sacrifice de leurs prêtres (1). »

Mais je reviens à Paris, où la persistance des idées et des sentiments catholiques, de la *superstition*, pour employer le langage du citoyen Perrière, est plus remarquable encore et véritablement extraordinaire.

Le 9 février dernier, la section de la Butte des Moulins a dénoncé au conseil général de la Commune des assemblées de paroisse tenues, les 25 janvier, 2 et 3 février, dans l'église de Saint-Roch, à l'effet d'y continuer le culte divin tel qu'il avait lieu précédemment. « La section considère, disaient les *patriotes* de la Butte des Moulins, que le nouvel ordre qu'on veut établir dans cette église tend à former un schisme

(1) Schmidt, *Tableaux de la Révolution française*, t. II, p. 8. *Rapport de Perrière à Garat, ministre de l'intérieur.*

entre les prêtres salariés par la nation et ceux qui le seraient par cette prétendue administration, et en même temps entre les citoyens qui s'occupent principalement de la chose publique et les zélés catholiques de Saint-Roch. Elle dénonce, en outre, un bureau où l'on reçoit les souscriptions volontaires pour le culte divin (1). »

Des prêtres réfractaires, sans souci des dangers auxquels ils s'exposent, continuent à célébrer les offices aux ci-devant Missions-Étrangères, rue du Bac. Ces assemblées ont lieu deux ou trois fois la semaine; on n'y entre que par billets (2). »

Voici un fait dont j'ai été moi-même témoin tout récemment dans le quartier des Halles. Comme je traversais la rue de la Poterie, j'ai rencontré un prêtre qui portait le viatique à un mourant. Six hommes armés, tout à fait de la dernière classe, de ceux qu'on appelle les sans-culottes, ont escorté le dais jusqu'à la porte, ont fait sentinelle devant la maison et ont attendu le prêtre pour l'accompagner de nouveau jusqu'à l'église. Hommes, femmes, jeunes et vieux, sur le pas des portes, au milieu de la rue, tout le monde s'est prosterné dans l'attitude de l'adoration (3). Je me suis agenouillé comme les autres. Il n'y a pas de jours où l'on ne puisse voir pareil spectacle, surtout dans les quartiers populaires. Les curés et leurs vicaires continuent à se montrer dans les rues en soutane et même en surplis, toutes les fois que leurs

---

(1) *Chronique de Paris*, n° du 12 février 1793.
(2) Extraits des rapports de police du 24 au 25 mai 1793. — C. A. Dauban, *la Démagogie en 1793 à Paris*, p. 199.
(3) Schmidt, t. II, p. 63, *Rapport de Dutard à Garat*.

fonctions l'exigent. Les enterrements se font toujours avec quelque solennité (1).

Passant, il y a quelques jours, rue Saint-Avoye, je me suis croisé avec deux prêtres qui revenaient de *conduire un mort*. Le sacristain avec sa croix d'argent heurta un crocheteur ivre, qui se répandit en injures : « Chut ! dit son camarade, c'est le bon Dieu ! — Bah ! le bon Dieu !... Il n'y en a plus de bon Dieu ! » Tel n'a point paru être l'avis des autres passants ; tous se sont découverts ; presque tous ont fait le signe de la croix et ont récité des prières (2).

Dimanche dernier était le dimanche de la Pentecôte (3). La Pentecôte était autrefois une grande et douce fête. Elle durait trois jours, pendant lesquels les boutiques étaient fermées ; les amis voyaient leurs amis, les ennemis se réconciliaient avec leurs ennemis, les familles se réunissaient dans de simples et joyeux banquets : c'était une fête vraiment chrétienne et vraiment française.

Grâce à Dieu, malgré les deuils de l'heure présente et les menaces de demain, malgré la lutte ardente des partis, en dépit des clubs et des émeutes, des cris de haine et de mort qui de toutes parts retentissent, Paris n'a pas laissé passer la Pentecôte sans lui demander un peu de rafraîchissement et de paix, sans revivre, du moins pour un instant, de cette vie d'autrefois, remplie sans doute de douleurs et de misères,

---

(1) Interrogatoire de Pierre Brugières, curé (constitutionnel) de Saint-Paul. *Nouvelles ecclésiastiques*, pour le 25 décembre 1793.

(2) Schmidt, t. I, p 11. — *Rapport de Perrière à Garat.*

(3) 19 mai 1793.

pleine aussi de consolation, de franche et naïve gaieté, de pure et vraie joie.

Durant ces trois jours, — le dimanche, le lundi et le mardi (1), — toutes les boutiques sont restées fermées. Je n'ai pas entendu un seul coup de marteau (2).

Au carreau de la Halle, les revendeurs d'habits, qui sont presque tous ou Cordeliers ou Jacobins, ont chômé pendant les trois jours de fête (3).

Au cimetière des Innocents, les gargotiers qui débitent, sous des parasols, de la viande et des haricots, ont chômé également, et ce sont cependant les plus enragés suppôts de la faction cordelière et jacobine (4).

Hier, mardi, désirant parler à mon relieur, qui habite rue de la Montagne-Sainte-Geneviève, je frappe à sa porte. Personne ne répond. Une voisine met la tête à la fenêtre et me dit : « Ils sont à faire des visites. » Je n'ai rencontré, en effet, dans toutes les rues, que gens endimanchés, hommes et femmes du peuple revêtus de leurs plus beaux habits, allant, suivis de leurs enfants, visiter leurs parents et amis (5).

Aujourd'hui la trêve est expirée. Paris est rentré dans la fournaise. Les fêtes de la religion sont finies : au tour de la Révolution de nous donner les siennes. Elle n'y a pas manqué. Ce matin, à 11 heures, sur la place de la Révolution (6), le général Miaczinski a

---

(1) 19, 20, 21 mai 1793.
(2) Schmidt, t. I, p. 265, *Rapport de Dutard à Garat*.
(3) Schmidt, *loc. cit.*
(4) *Ibid.*
(5) *Ibid.*
(6) On a vu, dans les chapitres précédents, que les exécutions avaient lieu sur la place de la Réunion (du Carrousel). Une fois installée aux Tuileries, la Convention, ne voulant

été guillotiné. Le bourreau a montré sa tête au peuple, et l'a promenée tout autour de l'échafaud (1).

On juge aujourd'hui l'adjudant général Devaux, il sera exécuté demain (2).

Vingt-sept accusés sont à la veille de comparaître devant le Tribunal révolutionnaire, sous la préven-

pas avoir sous ses yeux le spectacle de l'échafaud, décréta que les jugements du *Tribunal révolutionnaire* ne seraient plus exécutés sur la place de la Réunion et chargea le Conseil exécutif provisoire de chercher un autre emplacement. Le lieu choisi fut la place de la Révolution, ci-devant Louis XV, où avait été dressé l'échafaud du 21 janvier. La guillotine fut érigée entre le Garde-Meuble et le piédestal de la statue de Louis XV, alors renversée, à peu près à la place où est aujourd'hui la fontaine située du côté du nord.

(1) « L'exécuteur a montré sa tête au peuple ; elle était aussi vermeille qu'avant sa mort ; ses yeux ouverts semblaient promener leurs regards sur la multitude innombrable qui remplissait la place de la Révolution. » (*Bulletin du Tribunal révolutionnaire*, n° 40, p. 100).

(2) « Il n'est pas possible, dit le docteur Broocks, médecin anglais, d'aller à la mort sans éprouver une sorte d'effroi qui fait pâlir et qui décompose les traits. Philippe Devaux a prouvé, en allant au supplice, que le docteur Broocks se trompait, puisque, du moment qu'il est sorti de la Conciergerie jusqu'à l'échafaud, son visage n'a pas souffert la moindre altération : il demanda à y aller à pied ; cela lui fut refusé. » (*Le Glaive vengeur*, p. 77). — Voici le titre complet de cette feuille, qui avait pour auteur le citoyen Du Lac: *Le Glaive vengeur de la République française, ou Galerie révolutionnaire contenant les noms, prénoms, les lieux de naissance, l'état, les ci-devant qualités, l'âge, les crimes et les dernières paroles de tous les grands conspirateurs et traîtres dont la tête est tombée sous le glaive national, par arrêt du tribunal révolutionnaire établi à Paris... par un ami de la Révolution, des mœurs et de la justice.* (Paris, chez Galetti, imprimeur, aux Jacobins Saint-Honoré).

tion de complicité dans la conspiration dont le marquis de la Rouairie était le chef. Après eux, d'autres malheureux iront à leur tour de la prison au tribunal et du tribunal à la place de la Révolution ; pendant bien des semaines, bien des mois peut-être, le bourreau aura des têtes à montrer au peuple.

Les fêtes de la République ont cela pour elles qu'elles durent plus de trois jours.

XXIX

LA JOURNÉE D'UN OBSERVATEUR

Dimanche 26 mai 1793.

J'ai été exact au rendez-vous (1). Huit heures n'étaient pas encore sonnées à Saint-Eustache, lorsque j'arrivai devant la grande porte de l'église. Dutard m'avait précédé de quelques minutes (2). Notre première visite a été pour un épicier des Halles, qui est fort de ses amis. Nous le trouvâmes sur le pas de sa porte ; il nous dit que les marchandises menaçaient presque toutes de manquer. « Je m'en vais renoncer, ajouta-t-il, à vendre de l'eau-de-vie ; elle vaut en tonneau 3 livres 4 sous, au lieu de 34 ou 36 sous qu'elle valait il y a six mois (3). Une lettre que j'ai reçue hier d'un marchand d'Orléans m'annonce que le sucre (sans compter les frais de commission et de port) vaut 3 livres 6 à 7 sous, le café 2 livres 14 sous, l'huile fine 2 livres 5 sous et le riz 15 sous (4). Il devient de plus en plus difficile de se procurer ces diverses marchandises, et il en est de même pour la mercerie ».

(1) Voy. ci-dessus, c. XXVII, p. 285.
(2) Dutard appartenait à la section du Contrat-Social, auparavant des Postes. Dans ses Rapports, il la nomme presque toujours « section de Saint-Eustache », ou simplement « Saint-Eustache. » (Adolphe Schmidt, t. 1, p. 141).
(3) Schmidt, t. 1, p. 287.
(4) Schmidt, t. I, p. 320.

Ce brave homme nous a encore fourni d'autres renseignements d'un grand intérêt. D'après lui, le papier-monnaie qui porte le type de la République n'inspire confiance à personne. Tout le monde accorde une préférence marquée aux *corsets* (1), aux billets de 50 et 100 livres à l'effigie de l'ex-roi. Lorsque les commerçants de Paris ont des marchandises à recevoir de la province, ils sont obligés d'envoyer ou des *corsets* ou des billets à la face de Louis ; sans cela on ne leur expédierait rien (2).

Avant de le quitter, Dutard, montrant sur plusieurs points des Halles divers groupes de femmes : « Que pensent-elles des affaires ? » demanda-t-il. — « Ma foi, a répondu notre épicier, ces femmes sont presque toutes aristocrates; l'ancien régime, le nouveau ou tout autre leur est égal; elles ne vendent plus rien, et le premier qui leur promettrait l'abondance les aurait à sa dévotion (3). »

Par la rue des Lombards et la rue des Arcis, nous gagnâmes le quai Pelletier. Il y régnait une extrême agitation. Des fenêtres se fermaient, d'autres s'ouvraient avec fracas. Des cris, des chants s'élevaient de tous côtés. Rangées en ordre de bataille, avec un drapeau à leur tête, des femmes se dirigeaient vers le Pont-Neuf et invitaient les passants à venir avec elles à l'Abbaye délivrer leur bon magistrat, le brave

---

(1) Le *corset* était un assignat de 5 livres. Le mot *corset* ne se trouve pas dans le *Dictionnaire* de Littré, non plus que les autres mots, au nombre de plus d'un millier, créés à l'époque de la Révolution. Il y aurait à publier un *Dictionnaire de la langue française pendant la Révolution*.

(2) Schmidt, t. II, p. 61.

(3) *Ibid.*, t. I, p. 272.

Père Duchesne (1). Ces excellentes patriotes n'étaient rien moins que les citoyennes de la *Société fraternelle*, hideuses mégères que l'on est sûr de rencontrer partout où il y a un mauvais coup à faire ou un spectacle hideux à voir, au Tribunal révolutionnaire, autour de l'échafaud, dans les tribunes de la Convention ou dans la rue, les jours d'émeute. Quelques-unes avaient des piques à la main, ou des sabres, ou de grands couteaux; plusieurs avaient des bouteilles, toutes hurlaient : *A bas les douze ! Vive la Montagne ! A la guillotine les Brissotins Vive Marat ! Vive le Père Duchesne !* Et cette bande traversait ainsi les rues de Paris, librement, sans qu'aucune autorité essayât d'y mettre obstacle (2).

A la hauteur du Pont-Neuf, nous avons laissé les citoyennes de la *Société fraternelle* continuer leur route vers l'Abbaye, et nous nous sommes dirigés vers les Tuileries, où s'était rassemblée une autre troupe de femmes. Celles-ci occupaient la grande

(1). Beaulieu, *le Diurnal de la Révolution*, 26 mai 1793.
(2). Le 20 mai, la Convention avait nommé une commission de douze membres chargés d'examiner les actes et arrêtés de la Commune de Paris depuis un mois. Sept des Douze appartenaient à la Gironde : Boyer-Fonfrède, Rabaut Saint-Étienne, Kervélégan, Boilleau, Mollevaut, Bergoeing, Henry-Larivière. Quatre autres étaient d'une nuance moins tranchée : Gomaire, Saint-Martin Valogne, Bertrand (de l'Orne), Gardien. Le dernier, Viger, siégeait à la Convention depuis le 27 avril seulement. Le 21 mai, la Commission des Douze avait lancé des mandats d'amener contre deux administrateurs de police, Michel et Marino, et avait fait emprisonner à l'Abbaye le substitut du procureur de la Commune, Hébert, pour un article du *Père Duchesne*, où les Girondins étaient accusés de chercher à allumer la guerre civile et à armer contre les Parisiens les citoyens des départements.

terrasse du château, où régnait un tumulte indescriptible. Elles avaient juré de ne pas laisser exécuter le nouveau décret de la Convention, aux termes duquel 400 billets sont remis aux députés pour être distribués à leurs frères des départements. Elles se tenaient auprès du poste qui examine les billets de tribune, les arrachaient des mains du factionnaire, les déchiraient et renvoyaient ceux qui en étaient porteurs avec des huées, quelquefois même avec de mauvais traitements (1). Il va sans dire que la garde, composée de simples citoyens qui changent chaque jour, n'a montré aucune énergie; elle paraissait se désintéresser de ce qui se passait sous ses yeux. Un député, dont Dutard n'a pu me dire le nom, est intervenu. « Que faites-vous là? a-t-il dit aux femmes qui entouraient le poste; qui vous a permis d'y être? — L'Égalité, a répondu l'une d'elles. Ne sommes-nous pas tous égaux? et si nous sommes tous égaux, j'ai le droit d'entrer aussi bien que ceux qui ont des cartes. » Le député les ayant alors menacées, déclarant qu'il trouverait bien le moyen de les faire expulser, il s'est attiré cette riposte : « Allez, monsieur le Brissotin, allez donc, votre place est dans la salle; nous resterons ici malgré vous, et nous mettrons obstacle à vos iniquités (2). » Il était dix heures; la séance allait commencer; le représentant est rentré dans la salle, au milieu des cris et des rires de la foule. Les hommes de garde n'ont rien dit.

Dans le jardin, un coupeur de têtes, l'un des ac-

---

(1) *Lettres de J. P. Brissot à ses commettants.* Schmidt, t. I, p. 377.

(2) *Rapport de Dutard*, Schmidt, t. I, p. 272.

teurs des massacres de Septembre, nous a fait l'honneur de s'entretenir avec nous quelques instants, et de nous apprendre qu'il avait *travaillé* à l'Abbaye et à la Force. Il m'a paru, d'après son discours, que ce digne homme ne se mettait de la partie que dans les bonnes fêtes et qu'il espérait avoir bientôt de l'ouvrage (1). Quand nous fûmes débarrassés de ce misérable, Dutard ne me cacha pas qu'il croyait, en effet, que nous touchions à une nouvelle crise, et peut-être à de nouveaux massacres. Voici un propos qu'il a recueilli tout dernièrement et qui aurait été tenu par le fameux Hanriot, *commandant du bataillon de la section des Sans-Culottes*. S'adressant de son ton de voix rauque à un ouvrier du port Saint-Bernard : « Bonjour, mon camarade, lui a dit Hanriot, nous aurons bientôt besoin de vous autres ; mais cette fois-ci ce n'est pas avec des piques que nous travaillerons les B...gres d'aristocrates, c'est avec des barres de fer ». Apercevant un autre ouvrier assis dans son tombereau : « As-tu de l'ouvrage, mon ami ? — Mais pas mal. — Oh ! je t'en donnerai de meilleur dans quelques jours ; ce n'est pas du bois, mais des cadavres que tu transporteras dans ta voiture ! — Eh ! bien, eh ! bien, c'est bon, a répondu le manœuvre ; nous ferons comme nous avons déjà fait le 2 septembre, cela nous fera gagner des sous » (2).

Comme onze heures sonnaient à l'horloge des Tuileries, Dutard m'a demandé si je connaissais M. Saule. — « Non ? Eh bien ! entrons un instant dans son café.

---

(1) Schmidt, t. II, p. 5, *Rapport de Dutard*.
(2) *Rapport de Perrière à Garat*, Schmidt, t. I, p. 335.

Il est depuis longtemps de mes amis ; je vais vous présenter à lui. »

M. Saule, dont le café est établi contre le mur du jardin, auprès de l'entrée de l'ancienne salle du Manège, est un gros petit vieux, qui va, court, roule, toujours parlant, criant, riant ; il a connu tout le personnel de nos trois Assemblées, et les journalistes non moins que les députés. Sur Mirabeau et l'abbé Maury, sur Robespierre et Barnave, sur Cazalès et Danton, sur Pétion et Brissot, comme sur Camille Desmoulins ou sur Hébert, il a un fonds inépuisable de souvenirs et d'anecdotes. Il nous en a conté quelques-unes, pendant que nous faisions honneur à l'excellent chocolat à la tasse qu'il avait tenu à nous offrir.

— « Voici l'histoire de M. Saule, me dit Dutard, lorsque nous fûmes sortis du café et pendant que nous nous rendions rue Saint-Honoré. Vous allez voir qu'elle ne laisse pas d'être instructive. Notre homme a été d'abord tapissier, puis colporteur, charlatan, vendant des boîtes de 4 sous, garnies de graisse de pendu pour guérir le mal aux reins. De chute en chute, il tomba en 1790 dans les tribunes de l'Assemblée nationale, où sa voix vibrante, toujours humectée, lui valut quelque réputation, et, paraît-il, quelque profit. A cette époque, j'étais un habitué des tribunes, et je ne tardai pas à devenir l'un des nombreux amis de M. Saule. Hélas ! nous apprîmes un beau matin qu'il était accusé de je ne sais trop quelle friponnerie, et que nous ne le reverrions plus. Ceux qui parlaient ainsi ne le connaissaient guère. Il était bien vrai qu'il avait dû reprendre sa boîte aux onguents et recommencer ses voyages. Mais deux mois ne s'étaient pas écoulés qu'il reparaissait tout guilleret dans les tribunes, et qu'il y rendait de nouveau à la cause populaire (sans s'oublier lui-même, bien entendu) les plus signalés services.

« Pendant près de trois ans, il a réglé l'esprit public dans la tribune confiée à ses soins. Ayant obtenu un emplacement pour établir un café à la porte même de l'Assemblée, il vit grandir encore son importance. Avant d'entrer au Manège, chacun passait à son comptoir pour apprendre de lui quel était l'ordre du jour, quand et comment il faudrait applaudir les orateurs ou les huer. L'Assemblée nationale, reconnaissante, lui a décerné une récompense pour ses bons et agréables services. A son tour, l'Assemblée législative lui a accordé, outre une somme de 600 livres, un logement dans la maison des Feuillants. Le voilà riche aujourd'hui et bien loin de ses boîtes de 4 sous, garnies de graisse de pendu (1) ! »

Je vis bien qu'il y avait quelque amertume dans ces paroles du malheureux Dutard, qui n'est ni sans talent ni sans honnêteté, et qui est plus pauvre que jamais. « Que voulez-vous? lui ai-je dit ; n'est-il pas juste que la Révolution fasse la fortune de M. Saule? Ce sont les Assemblées qui ont fait la Révolution, mais ce sont les tribunes qui ont entraîné les votes des Assemblées, et ce sont les hommes comme M. Saule qui ont fait l'opinion des tribunes ! »

Il était midi. Nous avons dîné chez le citoyen Venua, en face des Jacobins (2). A peine étions-nous

(1) *Rapport de Dutard à Garat*, Schmidt, t. I, p. 215.
(2) Le restaurant Venua, situé à côté du Manège, n° 75, avait aussi une entrée par la rue Saint-Honoré, maison dite *hôtel des Tuileries*, vis-à-vis les Jacobins, même numéro. — *Petites affiches*, avril 1793.

assis, arrive un marmiton, la chemise retroussée jusqu'au coude, l'air empressé et le sourire aux lèvres : « Citoyen, lui dis-je, nous voudrions... — *Citoyen ?* répliqua le marmiton ; vous vous moquez, je crois ; je ne m'appelle pas citoyen. Dites donc *Monsieur*. » Ce petit trait nous a beaucoup fait rire, ainsi que tous ceux qui étaient présents (1).

Au Palais-Égalité, où nous sommes allés en sortant de chez Venua (il était alors une heure), la fermentation était assez grande. Dans l'un des groupes, un garde national s'élevait avec violence contre la Commission des Douze. « Ces demi-mesures, disait-il, ont toujours perdu le peuple ; on n'a que trop épargné le sang. La journée du 10 août reste encore à faire. Nous n'avons fait que changer de tyrans. Le despotisme règne encore dans le palais des Tuileries. De nouveaux rois s'environnent de nouveaux Suisses, nous avons encore des Mandat ; il faut que tout cela finisse, et que les nouveaux tyrans et leurs satellites tombent une seconde fois sous le fer du peuple. Il faut que la moitié de Paris meure pour sauver l'autre et pour préserver la République. » Il a dit ensuite qu'il ne doutait pas que la *fin du mois* ne fût, pour beaucoup de gens, la fin du monde (2). Une femme a appuyé chaudement ce discours, déclarant que les citoyens de la Butte des Moulins étaient de nouveaux Suisses, mais qu'ils auraient le sort des autres.

Tout semble indiquer, en effet, qu'un nouveau 10 août se prépare, et qu'il aura, comme le premier,

---

(1) *Rapport de Dutard*, Schmidt, t. II. p. 21.
(2) *Rapport de Latour-Lamontagne*, Schmidt, t. I, p. 336.

les Tuileries pour théâtre. Seulement, au lieu d'être dirigé contre Louis XVI et les Suisses, il le sera contre les Girondins ; contre Brissot, qui a proclamé que « la Révolution du 10 août serait à jamais le plus beau jour de fête pour la France (1) » ; contre Vergniaud, qui présidait ce jour-là la Législative et fit voter la convocation d'une Convention nationale.

Désireux de connaître ce qui s'était passé à la Convention, nous étions de retour aux Tuileries sur les trois heures. Les femmes que nous avions vues le matin à la porte des Tuileries y étaient encore. Sont-elles payées pour cela ? Peut-être. J'en ai entendu une dire à un Jacobin qui allait de groupe en groupe et semblait donner un mot d'ordre: *Vous me devez encore 20 sous ;* et le Jacobin les lui remit aussitôt.

Nous avons pu pénétrer dans une tribune et assister à la seconde partie de la séance. Isnard présidait. Les Brissotins ont encore la majorité ; et, malgré la Montagne, ils ont cassé aujourd'hui le *Comité révolutionnaire* de la section de l'Unité, et ordonné l'élargissement d'Antoine Le Tellier, professeur au collège des Quatre-Nations, que ce comité avait fait arrêter. Le crime de Le Tellier était d'avoir composé des vers latins contre Robespierre et Marat, et d'avoir fait traduire dans sa classe les *Catilinaires*, de Cicéron, et la *Conjuration de Catilina*, par Salluste. Salle a demandé ironiquement le décret d'accusation contre Salluste et un mandat d'arrêt contre

---

(1) *A tous les républicains de France,* par J. P. Brissot, Octobre 1792.

Cicéron. Plus d'un, à l'extrémité gauche, m'avait tout l'air de ne pas connaître beaucoup plus Salluste que le valet du *Joueur* ne connaissait Sénèque :

Ce Salluste, Monsieur, est un bien méchant homme ;
Était-il de Paris ?
— Non, il était de Rome.

Bourdon, Bentabolle, d'autres Montagnards encore, ont réclamé la lecture des vers latins de Le Tellier ; mais on leur a objecté qu'il faudrait les leur traduire, et c'était un embarras (1).

La Gironde venait de sauver un de ses amis, et cela lui avait demandé sans doute un grand effort. Quelques instants après, elle se joignait à la Montagne pour décréter le renvoi devant le Tribunal révolutionnaire de Jacques Leclerc, directeur *de la Chronique nationale et étrangère et en particulier des cinq départements substitués à la province de Normandie*, de Michel Aumont, homme de loi, et de vingt et un autres habitants de Rouen, accusés d'avoir, les 11 et 12 janvier dernier, foulé aux pieds la cocarde nationale et brûlé l'arbre de la Liberté (2).

Au moment où nous sortions de la salle de la Con-

---

(1) *Le Patriote français*, n° 1383. — *Le Moniteur* indique à peine cet épisode, qui eut pourtant un dénoûment tragique. Mis en liberté le 26 mai 1793, Le Tellier fut arrêté de nouveau et guillotiné le 6 messidor an II (24 juin 1794).

(2) *Le Patriote français*, n° 1383. — Les manifestants de Rouen comparurent devant le tribunal révolutionnaire en septembre 1793. Leclerc, Aumont et six de leurs coaccusés, parmi lesquels une femme, un pauvre diable de ramoneur et des jeunes gens de dix-huit, vingt et un et vingt-deux ans, furent condamnés à mort. (Voy. *Histoire du Tribunal révolutionnaire*, par H. Wallon, t. I, p. 252 et suiv.)

vention, les commissaires de seize sections de Paris se présentaient à la barre pour réclamer la liberté d'Hébert et la suppression de la Commission des Douze.

« Cette arrestation d'Hébert, me dit Dutard, quand nous fûmes dehors, va mettre le feu aux poudres. L'insurrection qui est dans l'air depuis plusieurs semaines ne peut manquer maintenant d'éclater au premier jour. La Gironde va périr, le triomphe de la Commune est assuré. Les riches, les gens aisés, sont menacés de la plus effroyable tyrannie. Croyez-vous qu'ils s'en préoccupent, qu'ils se concertent entre eux, qu'ils recherchent les moyens de conjurer le danger? Ils s'en gardent bien. Et vraiment ils ont mieux à faire! Soyez sûr qu'à l'heure où je vous parle, ils remplissent les salles de spectacle. Aussi bien, il est cinq heures (1), et nous ne saurions mieux finir notre journée qu'en entrant un instant au théâtre. »

La salle du théâtre de la Nation, où nous avons pris deux billets de galerie, était à peu près pleine. On jouait *les Châteaux en Espagne*, de Collin d'Harleville. J'avais assisté à l'une des premières représentations de la pièce, au mois de février 1789, quand nous faisions tous des châteaux en Espagne, comme ce bon M. d'Orlange :

Eh! Victor, chacun fait des châteaux en Espagne!
On en fait à la ville ainsi qu'à la campagne;
On en fait en dormant, on en fait éveillé.
Le pauvre paysan, sur sa bêche appuyé,

(1) En 1793, les théâtres s'ouvraient à quatre heures de l'après-midi.

> Peut se croire, un moment, seigneur de son village.
> Le vieillard, oubliant les glaces de son âge,
> Se figure aux genoux d'une jeune beauté,
> Et sourit. Son neveu sourit de son côté,
> En songeant qu'un matin du bonhomme il hérite.
> Telle femme se croit sultane favorite,
> Un commis est ministre ; un jeune abbé prélat ;
> Le prélat (1)...

Si grand est le contraste entre ces brillantes illusions qui charmaient alors tous les esprits et les sombres réalités auxquelles nous assistons, que l'innocente et naïve comédie de Collin d'Harleville m'a fait, ce soir, l'effet d'une amère et violente satire. Telle ne semblait point être, d'ailleurs, l'impression générale. Les autres spectateurs ont paru prendre un plaisir extrême à la pièce, et surtout au jeu savant des acteurs, de Fleury en particulier, qui est parfait dans le rôle de M. d'Orlange. Rien n'est plus extraordinaire, et aussi, il faut bien le dire, rien n'est plus triste que la tranquille inconscience avec laquelle nos bons bourgeois continuent à se livrer à leurs plaisirs habituels, au milieu des périls et des hontes de la patrie. Dutard n'avait que trop raison lorsqu'il me disait : « Qu'on leur laisse leurs anciens plaisirs; qu'on ne leur enlève pas la liberté d'aller et venir dans l'intérieur de leur ville; qu'on ne les force pas d'aller à la guerre; dût-on les assujettir à de plus fortes contributions, ils ne feront pas le moindre mouvement, on ne saura pas même s'ils existent, et la plus grande question qu'ils pourront agiter dans

---

(1) *Les Châteaux en Espagne*, acte III, scène VII. La première représentation avait eu lieu le 20 février 1789.

les jours où ils raisonneront, sera celle-ci : *S'amuse-t-on autant sous le gouvernement républicain que sous l'ancien régime* (1)? »

... A neuf heures, Dutard m'a quitté pour aller rédiger son rapport à Garat. Ce n'est décidément pas une sinécure que le poste de « commissaire observateur local pour le département de Paris ».

(1) Schmidt, t. I, p. 378.

XXX

LA FÊTE-DIEU

Jeudi 30 mai 1793.

C'était aujourd'hui la Fête-Dieu. Elle s'est naturellement ressentie de la situation publique, de la révolution qui se prépare et qui éclatera, demain peut-être, dans les rues de Paris.

En raison des circonstances, les curés de plusieurs paroisses ont jugé prudent de faire les processions *intrà muros* (1). A Saint-Germain l'Auxerrois, notamment, la procession a eu lieu dans l'enceinte de l'Église. A la Madeleine, au contraire, la procession est sortie, et l'on y a remarqué un assez grand nombre de gardes nationaux (2).

Le quartier des Halles est mon centre principal d'observation. N'est-ce pas là surtout, dans ces grandes et vieilles rues Saint-Denis, Saint-Martin, Saint-Eustache, qu'il faut aller lorsqu'on veut mettre la main sur le cœur de Paris? Ce matin, sur les huit heures, j'étais dans la rue Saint-Martin, près de Saint-Merri, lorsque j'entendis un tambour. Au même moment, j'aperçus une bannière, et mes

---

(1) Schmidt, *Tableaux de la Révolution française*, t. I, p. 350. *Rapport de Dutard à Garat.*

(2) *Ibid.*, t. I, p. 351.

voisins m'annoncèrent que la procession de Saint-Leu allait sortir. Je me dirigeai aussitôt de ce côté. Le cortège ne tarda point à paraître. Un suisse de bonne mine, puis une dizaine de prêtres précédaient le doyen qui portait le Saint Sacrement. Le dais était escorté par douze volontaires et suivi par une foule assez nombreuse. Les boutiques n'étaient point fermées, les maisons n'étaient point tendues; mais, à défaut de la pompe accoutumée, un respect sincère, un recueillement véritable. Tout le monde se prosternait; je n'ai pas vu un seul homme qui n'ait ôté son chapeau. Lorsque le dais a passé devant le corps de garde de la section Bonconseil, tous les hommes du poste sont sortis et se sont mis sous les armes (1).

Quelques instants après, j'étais au milieu des halles. L'émoi était général. Des groupes s'étaient formés de tous côtés, et les citoyennes de la halle menaient grand bruit et s'échappaient en vives lamentations. « Hé quoi! criaient-elles, on nous avait dit que la procession ne sortirait pas, et la voilà qui vient! Entendez-vous le tambour? Elle sera ici avant un quart d'heure : nul moyen de tapisser avant qu'elle n'arrive! Ah! que n'avons-nous au moins un drap! » Plusieurs se sont mises d'avance à genoux, et dès que le clergé a paru, toutes se sont prosternées; plusieurs avaient les larmes aux yeux. Pendant ce temps, les marchands, sur le pas de leurs portes ou à leurs fenêtres, tiraient des coups de fusil en signe de réjouissance; plus de cent coups ont été tirés (2). Le cortège

(1) Schmidt, *loc. cit.*
(2) *Ibid.*

passé, les groupes se sont reformés, et les conversations ont repris avec une nouvelle ardeur. Ici, on exprimait tout haut le regret que la cérémonie n'eût pas été célébrée avec autant d'éclat que les années précédentes ; là, on rappelait que cette fête et tant d'autres valaient autrefois à des milliers de gens des profits qui leur font grand'faute présentement. « Tous les ans, m'a dit une bouquetière en chef, à l'époque des deux Fête-Dieu, j'employais trente femmes, et nous ne manquions jamais, elles et moi, de faire une excellente quinzaine. Les modistes, les tapissiers, les marchands d'indienne et d'étoffes y trouvaient leur compte comme nous (1). » Je me suis gardé de contredire cette brave femme qui ajouta, en mettant le poing sur la hanche, que l'on avait bien fait de détrôner le tyran, mais que, si l'on voulait toucher au bon Dieu, cela porterait malheur à la République.

(1) Schmidt, t. II, p. 6.

XXXI

LA RÉUNION DE L'ÉVÊCHÉ

Vendredi 31 mai 1793.

Aujourd'hui, 31 mai, le *Comité central d'insurrection* est entré officiellement en scène; il a pris la direction du mouvement; son autorité est reconnue par les sections, par le club des Jacobins, par le club des Cordeliers, par la commune elle-même qui vient d'abdiquer en ses mains. Dans quelques heures peut-être il aura chassé des Tuileries les députés de la Gironde, et ajouté, à la liste déjà longue de nos révolutions, une révolution de plus. Qu'est-ce donc au juste que ce comité? Quelles sont ses origines? Sa composition? Comment est-il arrivé à dicter ses volontés à la Commune de Paris, en attendant qu'il les dicte à la Convention et à la France? Je crois utile de le rechercher. Cette histoire du *Comité central* sera le pendant de l'histoire de la *Société des Feuillants*, et, si je ne me trompe, il s'en dégagera la même leçon, les mêmes enseignements.

Le 30 mars dernier, la section des Droits de l'Homme, l'une des plus révolutionnaires de Paris (1),

---

(1) La section des *Droits de l'Homme*, ci-devant section du *Roi de Sicile*, tenait son assemblée dans l'église du Petit-Saint-Antoine.

a invité les quarante-sept autres sections à nommer des commissaires, qui se rendraient le lendemain à l'Évêché (bureau n° 6), pour délibérer sur les moyens de sauver la patrie (1). Le lieu de la réunion était bien choisi. L'Évêché est situé à côté de Notre-Dame, dans la section de la Cité, connue par son exaltation démagogique, et dont le principal meneur n'est rien moins que Dobsent, l'ami de Hébert.

Dans l'assemblée tenue le 31 mars (2), quelques-uns des délégués déclarèrent que leurs pouvoirs les autorisaient seulement à prendre connaissance des moyens de salut public qui seraient proposés et à en référer à l'assemblée générale de leur section : scrupules hors de saison, qui n'étaient pas pour arrêter longtemps la majorité des commissaires, lesquels se constituèrent en *Assemblée centrale de salut public, correspondant avec les départements sous la sauvegarde du peuple* (3).

Dès le 1ᵉʳ avril, l'*Assemblée centrale* envoyait une députation au conseil général de la Commune pour l'informer de sa réunion et demander qu'il fût pourvu à ses frais de bureau. Le conseil général, après

---

(1) Le palais de l'Archevêché n'était plus appelé que l'Évêché, depuis que la constitution civile du clergé avait supprimé tous les sièges archiépiscopaux. Jean-Baptiste-Joseph GOBEL, ci-devant évêque de Lydda, avait été installé, comme évêque de Paris, le 27 mars 1791. Il fut guillotiné le 24 germinal an II (13 avril 1794), le même jour que Chaumette, Lucile Desmoulins et la veuve de Hébert.

(2) La réunion provoquée par la section des Droits de l'Homme eut lieu à l'Évêché le 31 mars, et non le 1ᵉʳ avril, comme le dit M. Adolphe Schmidt, au tome I, page 151, de ses *Tableaux de la Révolution française*.

(3) *Moniteur* du 4 avril 1793.

avoir entendu Chaumette, émit un avis favorable (1).

Je dois ici rendre justice à la Convention. Elle parut comprendre les dangers de cette soi-disant *Assemblée de salut public*, et elle s'efforça de les conjurer.

Parmi les sections dont les délégués avaient refusé de s'associer au vote du 31 mars, se trouvait la section du Mail, une des rares sections où les modérés soient encore les maîtres (2). Elle déclara, en assemblée générale, « qu'elle approuvait la conduite de ses commissaires, en ce qu'ils s'étaient restreints dans les bornes de leurs pouvoirs ; qu'elle improuvait très expressément l'arrêté pris par les commissaires des sections réunis à l'Évêché, et qu'elle se soumettrait toujours aux seules autorités constituées et aux lois émanées de la Convention ». Elle décida, en outre, que son arrêté serait porté à la Convention, qui en entendit la lecture dans sa séance du 2 avril, et qui, sur la proposition de Barère, rendit le décret suivant :

Art. Ier. — La Convention nationale décrète que la section du Mail a bien mérité de la patrie.

II. — Le maire de Paris viendra à la barre pour rendre compte de la connaissance qu'il a du rassemblement des commissaires de sections à l'Évêché, le 31 mars dernier.

III. — Les commissaires des sections qui ont pris l'arrêté du 31 mars, sont mandés à la barre pour rendre compte des motifs de cet arrêté et faire l'apport de leurs registres.

IV. — La Convention nationale déclare à tous les citoyens de la République que la même fermeté qu'elle a déployée dans dans le jugement du tyran va diriger ses délibérations dans les mesures qu'elle prendra pour abattre la

(1) Commune de Paris, séance du 1er avril 1793.
(2) La section du *Mail*, ci-devant de la *Place de Louis XIV*, tenait son assemblée dans l'église des Petits-Pères.

nouvelle tyrannie qui s'élève et qui menace d'usurper ou d'anéantir la représentation nationale (1).

C'était là un fier langage. Malheureusement, cette *fermeté* que la majorité de la Convention se vantait d'avoir déployée *dans le jugement du tyran*, qu'avait-elle été autre chose qu'une lâche soumission aux volontés et aux passions de la démagogie ? Cette fois, il s'agissait, non plus de céder, mais de résister à la populace, et la Convention s'avançait peut-être beaucoup trop en prenant un engagement aussi solennel.

Elle allait cependant rencontrer, dans sa lutte contre l'*Assemblée centrale de salut public*, de puissants auxiliaires, et, à leur tête, la Commune elle-même, qui comprit bien vite la faute qu'elle avait commise en donnant son investiture à la réunion de l'Évêché.

Le 2 avril, le jour même où les députés de la section du Mail se présentaient devant la Convention, une députation du corps électoral était reçue par la Commune et lui témoignait « l'indignation dont l'assemblée électorale avait été saisie à la vue d'un rassemblement d'individus qui méconnaissaient la souveraineté du peuple et avaient l'audace de s'intituler, sans pouvoirs de la majorité des sections, *Comité central de salut public correspondant avec les départements.* » On apprenait, en même temps, que quatre sections, celles de l'Arsenal, du Marais, des Gravilliers et des Arcis, venaient de retirer les pouvoirs qu'elles avaient donnés à leurs commissaires pour être membres de ce comité central ; l'adhésion

(1) *Moniteur* du 4 avril 1793.

de la majorité des sections se trouvait, par suite, lui faire défaut. Le Conseil général de la Commune décida, en conséquence, qu'il serait sursis à l'exécution de son arrêt de la veille (1).

De son côté, le club des Jacobins avait vu, avec inquiétude, la création de cette *Assemblée centrale* qui, en organisant une *correspondance avec les départements*, allait directement sur ses brisées. Souffrirait-il que d'audacieux rivaux élevassent ainsi autel contre autel ? Il était en séance, le 31 mars, quand un des commissaires qui venaient de constituer à l'Évêché le *Comité central*, entra et fit part à la société de ce qui venait de se passer. A l'instant, tous les membres se levèrent et manifestèrent hautement leur improbation (2). Dans la séance du 3 avril, un des membres du club fit observer que le *Comité central de salut public* était assemblé à l'Évêché dans le moment où l'on déclarait qu'il était dissous. Un autre membre annonça que presque toutes les sections avaient pris des arrêtés improbatifs de ce comité, dont il était dès lors inutile de s'occuper parce qu'il n'avait qu'un souffle de vie. Un troisième fit la proposition suivante : « Je demande la radiation de tous les membres de cette société, qui ne se retireront pas de ce club anticivique. » Cette motion fut adoptée (3).

Le *Comité central* n'avait donc pour lui, à l'origine, ni le club des Jacobins, ni le conseil général de

---

(1) Commune de Paris, séance du 2 avril 1793.
(2) Discours de Barère. Séance de la Convention, du 2 avril 1793. (*Moniteur* du 4 avril).
(3) Séance des Jacobins du 3 avril 1793.

la Commune ; il avait contre lui la majorité de la Convention. Il ne s'en mit pas autrement en peine et se garda bien de déférer au décret du 2 avril, qui mandait à la barre « les auteurs de l'arrêté pris à l'Evêché le 31 mars », et les sommait de faire « l'apport de leur registre ». La Convention subit en silence ce mépris de son autorité, et, le 10 avril Vergniaud, dans sa réponse à Robespierre, ne put que constater, en ces termes, « l'incroyable faiblesse » de ses amis : « Un nouveau complot s'est manifesté par la formation de ce comité central qui devait correspondre avec tous les départements. Ce complot a été déjoué par le patriotisme de la section du Mail qui vous l'a dénoncé; vous avez mandé à votre barre les membres de ce comité central : Ont-ils obéi à votre décret ? Sont-ils venus ? Non. Qui êtes vous donc ? Avez-vous cessé d'être les représentants du peuple ? Où sont les hommes nouveaux qu'il a investis de sa toute-puissance ? Ainsi on insulte à vos décrets ; ainsi vous êtes honteusement ballottés de complots en complots (1). »

La mollesse de la Convention n'était pas pour décourager les organisateurs du Comité central de salut public; tout au plus se résignèrent-ils à masquer leurs desseins, à les recouvrir d'un voile auquel personne, assurément, ne se pouvait tromper. Depuis longtemps les électeurs illégalement nommés au 10 août se rassemblaient à l'Evêché, et leur réunion portait le titre de *Club électoral* (2). Tous appartenaient à l'opinion démagogique, et plusieurs des commissaires de sec-

---

(1) *Moniteur* du 1 avril 1793.
(2) Discours de Lanjuinais à la Convention dans la séance du 30 mai 1793. (*Moniteur* du 1ᵉʳ juin).

tions, qui formaient le Comité central avaient été pris parmi eux. Rien ne fut donc plus facile aux membres de ce Comité que de continuer à se réunir à l'Évêché, sous couleur de prendre part aux Assemblées du Club électoral. Les premiers jours du mois de mai nous les montrent préparant une nouvelle *journée* révolutionnaire.

Le 12 mai, ils tiennent, au nombre de quatre-vingts, une séance dans laquelle ils étudient les moyens de *purger* la Convention (1). Ils décident qu'il y a lieu de procéder au *désarmement* et à *l'arrestation* de toutes les personnes suspectes, et de confier l'exécution de cette mesure aux *comités révolutionnaires* des quarante-huit sections. Le soin de faire accepter par la Commune la résolution qui vient d'être adoptée, est laissé aux administrateurs de police, qui sont tous des Maratistes fougueux, et dont quelques-uns assistaient, sans nul doute, à la réunion de l'Évêché. Dès le 13 mai, en effet, l'Administration de police rend compte de la situation de Paris au Conseil général de la Commune et termine son rapport par cette phrase : « Nous pensons qu'une mesure indispensable, c'est le *désarmement* et *l'arrestation* de tous les gens suspects qui abondent à Paris, et qui, naguère, ont failli y allumer la guerre civile (2). » Le Conseil se range à leur avis ; il arrête que « le désarmement et l'arrestation des gens suspects sont dévolus au maire et à

---

(1) Rapport de Terrasson à Garat, du 13 mai 1793. — Rapport de Dutard, du 14 mai, (Adolphe Schmidt, t. I, p. 217 et 225). Séance de la Convention du 18 mai, discours de Barère. (*Moniteur* du 20 mai 1793).

(2) *Chronique de Paris*, mai 1793.

l'Administration de police, et que le mode en sera discuté dans le secret. »

Sans perdre de temps, l'Administration de police, par une lettre en date du 14, signée Léchenard et Soulès (1), invite les *Comités révolutionnaires* des sections à former une *assemblée à la mairie*, à l'effet de prendre des mesures de police dans l'intérêt du salut public, et spécialement de dresser une liste des suspects.

A partir de ce moment, il y a donc eu deux foyers d'agitation parfaitement distincts : le *Comité central de salut public*, composé des commissaires des sections et se réunissant à l'Évêché ; l'assemblée des délégués des *comités révolutionnaires*, se réunissant à la mairie.

Ces délégués délibérèrent d'abord « dans le secret », suivant la recommandation qui leur en était faite. Il transpira cependant quelque chose de leurs deux premières réunions, et Barère, dans la séance de la Convention du 18, s'est fait à la tribune l'écho des bruits qui couraient à ce sujet. Après avoir parlé des assemblées qui se tenaient dans une des salles de l'Évêché, il ajouta : « Un autre fait, sur lequel je demande que le ministre des affaires étrangères et celui de l'intérieur soient entendus, c'est que quelques hommes se rassemblaient dans un certain lieu (*la mairie*) où ils traitaient des meilleurs moyens d'enlever à la Convention vingt-deux têtes ; et pour réussir, on devait

(1) Soulès donna sa démission d'administrateur de police le 20 mai, « parce qu'il ne voulait pas tremper dans un complot qui se tramait pour égorger une partie des citoyens de Paris. » (*Pièces officielles*, à la suite des *Mémoires de Meillan*, p. 189).

se servir de femmes. Une pétition aurait été présentée à la Convention pour la prier de retourner dans l'ancienne salle, et en passant au milieu du peuple, qu'on calomnie, on devait délivrer la France de ces vingt-deux citoyens (1). »

La troisième réunion du *Comité central des comités révolutionnaires* a eu lieu le dimanche 19 mai, le lendemain du discours de Barère et de la création de la Commission des Douze ; comme les deux premières, elle s'est tenue à la Mairie. Étaient présents des députés de trente-cinq à trente-sept sections, et des administrateurs de police, entre autres Marino et Michel. C'est un administrateur de police qui présidait, et quand un membre voulait sortir, il en était empêché. Les questions à l'ordre du jour avaient trait à trois objets : 1° aux hommes suspects qu'il fallait arrêter ; 2° aux députés de la Convention qu'il fallait proscrire ; 3° à l'aristocratie des sections, contre laquelle il importait de prendre des mesures révolutionnaires. La motion a été faite de saisir les principaux députés du *côté droit* (2), de les *septembriser* : puis, le coup fait, d'envoyer des courriers dans les départements, afin d'y répandre le bruit qu'ils avaient émigré. Sept ou huit membres de l'assemblée, et parmi eux deux administrateurs de police, ont parlé dans ce sens. Le commissaire de la section de la Fraternité, qui prenait des notes, a été chassé comme suspect. Le président de la section de 1792 a été également chassé pour avoir dit que la

(1) *Moniteur* du 20 mai 1793.
(2) Dans les *Pièces officielles*, publiées à la suite des *Mémoires de Meillan*, il est parlé, tantôt de vingt-deux, tantôt de trente-deux ou de trente-trois députés à proscrire.

mesure proposée était contraire aux lois, et que, si ces députés étaient coupables, il fallait les traduire devant les tribunaux (1).

Le lundi 20 mai, nouvelle réunion, présidée celle-là par le maire, le *bonhomme Pache*, qui ouvrit la séance par ces paroles : « Vous êtes assemblés pour donner la liste des hommes suspects. » Un membre s'est alors levé et a dit : « Il avait été question hier d'arrêter quelques-uns des députés à la Convention nationale, de les mettre dans un endroit sûr, de les tuer après et de supposer qu'ils étaient émigrés. Je demande que l'on engage la discussion sur cet objet. » Cette motion ayant été combattue, le maire a répondu à celui qui l'avait faite : « Il n'est point ici question d'exécuter, ni d'arrêter aucun représentant du peuple ; nous sommes réunis pour connaître les hommes suspects de la capitale. Je demande que l'on passe à l'ordre du jour. » Il a ensuite proposé que chacun indiquât les noms de ceux qu'il considérait comme suspects ; et, profitant de ce qu'on était venu le demander deux fois pour se rendre au Conseil général, il a levé la séance (2).

Le 21, treize commissaires seulement étant présents, la séance n'a pas eu lieu (3).

Les agitateurs avaient évidemment commis une lourde faute en dévoilant ainsi imprudemment leurs projets, en mettant le maire en demeure de s'y associer publiquement. Nul doute que *papa Pache* ne

---

(1) Notes remises à la commission des Douze. (*Mémoire de Meillan*, pp. 176, 177, 180, 182, 183, 184).
(2) *Mémoires de Meillan ; Pièces officielles*, pp. 184, 185, 186.
(3) *Ibid.*, pp. 177, 178.

soit favorable à la proscription des députés : n'a-t-il pas signé, le 15 avril, la pétition des trente-cinq sections, lue par Rousselin et demandant à la Convention de sacrifier vingt-deux de ses membres (1)? Sa prudence bien connue ne lui permet pas d'aller plus loin. Laisser discuter devant lui, sous sa présidence, la question de savoir comment on s'y prendrait pour égorger vingt ou trente représentants du peuple ne lui était vraiment pas possible. Aussi s'est-il arrangé pour qu'il n'y eût plus à la mairie de réunions des délégués des *Comités révolutionnaires*. En revanche, depuis le 21 mai, l'Evêché est devenu de plus en plus un centre de conspiration. Les membres les plus enragés des sections n'ont cessé de s'y réunir, et, à leur tête, Desfieux, Varlet, — ce Varlet, que l'excès de son civisme a fait, il y a peu de jours, expulser des Jacobins (2) ; — Dobsent, le président de la section de la Cité ; Maillard, vice-président de la même section ; le chimiste Hassenfratz; Dufourny, membre du département, et ces étrangers qui sont aujourd'hui les *patriotes* par excellence : le Belge Pereyra, l'Espagnol Guzman, l'Allemand Proly et les deux Frei, Allemands comme lui.

Le 27 mai, tandis que Pache déclarait à la Convention que *jamais Paris n'avait été plus tranquille*; pendant que le ministre Garat, aveugle ou complice, lui annonçait qu'elle n'avait rien à craindre et terminait son compte rendu par ces incroyables paroles : « Je le répète à la Convention, elle n'a aucun danger

(1) Voy. ci-dessus, c. XIX, p. 210.
(2) Rapport de Dutard à Garat, du 18 mai 1793. (Schmidt, t. I, p. 243.)

à courir; vous reviendrez tous en paix dans vos domiciles. En vous parlant ainsi, je sais que je fais tomber sur moi toute l'horreur d'un attentat qui serait commis. Eh bien! j'appelle cette responsabilité sur ma tête. Voilà ce que j'avais à dire à la Convention (1); » — ce jour-là même, les conspirateurs de l'Évêché prenaient leurs dernières dispositions. Ils décidaient de créer un comité formé d'un petit nombre de membres et délibérant en secret. Avis était immédiatement donné aux sociétés populaires qu'il y aurait, le 28, à cinq heures du soir, à l'Évêché, une assemblée publique, composée d'électeurs et de patriotes, dans laquelle seraient prises des résolutions importantes (2).

Dans la soirée du 28, en effet, l'assemblée de l'Évêché a nommé une *Commission de Six membres*, chargés de préparer toutes les mesures de salut public. Le citoyen Boissel en a informé la Société des Jacobins, le 29, en ces termes: « Le club de l'Évêché a nommé une commission pour recueillir toutes les mesures de salut public. Si ce citoyen qui est à la tribune (3) a des mesures à proposer, il peut s'adresser à ce comité. »

À peine installée, la Commission des Six s'abouche avec Dobsent, à qui son arrestation, par ordre de la Commission des Douze, et sa mise en liberté arrachée

---

(1) Séance de la Convention du 27 mai 1793. (*Moniteur* du 29 mai.)

(2) Le *Républicain français*, nos CXVI et CXVIII.

(3) Le citoyen Grots de Luzenne, qui avait obtenu la parole « pour communiquer une observation qu'il avait recueillie et qui annonçait une grande conspiration ». (Séance des Jacobins du 29 mai 1793.)

à la Convention nationale (1), ont valu, dans les sections, une popularité presque égale à celle d'Hébert et de Marat. Dobsent et les Six tombent d'accord qu'il est urgent de former un comité d'exécution, dont les membres seront choisis, non plus en assemblée publique, comme l'ont été les membres de la Commission des Six, mais dans une réunion exclusivement composée de commissaires élus à cet effet par les quarante-huit sections et investis de pouvoirs illimités. La section de la Cité prend en conséquence un arrêté invitant les autres sections à envoyer, le 20 au soir, à l'Évêché, deux commissaires chacune, pour aviser aux moyens de sauver la République (2). Trente-trois sections donnèrent suite à cette demande (3), et, dans la soirée du 20, deux assemblées entièrement distinctes ont eu lieu à l'Évêché. La plus nombreuse, la seule dont se soit occupée la Convention, était en réalité la moins dangereuse ; il se peut même qu'elle ait eu surtout pour objet de détourner l'attention des autorités (s'il y a des autorités à l'heure actuelle) et de servir de voile à la réunion des commissaires.

Donc, mercredi soir (une première réunion avait déjà été tenue à l'Évêché) (4), six cents personnes environ, dont une centaine de femmes, se sont rassemblées à l'Évêché, au *club électoral*. On n'était admis que sur la présentation d'une carte d'électeur ou de membre d'une société patriotique. Il y avait

(1) Dans la séance du 27 mai 1793. (*Moniteur* du 30 mai.)
(2) *Histoire parlementaire*, etc., par Buchez et Roux, t. XXVII, p. 299.
(3) Commune de Paris, séance du 30 et 31 mai 1793.
(4) Notes remises au comité des Douze sur ce qui s'est passé à l'Évêché le 20 mai (*Mémoires de Meillan*, p. 191).

cinq cents personnes dans l'intérieur de la salle, et cent dans les tribunes. Dufourny, au nom de la *Commission des Six*, a proposé de désigner six commissaires pour aller demander à la Municipalité la nomination provisoire d'un commandant de la garde nationale parisienne, mesure absolument nécessaire si l'on voulait agir avec ensemble. Cette proposition a été adoptée, ainsi que les deux suivantes, réclamées également par la Commission des Six. Il a été décidé qu'une *confiance sans bornes* serait accordée à cette commission et que l'on exécuterait sans examen toutes ses décisions. Il a été convenu en outre que les sections seraient invitées à faire une adresse à la Convention nationale pour lui demander la punition du crime d'Isnard envers Paris (1), « afin qu'ayant une fois donné une impulsion commune à tous les Parisiens, on pût les entraîner à un même but. » C'est Dufourny qui s'est exprimé ainsi ; c'est lui, d'ailleurs, qui a dirigé les débats pendant toute cette séance, excitant les esprits, les préparant à une *insurrection* aussi prochaine que possible, mais en même temps imposant silence à tous ceux qui voulaient aborder la question des voies et moyens. A un orateur qui s'aventurait sur ce terrain, il a dit : « Je

(1) Dans la séance du 25 mai, à une députation du Conseil général de la Commune de Paris, qui était venue protester contre l'arrestation d'Hébert, le président Isnard avait répondu : « La France a mis dans Paris le dépôt de la représentation nationale... Si jamais, par une de ces insurrections qui, depuis le 10 mars, se renouvellent sans cesse,... il arrivait qu'on portât atteinte à la représentation nationale, je vous le déclare au nom de la France entière, Paris serait anéanti... Bientôt on chercherait sur les rives de la Seine si Paris a existé... » (*Moniteur* du 27 mai 1793).

crains bien que, si vous perdez autant de temps à délibérer, *vous ne soyez pas de la fête.* » — L'assemblée s'est séparée, après s'être ajournée au lendemain, 9 heures du matin (1).

Pendant ce temps, dans une autre salle de l'Évêché, les commissaires des trente-trois sections qui avaient répondu à l'appel de Dobsent se réunissaient en secret, et constituaient une *Commission de neuf membres* (2), véritable comité directeur de l'insurrection.

De qui se compose ce comité des Neuf ? Personne n'a pu me fixer encore sur ce point. Il paraît certain cependant que, parmi les membres de ce comité, figurent Dobsent, Hassenfratz, Varlet, Fournereau (3). La direction du mouvement se trouve ainsi appartenir, non aux amis de Robespierre et de Danton, mais aux hommes de Marat et d'Hébert.

Hier jeudi (4), l'Évêché a été, comme la veille, le théâtre de deux réunions, celle du *club électoral*, où l'on était admis sur la présentation d'une carte, et celle des commissaires des sections. La première s'est ouverte à neuf heures du matin. Le courageux Lanjuinais, qui n'avait pas craint d'y pénétrer, au risque d'être égorgé, s'il avait été reconnu, en a rendu compte le soir à la Convention. Il a rapporté ces paro-

(1) *Mémoires de Meillan*, p. 193.
(2) Adolphe Schmidt, t. I, p. 313. — *Souvenirs de Dulaure, membre de la Convention, sur les journées des 31 mai et 2 juin 1793.* — *Mémoires de Garat*, p. 131.
(3) Commune de Paris, séance du 30 et 31 mai.
(4) 30 mai 1793. *Fragment par M. le comte Lanjuinais, pair de France, ancien conventionnel, sur les 31 mai, 1er et 2 juin 1793.*

les de Hassenfratz : « Citoyens, souvenez-vous du 10 août ! Avant cette époque, les opinions étaient partagées sur la République ; mais à peine avez-vous eu porté le coup décisif, tout a gardé le silence. Le moment de frapper de nouveaux coups est arrivé : ne craignez rien des départements, je les ai parcourus, je les connais tous ; avec un peu de terreur et des instructions, nous tournerons les esprits à notre gré. Les départements éloignés suivent l'impulsion que Paris leur donne. Pour ceux qui nous environnent, plusieurs nous sont dévoués. Celui de Versailles, par exemple, est prêt à nous seconder. Au premier coup de canon d'alarme, il nous viendra de Versailles une armée formidable, et nous tomberons sur les égoïstes, c'est-à-dire sur les riches. Oui, l'insurrection devient ici un devoir contre la majorité corrompue de la Convention ! » Lanjuinais a signalé ensuite le langage tenu par le représentant du peuple Chabot et par Varlet, qui ont dit : « Il ne faut pas tuer sur-le-champ tous les députés que nous aurons arrêtés ; mais il sera facile de les faire juger coupables par les départements ; alors il en sera d'eux comme de Louis XVI » (1).

De même que le *club électoral*, les commissaires des sections sont restés en permanence pendant toute la journée d'hier. Mais leurs délibérations n'étant pas publiques, on n'en a su quelque chose que par les révélations faites, dans la soirée, au club de la rue Saint-Honoré. Au début de la séance des Jacobins, on a annoncé que trente sections étaient réunies à

---

(1) Voy. le Discours de Lanjuinais à la Convention, le 30 mai 1793, à la séance du soir.

l'Évêché. Un peu plus tard, un membre a fait connaître que « le premier soin des *sections réunies en grande majorité* avait été de prendre un arrêté par lequel toutes les propriétés sont mises sous la sauvegarde des républicains sans-culottes » (1).

Que faisait cependant le Conseil général de la Commune ? Il ne prenait aucune mesure, *il attendait !* Dans sa séance d'hier soir, informé par Chaumette des bruits qui circulent, et d'après lesquels il se tient à l'Évêché une assemblée qui pourrait inquiéter les citoyens, le Conseil général, « afin d'ôter aux malveillants tout sujet de calomnier cette assemblée », arrête qu'une députation se rendra sur-le-champ au lieu de ses séances et se renseignera sur ses opérations. Le maire lui-même se charge de cette mission et part accompagné de six membres du Conseil. A son retour, il annonce que les « citoyens réunis à l'Évêché » se sont déclarés en insurrection et se disposent à faire fermer les barrières. Le maire ajoute qu'il les a engagés à suspendre, au moins jusqu'après la conférence qui doit avoir lieu aux Jacobins dans la matinée du 31, l'exécution de mesures aussi graves et qui ont besoin d'être profon-

(1) *Procès-verbal de la société des amis de la Liberté et de l'Égalité, du jeudi 30 mai, l'an IIe de la République française.* Cette séance des Jacobins manque dans l'exemplaire du *Journal des débats et de la correspondance de la société*, conservé à la Bibliothèque nationale. Le manuscrit original du procès-verbal du 30 mai a été retrouvé par M. Adolphe Schmidt dans le carton XVIII des actes du Conseil général de la Seine, et publié par lui au t. I, pp. 358 et suiv. de ses *Tableaux de la Révolution française*.

dûment mûries. Ses représentations et celles de ses collègues ont été inutiles (1).

Le *bonhomme Pache* avait terminé son rapport depuis quelques instants seulement, lorsqu'est entrée dans la salle du Conseil, une députation des « citoyens réunis à l'Évêché ». Elle venait porter à la connaissance de la Commune le texte d'une délibération, prise à la suite d'un discours de Marat, qui a passé à l'Évêché une partie de la nuit, prêchant l'insurrection, proférant des cris de mort, impatient et inquiet, se démenant par moments comme une bête fauve, et, à d'autres moments, radieux, exultant de joie (2), comme en ces journées de Septembre où il préparait le massacre des prisons, et comme en cette nuit de janvier, où il entendait les juges de Louis XVI, les députés de la Gironde, laisser tomber de leurs lèvres ces mots si doux à son oreille : *la mort!*

Voici le texte de la résolution adoptée par les commissaires des sections réunies :

L'Assemblée générale révolutionnaire de la ville de Paris, séant en la salle de l'Évêché, après la vérification des pouvoirs illimités et réunis de la majorité des sections, arrête que Paris se déclare en insurrection contre la faction aristocratique et oppressive de la liberté ; que les barrières seront à l'instant fermées, et qu'à cet effet et pour l'exécution des autres mesures, les hommes du 14 juillet et du 10 août se mettront immédiatement en état de réquisition. — L'Assemblée, pour statuer sur *lesdites autres*

---

(1) Commune de Paris, séance du 30 et 31 mai 1793.
(2) Alphonse Esquiros, *Histoire des Montagnards*, t. II, p. 350. — L'auteur écrivait sur des notes communiquées par la sœur de Marat.

mesures, se déclare permanente en ladite salle de l'Évêché (1).

Le maire proteste-t-il contre cet acte insurrectionnel? Il garde le silence, et le Conseil général passe à l'ordre du jour (2)...

Il est trois heures du matin : le tocsin sonne à Notre-Dame. C'est l'*Assemblée générale révolutionnaire* qui en a donné l'ordre.

A quatre heures et demie du matin, la Commune, soit qu'à ce moment elle désapprouvât une insurrection dont l'initiative et la direction avaient été prises par une assemblée rivale ; soit qu'elle voulût tout simplement se mettre en règle avec la majorité de la Convention et sauver les apparences, — la Commune adopte les termes de la proclamation suivante, adressée aux quarante-huit sections :

Ouvrez les yeux, de grands dangers vous environnent. Des citoyens égarés demandent que les barrières soient fermées, que le tocsin soit sonné ; ils veulent une nouvelle insurrection. Rapprochez les évènements et vous serez à portée de juger les scélérats qui égarent ces citoyens, qui conseillent ces mouvements... Le Conseil général vient de se déclarer en permanence; faites de même, correspondez avec lui, et que la plus grande surveillance contienne les ennemis qui sont au milieu de vous (3).

Six heures et demie du matin. Les *commissaires de la majorité des sections*, ayant à leur tête Dob-

---

(1) *Inventaire des autographes et des documents historiques composant la collection de M. Benjamin Fillon*, séries III et IV, n° 546.
(2) Commune de Paris, séance du 30 et 31 mai 1793.
(3) Benjamin Fillon, n° 547.

sent, se rendent de l'Évêché à l'Hôtel-de-Ville. Ils sont introduits dans la salle du Conseil général. Dobsent prend la parole. Il annonce que « le peuple de Paris, blessé dans ses droits, vient de prendre les mesures nécessaires pour conserver sa liberté, et que les pouvoirs de toutes les autorités constituées sont annulés ».

Le vice-président du Conseil général, le citoyen Destournelles (et cette scène de comédie avait été sans doute concertée d'avance entre les acteurs), prend une attitude héroïque ; il déclare que ses collègues et lui sont résolus à mourir, s'il le faut, sur leurs sièges. Il s'écrie : « Citoyens, vous auriez beau prononcer sans droit notre destitution, vous ne nous la feriez pas accepter. La menace et la violence même seraient vaines : *on pourra nous arracher de nos sièges, on ne pourra jamais nous en faire descendre*. Je lis dans les yeux et dans les cœurs de tous mes collègues qu'il n'est pas un seul d'entre eux qui ne soit résolu à recevoir la mort, s'il le faut, sur son banc, comme je la recevrais sur ce fauteuil. » Péroraison admirable, et qui n'avait qu'un tort, celui de venir après un exorde, dans lequel l'orateur avait dit : « Si le peuple a le droit d'instituer, il a aussi celui de destituer. Si donc, citoyens, vous avez la majorité des sections, si vous en justifiez, nous vous remettrons aussitôt nos pouvoirs qui n'ont plus d'existence. Vouloir les retenir ne serait de notre part ni courage ni vertu, ce serait témérité et crime. »

Chaumette requiert la lecture et la vérification des pouvoirs des commissaires ; le bureau constate que trente-trois sections leur ont donné des pouvoirs illimités pour sauver la chose publique. Dobsent déclare alors que les pouvoirs de la Municipalité sont annulés, et il prend place au fauteuil de la présidence. Destournelles reprend la parole : « Citoyen président, dit-il, et vous, citoyens membres de la Commission révolutionnaire, agissant au nom du peuple, vos pouvoirs sont évidents, ils sont légitimes. C'est maintenant que, sans faiblesse et sans honte, nous allons cesser nos fonctions.... Déclarez seulement, déclarez que nous n'avons pas démérité de nos concitoyens, et il n'est rien dont ne nous console et ne nous dédommage cette récompense, digne salaire de tous les bons magistrats du peuple ».

Suivi de ses collègues, il se retire dans une salle voisine... et il attend. La porte, en effet, ne tarde pas à s'ouvrir et à livrer passage à une députation. Elle vient inviter le maire, le procureur de la Commune et les membres de l'ancien Conseil à rentrer dans la salle où ils ont fait tout à l'heure une si magnifique résistance. Tous s'empressent de répondre à cet appel, et le président Dobsent leur déclare, au nom du peuple souverain, qu'ils sont réintégrés dans leurs fonctions (1). Il réoccupent leurs places prêtent un nouveau serment civique, prennent le titre de *conseil général révolutionnaire*, et, pour bien marquer leur docilité vis-à-vis de l'Évêché, appellent au commandement général de la force armée de Paris Hanriot, commandant de la section des Sans-Culottes (2).

(1) Commune de Paris, séance du 30 et 31 mai 1793.
(2) La section des *Sans-Culottes*, ci-devant du *Jardin des Plantes*, tenait son assemblée dans l'église de Saint-Nicolas du Chardonnet.

Une répétition de cette scène était donnée, à la même heure, au Département. Un délégué du *Comité révolutionnaire des Neuf*, le citoyen Wendhin, signifie aux membres composant le Directoire et le Conseil général du Département de Paris qu'ils sont suspendus. Directoire et Département s'inclinent devant ce Wendhin (un Allemand, sans doute), qui tire alors de sa poche un second arrêté ainsi conçu :

Au nom du peuple souverain, les membres composant le Directoire et le Conseil général du Département de Paris sont réintégrés provisoirement dans leurs fonctions ; ils prêteront le serment, entre les mains des commissaires, de remplir exactement les fonctions qui leur sont confiées et de communiquer avec le Comité révolutionnaire des Neuf, séant à l'Evêché.

Pour être plus à portée de suivre les événements et de diriger l'insurrection, le Comité révolutionnaire des Neuf s'est installé ce matin à la maison commune. C'est de là qu'il transmet ses ordres à la Municipalité, au Département et aux sections. L'heure est venue, pour les Vergniaud, les Guadet et les Gensonné, de voir leur éloquence expirer, impuissante, aux pieds d'un Dobsent et d'un Varlet, parlant *au nom du peuple souverain*.

———

Les historiens de la Révolution n'ont pas attaché jusqu'ici aux assemblées de l'Evêché une importance en rapport avec le rôle considérable qu'elles ont joué dans la préparation du 31 mai et du 2 juin. M. Thiers, M. Louis Blanc, M. de Barante, M. Mortimer-Ternaux, se sont à peu près bornés à parler de la réunion *publique* qui eut lieu le 29 mai et qui était composée de cinq à six cents personnes. Ils ont simplement reproduit les détails fournis sur cette réunion par les *Pièces officielles* insérées à la suite des *Mémoires* de Meillan. Aucun d'eux, non plus que M. Michelet, n'a parlé de l'*Assemblée centrale de salut public* formée à l'Evêché dès le 31 mars ; — aucun n'a signalé la distinction à établir entre le *Comité central de salut public*, composé des commissaires des sections et séant à l'Evêché, et l'assemblée des délégués des *comités révolutionnaires*, siégeant à la Mairie. Tous ont confondu les réunions publiques du *club électoral* et les réunions secrètes des commissaires des sections ; tous enfin ont omis d'indiquer l'origine du *comité révolutionnaire des Neuf*. Ils ne paraissent même pas en avoir soupçonné l'existence ; et cependant c'est ce comité qui a dirigé le mouvement, suspendu et réintégré la Commune, au matin du 31 mai, suspendu et réintégré le Directoire et le Conseil général du Département de Paris ! Seul, M. Mortimer-Ternaux cite en note une pièce où il est parlé de ce comité des Neuf, mais il n'en fait pas mention dans le texte de son ouvrage. On trouve, dans les *Tableaux de la Révolution française*, par M. Adolphe Schmidt, de précieux documents sur les diverses assemblées dont l'Evêché fut le théâtre en avril et mai 1793 ; mais le livre du savant professeur de l'Université d'Iéna, bien qu'il l'ait écrit en français, se ressent un peu trop de son origine germanique : il n'est pas clair. Un de nos érudits devrait reprendre ce sujet et lui consacrer une étude spéciale, puisée aux sources, écrite, celle-là, en français — par un français.

XXXII

LE 31 MAI

Samedi 1ᵉʳ juin 1793.

A force de faire des révolutions, les Parisiens en sont arrivés à les considérer comme chose toute naturelle; ils se mettent sur le pas de leur porte pour les voir passer, et, le soir, ils se félicitent, s'embrassent, dansent des rondes et illuminent. Gardez-vous bien de hocher la tête et d'insinuer, même timidement, que de pareilles *journées* ne sont pas sans offrir quelques dangers et qu'elles pourraient peut-être avoir de fâcheux lendemains. Nos gens n'aiment point les trouble-fêtes, et ils vous feraient un mauvais parti pour vous prouver que tout est pour le mieux dans la meilleure des républiques possible.

Donc hier, dans la soirée, les maisons étaient brillamment illuminées; une foule immense circulait dans les rues; une promenade aux flambeaux, commencée sur la terrasse des Feuillants, se terminait sur la place du Carrousel, où des groupes de citoyens s'embrassaient, au pied de l'arbre de la liberté, en chantant l'hymne des Marseillais (1). On eût dit le soir d'un jour de fête.

(1) *Mémoires de Mme Roland*, p. 195. — *Précis rapide des événements qui ont eu lieu à Paris, dans les journées des 30 et 31 mai, 1ᵉʳ et 2 juin 1793*, par A. J. Gorsas, député à la

LE 31 MAI

Or voici ce qui s'était passé.

Hier matin, avant le jour, Paris a été réveillé par le bruit du tocsin, sonnant à toutes les cloches de la ville (1). A cinq heures, au bruit du tocsin est venu se mêler le bruit du tambour. On a battu le rappel dans tous les quartiers (2). Sortant de leurs maisons, les citoyens, la plupart un fusil à la main, s'abordaient, s'interrogeaient : « Qu'y a-t-il ? que faut-il faire ? » Dans l'espoir d'avoir des nouvelles, les uns se dirigeaient vers l'Hôtel de Ville (3), les autres vers les Tuileries (4); d'autres enfin, et c'était le plus grand nombre, allaient se ranger autour des drapeaux de section qui flottaient à la porte de chaque capitaine (5).

Dans tous les groupes, les bruits les plus alarmants circulent : on dit que la ville de Valenciennes est prise ; on assure que les Vingt-deux (6) ont quitté Paris ou qu'ils se disposent à le faire (7). On apprend en même temps que des mesures sont prises pour rendre leur fuite impossible. La garde de tous les

Convention nationale, l'un des trente-quatre proscrits. — *Le Nouveau Paris*, par Sébastien Mercier, t. II, p. 267 : « ... J'en ai tiré l'aveu de l'espagnol Gusman. Nous l'appelions *Tocsinos*, par allusion au tocsin du 31 mai, qu'il avait fait sonner : il m'a dit, plusieurs fois, en échange de quelques confidences, que l'insurrection, dont il était un des fauteurs, avait été dirigée contre la représentation nationale tout entière. »

(1) *Souvenirs de Dulaure sur les Journées des 31 mai et 2 juin 1793 et sur la proscription des Girondins.*
(2) *Ibid.*
(3) Commune, séance des 30 et 31 mai.
(4) Récit de *la Chronique de Paris*.
(5) *Précis*, etc., par A. J. Gorsas.
(6) Voir les noms des Vingt-deux ci-dessus, c. XIX, p. 211
(7) *Souvenirs* de Dulaure.

postes a été doublée. Des sentinelles ont été placées au bureau de la poste aux chevaux et à celui de la poste aux lettres (1). Les barrières sont fermées, et toutes les communications sont interrompues avec le dehors; les courriers sont arrêtés par ordre du Comité insurrecteur qui siège à l'Hôtel de Ville (2). Les lettres suspectes sont saisies à la poste (3). On annonce que des mandats d'arrêt ont été lancés contre Lebrun, ministre des affaires étrangères, et Clavière, ministre des finances (4).

A six heures et demie, une centaine de représentants sont rassemblés dans la salle des séances (5). On remarque parmi eux quelques-uns des députés dont on avait à tort annoncé la fuite, Barbaroux, Guadet, Louvet, Bergoeing, Rabaut Saint-Étienne. Pour se rendre aux Tuileries, ils ont dû traverser des groupes de sans-culottes qui, les

(1) *Souvenirs* de Dulaure.
(2) *Les 31 mai, 1ᵉʳ et 2 juin* 1793. *Fragment*, par M. le comte Lanjuinais, pair de France, ancien conventionnel.
(3) Commune, séance du 31 mai 1793. Une partie des lettres interceptées le 31 mai et les jours suivants se trouvent aujourd'hui aux Archives nationales, où elles forment quinze cartons environ.
(4) Les mandats d'arrêt contre Lebrun et Clavière furent lancés par le comité révolutionnaire dès le matin du 31 mai. Celui contre Roland ne fut lancé que dans l'après-midi, et l'ancien ministre de l'intérieur put s'y soustraire. Mᵐᵉ Roland fut arrêtée dans la nuit du 31 mai au 1ᵉʳ juin (*Mémoires de Mᵐᵉ Roland*, p. 199).
(5). *Procès-verbal de la séance du 31 mai* 1793. — Les procès-verbaux des séances des 31 mai et 2 juin ne furent pas imprimés. Ils ont été retrouvés aux Archives par M. Charles Vatel et publiés par lui au tome II de son ouvrage sur *Vergniaud*, pages 388 et suivantes.

ayant reconnus, ont fait mine de les attaquer, et n'y ont renoncé qu'en voyant les armes dont ils avaient eu la précaution de se munir (1). La foule qui entoure la Convention va sans cesse grossissant : à huit heures du matin, il n'y avait pas moins de dix à douze mille hommes sur la terrasse du château et sur la place de la Réunion.

A neuf heures, la salle de la Société des Jacobins s'est ouverte à une assemblée, convoquée par le Conseil général du département, pour délibérer sur les moyens de salut public qu'il convient d'adopter, c'est-à-dire sur les moyens d'arracher de leurs sièges les principaux membres de la Convention. Cette assemblée était composée de commissaires nommés par toutes les autorités constituées du département et par les sections de Paris. On y comptait des représentants du Conseil général du département de Paris, des conseils généraux des districts de Saint-Denis et du bourg de l'Égalité, des conseils généraux des communes de ces deux districts, du conseil général de la Commune de Paris et des quarante-huit sections de la capitale (2). La réunion a constitué un comité de onze membres, avec mission de prendre toutes les mesures de salut public qu'il jugera nécessaires, et de les mettre directement à exécution ; les municipalités des deux districts ruraux et les comités révolutionnaires des quarante-huit sections seront tenus d'exécuter ses arrêtés. Elle a décidé en même temps qu'elle donnait son adhésion la plus entière aux actes du Conseil général et des

(1) *Mémoires de Louvet.*
(2) Arrêté du Conseil général du département de Paris.

commissaires des sections ; que le Comité nommé par elle, — le Comité des Onze, — tiendrait ses séances à l'Hôtel de Ville et travaillerait en commun avec le Conseil général révolutionnaire, au salut public et à l'affermissement de la liberté et de l'égalité (1).

A une heure, le canon d'alarme s'est fait entendre.

Comme à ce moment, malgré le tocsin et la générale, malgré les barrières fermées, malgré le canon d'alarme, il n'y avait pas eu de lutte dans les rues, pas de coups de fusils tirés, pas de sang versé, beaucoup de gens se sont mis à rire de leurs terreurs du matin. Bannissant toute inquiétude, profitant de ce que la journée était superbe, tous les ateliers d'ailleurs étant fermés, ils se sont promenés par les rues, chantant, riant avec les femmes assises sur le pas de leurs portes *pour voir passer l'insurrection* (2).

Dans la soirée, cependant, quelques-unes des sections ont failli en venir aux mains. Des agitateurs, revêtus de l'écharpe municipale, avaient parcouru le faubourg Saint-Antoine et le faubourg Saint-Marcel, répandant le bruit que les sections de la Butte des Moulins, de 1792, du Mail, des Champs-Elysées, de Molière et La Fontaine, étaient au Palais-Égalité en pleine insurrection, et qu'elles avaient arboré la cocarde blanche. A la même heure, d'autres meneurs, d'accord sans doute avec les premiers, colportaient, dans la section de la Butte des Moulins et

---

(1) Sur l'assemblée tenue aux Jacobins dans la matinée du 31 mai, voyez la note à la fin du présent chapitre.
(2) *Chronique de Paris*, n° 153.

les sections voisines, le bruit que les faubourgs voulaient les désarmer (1). Ainsi menacée, ou croyant l'être, la section de la Butte des Moulins s'enferme dans le jardin de l'Égalité, et, assistée de quelques compagnies de la section du Mail, elle se tient prête à repousser toute attaque. Les grilles sont fermées, les canons braqués aux principales entrées du jardin. La précaution n'était peut-être pas inutile. Les hommes des faubourgs sont arrivés, en effet, au nombre de huit à dix mille (2), se sont rangés en bataille sur la place du Palais et ont disposé leur artillerie en face de celle de leurs adversaires.

Pendant ce temps, la foule se presse aux abords de la Convention, de plus en plus menaçante. Aux premières approches de la nuit elle peut être évaluée à quarante mille personnes (3). Les curieux, sans doute, y sont en majorité; mais combien nombreux sont les hommes de désordre! Ils parlent haut, semant la défiance et la colère. Ils accusent les députés du côté droit du renchérissement des denrées; ils répètent : « Ce sont tous des brigands, il faut les chasser! Il faut demander à la Convention de livrer au peuple les appelants et les membres de la Commission des Douze (4). »

A chaque instant, des huées, des applaudissements, des cris de vengeance et de mort s'élèvent du sein de cette foule affolée, suivant les incidents de la séance

(1) *Souvenirs* de Dulaure. — *Chronique de Paris*, loc. cit.
(2) *Souvenirs* de Dulaure.
(3) Discours de Basire, séance du 31 mai, *Moniteur* du 3 juin 1793.
(4) *Chronique de Paris*, n° 153.

et les récits des sans-culottes qui sortent des tribunes ou des couloirs de l'Assemblée.

Non moins violentes sont les passions qui s'agitent dans l'intérieur même de la Convention.

Rabaut Saint-Etienne, rapporteur de la Commission des Douze, essaie de se faire entendre. Trois décrets successifs lui donnent la parole (1); mais qu'importe à la minorité, qu'importe surtout aux tribunes? Après une lutte qui n'a duré pas moins de trois heures (2), la majorité a dû céder ; Rabaut Saint-Etienne a dû renoncer à se faire entendre.

Les autres orateurs du côté droit n'ont pas été plus heureux. Les tribunes ont interrompu Guadet par les cris : *A bas ! à bas !* Elles ont interrompu le président lui-même, Mallarmé (3), qui appartient pourtant à la Montagne ! Lorsque Camboulas (4) a dit : « Il y a eu une violation manifeste de la loi, les barrières ont été fermées, on a sonné le tocsin, le canon d'alarme a été tiré ; je demande que le Conseil exécutif soit tenu de rechercher ceux qui ont commis ces crimes ». Les hommes des tribunes ont répondu : *Nous, nous tous !* Mais c'est là un fait de tous les jours, et pas n'était besoin pour qu'il se produisit, de sonner le tocsin, de battre le rappel et de tirer le canon d'alarme. Aussi les agitateurs ne s'en sont-ils point tenus là. Durant cette longue séance, qui a commencé à six heures du matin pour finir à neuf heures et demie du soir, des dépu-

(1) *Patriote français.*
(2) *Histoire parlementaire*, etc., par Buchez et Roux, t. XXVII, p. 388.
(3) Député de la Meurthe.
(4) Député de l'Aveyron.

tations n'ont cessé de se succéder à la barre, — députations de la Commune et députations du département de Paris, députations des quarante-huit sections, députations de la section armée de l'Observatoire, de la section des Gardes Françaises, des Hommes du 14 juillet et du 10 août. Elles disaient : « Législateurs, un grand complot vient d'éclater contre la liberté et l'égalité ; les commissaires des quarante-huit sections ont découvert les fils de ce complot... Livrez les intrigants conspirateurs au glaive de la justice ». Et la Convention : « Le Comité de salut public s'occupera, de concert avec les autorités constituées, de suivre la trace des complots qui ont été dénoncés à la barre dans cette séance ». Elles disaient : « Nous demandons le rapport du décret liberticide arraché par la faction scélérate ». Et la Convention, rapportant le décret *liberticide* du 28 mai, votait la suppression de la Commission des Douze et ordonnait que les scellés seraient apposés sur ses papiers. Elles disaient : « Nous demandons que vous décrétiez la levée d'une armée révolutionnaire centrale de sans-culottes, qui auront une paie de 40 sous par jour ». Et la Convention approuvait l'arrêté de la Commune assurant 2 livres par jour aux ouvriers qui resteront sous les armes jusqu'au rétablissement de la tranquillité publique.

Mais était-ce bien la majorité de la Convention qui votait ? Lorsque ces décrets ont été rendus, l'Assemblée était envahie, ses bancs étaient garnis d'étrangers. A la suite du discours prononcé par le procureur syndic Lullier (1), au nom des membres du dépar-

(1) Et non *Lhuillier*, comme l'écrivent MM. Louis Blanc, Michelet, Mortimer-Ternaux, etc.

tement de Paris réunis aux autorités constituées de la Commune et aux commissaires des sections, Grégoire, qui venait de remplacer Mallarmé au fauteuil de la présidence, avait invité la députation aux honneurs de la séance ; mais avec les pétitionnaires, une foule de citoyens avaient pénétré dans la salle (1). En vain, les membres du côté droit ont protesté, déclarant que la Convention n'était plus libre, que toute délibération devenait impossible. Leurs réclamations ont soulevé un tumulte effroyable ; impuissants à le dominer, ils se sont décidés, pour la plupart, à quitter la salle. Aussitôt, sur l'invitation de Levasseur, tous les députés de la Montagne se sont transportés sur les bancs du côté droit, tandis que les pétitionnaires et les hommes de leur suite prenaient place sur les gradins du côté gauche (2).

Un peu avant la fin de la séance, une députation de la section des sans-culottes s'est présentée à la barre. Elle a demandé justice des monopoleurs égoïstes et la taxation, dans toute la république, des denrées de première nécessité. A peine avait-elle été admise, elle aussi, aux honneurs de la séance, qu'une nouvelle bande de sans-culottes entrait dans l'enceinte réservée aux députés. A ce moment même, le bruit s'est répandu que les sections des faubourgs, avant d'en venir aux mains avec la section de la Butte des Moulins, lui avaient envoyé des parlementaires ; que

(1) *Moniteur* du 3 juin 1793, séance du 31 mai.
(2) Dépêche écrite de la Convention par les délégués de la Commune, et signée : *Henry, Cavaignac, Borelle*. (Mortimer-Ternaux, t. VII, p. 350).

cette députation, pénétrant dans la cour et le jardin du Palais-Égalité, avait vu la cocarde tricolore à tous les chapeaux, et qu'aussitôt la réconciliation s'était faite. Les députés ont alors levé la séance, qui durait depuis plus de seize heures, et un grand nombre d'entre eux sont allés, dans le Jardin-Égalité, fraterniser avec les sections (1).

Ainsi, le tocsin a sonné dans toutes les églises, la générale a battu dans toutes les rues, le canon d'alarme a été tiré. Le matin, à la première heure, la municipalité et les membres du Conseil général de la Commune, le Directoire et le Conseil général du département de Paris ont été cassés par un comité d'insurrection, qui leur a donné une nouvelle investiture, s'est installé à l'Hôtel-de-Ville et a lancé des mandats d'arrêt contre deux membres du Conseil exécutif, les ministres Lebrun et Clavière. Dans la matinée, un autre comité insurrecteur a été formé aux Jacobins et a décidé de tenir, lui aussi, ses séances à la maison commune. Les barrières ont été fermées, les courriers arrêtés, les lettres saisies à la poste. Huit à dix mille hommes sont descendus des faubourgs pour attaquer les sections retranchées au Palais-Égalité ; une lutte sanglante a failli s'engager sur ce point. Quarante mille hommes ont assiégé les abords de la Convention ; l'enceinte législative a été envahie ; à la faveur du désordre, des mesures ont été décrétées qui auront pour effet inévitable et prochain de décimer l'Assemblée et d'assurer le triomphe définitif de la rue sur la représentation nationale.

(1) *Moniteur* du 3 juin 1793.

Et c'est cette journée qui s'est terminée par des chants, par des illuminations et par des cris de joie ! C'est elle qui sert de texte ce matin à tous ces braves gens qui vont disant partout que les idées modérées gagnent du terrain, que les *enragés* et les violents ont perdu toute influence, et que ceux-là seuls sont dangereux et coupables, qui se plaisent à annoncer des malheurs imaginaires, des troubles et des révolutions désormais impossibles !

Si incroyable que soit cet aveuglement, si étrange que soit cette journée, commencée au bruit du tocsin et terminée au bruit des chansons, ce qu'elle a présenté de plus extraordinaire, c'est peut-être la conduite des députés de la Gironde et en particulier celle de Vergniaud.

Hier encore, les Girondins dominaient dans l'assemblée. Mardi dernier (1), ils réunissaient, au vote par appel nominal, 279 voix pour le rapport du décret qui avait cassé la Commission des Douze, tandis que leurs adversaires ne pouvaient en obtenir que 238 (2). Ils avaient donc pour eux la majorité de la Convention, la Commission des Douze, armée de pouvoirs très étendus, tous les ministres, sauf Bouchotte. Dans ces conditions, et au moins sur ce terrain de l'Assemblée où ils sont chez eux, où ils sont les maîtres, ils pouvaient se défendre, vaincre peut-être, ou, s'il fallait tomber, tomber avec honneur. Il n'en a rien été. Guadet, Dufriche-Valazé, Doulcet de Pontécoulant ont déployé de l'énergie ; ils ont vaillamment tenu tête à leur ennemis. Mais

---

(1) 28 mai.
(2) *Moniteur* du 30 mai 1793.

les autres ? Ils avaient, pour la plupart, jugé prudent de ne pas se rendre à leur poste (1). Brissot, Buzot lui-même, — le *général* Buzot, — n'ont rien dit, rien fait ; on m'affirme qu'ils n'étaient pas présents ; et cela doit être vrai ; car autrement comment s'expliquer qu'ils ne soient ni l'un ni l'autre, montés à la tribune, qu'ils n'aient pas trouvé une protestation, pas un mot, pas un cri à jeter à la face de ces hommes qui demandaient leur tête (2) ? Condorcet était bien dans la salle ; mais il n'a eu garde de défendre ses amis. Aussi bien, il ne figure pas dans la liste de proscription, sur la liste des Vingt-Deux, et c'est un bénéfice qu'il tient à ne pas perdre. Ne l'a-t-on pas vu, dans la séance du 28 mai, voter hautement, — et lâchement, — contre la Commission des Douze ?

Rabaut Saint-Étienne, dans la séance d'hier a fait preuve d'une faiblesse non moins déplorable. Membre de la Commission des Douze, choisi par elle comme rapporteur, il monte à la tribune pour la défendre ; devant les vociférations et les menaces des tribunes, il perd la tête... et demande la suppression de la commission ! « Eh bien ! dit-il, je conclus à ce qu'il n'y ait plus de Commission des Douze, parce que je veux qu'il y ait un centre unique. Je demande que le Comité de salut public soit chargé de toutes

(1) *Mémoires de M*me *Roland*, p. 104.
(2) « Dès le 23 mai, Buzot cesse de prendre la parole à la Convention. On remarque avec étonnement ce silence dans les séances orageuses qui précédèrent la chute de la Gironde. Au 31 mai, il ne monte pas à la tribune ; au 2 juin, il ne paraît pas à la séance... » (*Charlotte Corday et les Girondins*, par Charles Vatel, t. II, p. 333).

les recherches et qu'il soit investi de toute votre confiance (1). »

Vergniaud a fait mieux encore. Les commissaires de la majorité des sections ont organisé l'insurrection ; ils demandent hautement la proscription des principaux membres de la Convention nationale. Vergniaud rédige et fait adopter le décret suivant :

La Convention décrète à l'unanimité que *les sections de Paris ont bien mérité de la patrie*, pour le zèle qu'elles ont mis aujourd'hui à rétablir l'ordre, à faire respecter les personnes et les propriétés et à assurer la liberté et la dignité de la Convention nationale.

La Convention invite les sections à continuer leur surveillance jusqu'à l'instant où elles seront averties, par les autorités constituées, du retour du calme et de l'ordre public.

Les délégués de la Commune, qui assistaient à la séance, n'en pouvaient croire leurs yeux et leurs oreilles, et voici en quels termes ils annonçaient aux meneurs de l'Hôtel de Ville le fait inouï qui venait de se passer : « Nous vous prévenons que, sur la proposition de Vergniaud, *ce qui vous étonnera peut-être*, la Convention nationale vient de décréter à l'instant que les sections de Paris, dans les mesures par elles prises pour sauver la chose publique, avaient bien mérité de la patrie (2). »

Quelques instants après, une députation des « Hommes du 14 juillet, du 10 août et du 31 mai » a demandé, en même temps que la création d'une armée révolutionnaire formée de sans-culottes et le rapport

---

(1) Procès-verbal de la séance du 31 mai.
(2) Dépêche écrite de la Convention et signée : *Naudin, Garelle, Cavaignac, Henry*.

du décret qui avait rétabli la Commission des Douze, la mise en accusation des Vingt-Deux, l'arrestation des membres de la Commission des Douze, l'arrestation immédiate des ministres Lebrun et Clavière.

L'impression et l'envoi aux départements de cette adresse, si menaçante pour les députés de la Gironde, sont décrétés... sur la demande de Robespierre? non, sur la demande de Vergniaud (1)!

Hier matin, en se dirigeant vers les Tuileries, Rabaut Saint-Étienne ne cessait de répéter : *Illa suprema dies* (2)! Hier soir, au sortir de la Convention, Guadet, qui, lui du moins, avait courageusement lutté, aurait pu citer à ce pauvre Rabaut, à Vergniaud et à ses amis, ce mot d'un autre poëte : *Reticlà non bene parmulà*.

(1) *Moniteur* du 3 juin 1793 ; séance du 31 mai.
(2) *Mémoires de Louvet*, p. 89.

Sur la journée du 31 mai et en particulier sur l'*inconcevable* conduite de Vergniaud, cf. *la Légende des Girondins*, chapitre X. Je ne m'attacherai ici qu'à la singulière erreur commise par M. Louis Blanc (t. VIII, pp. 431-432), à l'occasion de l'assemblée tenue aux Jacobins, dans la matinée du 31 mai, et dont il est fait mention ci-dessus, page 339. « Les violents, dit-il, semblaient avoir pour eux l'autorité dont les sections avaient investi l'Évêché par l'envoi de leurs commissaires : ce fut pour détruire ce prestige que *les Jacobins tinrent, à leur tour, une assemblée* où furent convoqués, toujours sous couleur de salut public, et des députés des quarante-huit sections et des représentants de l'autorité départementale... A partir de ce moment, *l'influence des violents, à l'Hôtel de Ville, se trouva tout à fait vaincue.* » Ce ne sont pas les Jacobins qui ont tenu l'assemblée du 31 mai. A cette réunion, convoquée par le Conseil général du département de Paris, les commissaires choisis par les autorités constituées du département et par les sections de la capitale avaient seuls été appelés. M. Mortimer-Ternaux, qui a publié le texte de l'arrêté de convocation, établit très bien que l'accord le plus complet existait entre les auteurs de cet arrêté et les meneurs de l'Évêché. « Le but, dit-il (t. VII, p. 310), était le même, mais la composition de l'assemblée et le choix du local étaient différents... Pour être plus sûrs du succès, les démagogues préparent deux machines de guerre qui, faites pour agir séparément, mais pouvant s'unir au besoin, doivent triompher de tous les obstacles, vaincre toutes les résistances. La mise en mouvement de ces deux machines est confiée à des agitateurs différents. Les uns doivent être censés recevoir leurs pouvoirs directement des sections parisiennes, les autres des autorités constituées du département. »

Si l'assemblée tenue aux Jacobins avait été destinée à battre en brèche l'influence du comité central révolutionnaire, elle se serait bien gardée de décider que sa Commission des Onze siégerait à l'Hôtel-de-Ville, à côté du comité central. C'est pourtant ce qu'elle fit, déclarant, au moment même où elle prenait cette résolution, qu'elle donnait son *adhésion la plus entière aux mesures de salut public adoptées par les commissaires des sections de Paris.*

Que *l'influence des violents* ait été *tout à fait vaincue à l'Hôtel-de-Ville*, M. Louis Blanc en voit la preuve dans l'attitude de Pache, de Chaumette et d'Hébert, qui, tous les trois, dans la journée du 31 mai, ont repoussé les propositions faites par quelques citoyens de se porter à la Convention nationale et de mettre en arrestation les députés dénoncés à l'opinion publique. En leurs qualités de maire de Paris, de procureur et de substitut de la Commune, Pache, Chaumette et Hébert restaient dans leur rôle officiel en refusant de s'associer ouvertement à des motions aussi manifestement illégales; mais qui pouvait être dupe de ces apparences ? Qui pouvait prendre au sérieux le respect d'Hébert pour la représentation nationale, et en particulier pour la Commission des Douze ? Ce procès-verbal même de la Commune, où M. Louis Blanc a lu la défaite des *violents* et la victoire des modérés, — la *modération* d'Hébert et de Chaumette ! — nous montre le Conseil général décrétant, dans la soirée du 31 mai, les mesures suivantes : arrestation de tous les citoyens *suspects* et remise de leurs armes aux patriotes qui n'en ont pas ; — levée d'un emprunt forcé, dont le produit sera consacré à la paie des citoyens qui formeront la garde soldée révolutionnaire de Paris ; — autorisation d'arrêter l'ex-ministre Roland et son épouse ; — nomination de commissaires chargés de se transporter à l'administration des postes et d'y faire l'examen des lettres qui paraîtraient suspectes. Ce n'est pas tout. Des membres du directoire du département, — j'emprunte encore ce fait au procès-verbal invoqué par M. Louis Blanc, — viennent se réunir au Conseil pour délibérer avec lui sur les mesures de salut public. Un membre de la commission révolutionnaire fait son rapport sur les mesures qu'elle a prises. Ces mesures sont de deux sortes : les *mesures cachées* et les mesures *qui peuvent être rendues publiques*. Il entre dans le détail de ces dernières, parmi lesquelles se trouve *l'arrestation de toutes les personnes qui ont donné lieu aux mouvements révolutionnaires qui ont existé depuis quelque temps*. (Procès-verbal de la Commune, séance du vendredi 31 mai 1793, dans l'*Histoire parlementaire* de Buchez et Roux, t. XXVII, p. 321.) Si telles étaient les mesures que l'on croyait *pouvoir rendre publiques*, qu'étaient donc les *mesures cachées*?

Pour détruire la thèse de M. Louis Blanc sur le caractère de modération qu'il prête si gratuitement à l'assemblée tenue aux Jacobins le matin du 31 mai, ne suffirait-il pas d'ailleurs de rappeler ce qui s'est passé, ce même jour, à la Convention ?

Sur les 8 heures du matin, les membres du Conseil général du département paraissent à la barre. Le procureur général syndic, Lullier, déclare que le mouvement extraordinaire qui se manifeste dans Paris doit être considéré comme une insurrection morale, ayant pour objet la réparation des calomnies répandues contre la capitale. Il ajoute que toutes les autorités constituées du département viendront bientôt à la barre prononcer leur profession de foi politique et demander justice de l'outrage fait à la ville de Paris. (Procès-verbal original de la séance du 31 mai, publié par M. Vatel, *Vergniaud*, t. I, p. 398.) — En sortant des Tuileries, les membres du département se rendent aux Jacobins, pour assister à la réunion convoquée par leurs soins. Dans l'après-midi, conformément à l'annonce faite le matin par Lullier, ils reparaissent à la barre de la Convention accompagnés par les commissaires des autorités constituées du département et par les commissaires des sections, c'est-à-dire par les membres mêmes de l'assemblée des Jacobins. Or, il se trouve précisément que leur langage a été beaucoup plus *violent* que celui des délégués du Conseil général révolutionnaire, qui les avaient précédés. (Voy. le discours de Lullier orateur de la députation, dans l'*Histoire parlementaire*, t. XXVII, pp. 344-347.)

Dans la séance du 1er juin, Hassenfratz a prononcé un discours plus ardent encore, réclamant, dans un langage plein de menaces, l'arrestation des députés *ennemis de Paris*. Et au nom de qui Hassenfratz sommait-il ainsi la Convention nationale de décréter d'accusation vingt-sept de ses membres? Au nom des quarante-huit sections et des autorités constituées du département de Paris, — c'est-à-dire au nom de l'assemblée tenue la veille aux Jacobins. Enfin, le 2 juin, une dernière sommation est faite à la Convention; elle se termine par ces paroles : « Citoyens, le peuple est las d'ajourner sans cesse l'instant de son bonheur; il le laisse encore un instant dans vos mains; sauvez-le, ou *nous vous déclarons qu'il va se sauver lui-même!* » Et ceux qui tiennent ce langage insurrectionnel, ce sont encore les délégués des autorités constituées du département, de ces autorités qui, suivant M. Louis Blanc, ont *renversé, à l'Hôtel-de-Ville, l'influence des violents!*

Reconnaissons du moins, en terminant cette longue note, combien M. Louis Blanc a eu raison d'écrire, précisément à l'occasion de la chute des Girondins : « Pour relever une à une toutes les erreurs propagées par les divers historiens de la Révolution française, un ouvrage à part ne suffirait pas. »

XXXIII

LE 2 JUIN

Mardi 4 juin 1793.

La journée de samedi (1) a été relativement calme. Les ateliers étaient rouverts ; chacun avait repris ses occupations. L'orage paraissait calmé (2). A la Convention, un projet d'adresse aux Français, présenté par Barère, au nom du Comité de salut public, et relatif aux événements du 31 mai, avait été adopté presque sans opposition. Ceux qui font profession d'optimisme triomphaient une fois encore et disaient : « Vous le voyez, vos craintes étaient exagérées comme toujours ; il n'y aura rien ; tout s'arrangera. » Les braves gens qui tenaient ce langage comptaient sans leurs hôtes de la maison commune, les membres du Conseil général et ceux du Comité révolutionnaire (3), qui agissaient, pendant que la Convention

---

(1) 1er juin 1793.
(2) *Chronique de Paris*, n° 154. — *Le Patriote français*, n° du 2 juin 1793. — Adolphe Schmidt, t. I, p. 371.
(3) « Le Conseil général arrête que le comité révolutionnaire, existant actuellement à la maison commune, sera appelé *Comité révolutionnaire créé par le peuple du département de Paris.* — *Procès-verbal de la Commune. Séance permanente du Conseil général révolutionnaire, le 1er juin, à 6 heures du matin.*

perdait son temps à changer les noms féodaux de plusieurs communes (1), et qui disposaient tout pour transformer en une victoire complète le demi-succès du 31 mai.

Dans la nuit du 31 mai au 1ᵉʳ juin, le Comité révolutionnaire a ordonné « l'arrestation de tous les gens suspects qui se cachent dans les sections de Paris ». Il a décidé la formation d'une armée révolutionnaire de vingt mille hommes, qui sera entretenue par une contribution forcée sur les riches, et principalement sur ceux qui sont connus par leur incivisme (2). Il a rendu un arrêté prescrivant aux quarante-huit sections de dresser la liste des ouvriers sans culottes de leurs arrondissements et de l'envoyer à la Commune, qui fera donner à chacun de ces ouvriers une somme de 6 livres, pour les indemniser de l'interruption de leurs travaux (3). Aux termes d'un autre arrêté, la force armée devra escorter les officiers municipaux chargés d'aller, le soir même, engager les citoyens à conserver les droits qu'ils ont reconquis et à reprendre les armes toutes les fois qu'on les attaquerait de nouveau. Vingt-quatre commissaires ont été désignés, à l'effet de procéder à cette proclamation. En gens pratiques et qui savent que les plus belles proclamations du monde ont besoin d'être appuyées, les membres du Conseil général révolutionnaire ont invité les sections « à faire conduire à la suite de leurs batail-

---

(1) Convention nationale, séance du 1ᵉʳ juin 1793.
(2) Séance permanente du Conseil général révolutionnaire, le 1ᵉʳ juin, à 6 heures du matin.
(3) Séance permanente, etc., le 1ᵉʳ juin, à 1 heure après-midi.

lons des voitures chargées de subsistances, afin d'en nourrir ceux de nos frères qui pourraient en avoir besoin. » Les commissaires civils et de police des sections dont les bataillons sont sous les armes, devront veiller à l'exécution de cette mesure (1).

Tout était donc admirablement combiné cette fois, pour que les sans-culottes vinssent se ranger sous les drapeaux de l'insurrection, et pour qu'ils restassent sous les armes jusqu'à ce que le but poursuivi par les meneurs fût complètement atteint.

Estimant, à juste titre, que le succès ne leur saurait échapper, le Conseil général et le Comité révolutionnaire n'ont pas voulu attendre au lendemain. Ils ont donc résolu d'engager sur l'heure la partie définitive, en demandant à la Convention de décréter d'accusation vingt-sept de ses membres. Cette pétition devait être présentée par dix-huit commissaires, dont douze choisis parmi les membres du Conseil général et six parmi les membres du Comité révolutionnaire (2).

Cette décision venait d'être prise, — il était environ sept heures du soir, — lorsqu'on apprend que la séance de la Convention est levée. Quelques instants après, Pache fait son entrée dans la salle du Conseil général. Marat l'accompagnait. Ils annoncent que la Convention se réunira de nouveau à neuf heures. L'Ami du peuple prend la parole et termine ainsi sa harangue : « Levez-vous donc, peuple souverain ; présentez-vous à la Convention ; lisez votre adresse et ne désemparez pas de la barre que vous n'ayez une

(1) Séance permanente, etc., à 1 heure après-midi.
(2) Séance permanente, etc., 1er juin 1793.

réponse définitive, d'après laquelle, vous peuple souverain, vous agirez d'une manière conforme au maintien de vos droits et à la défense de vos intérêts. Voilà le conseil que j'avais à vous donner. »

Cet appel aux armes est acclamé, et Marat quitte la maison commune au milieu des plus vifs applaudissements.

Comme si la parole de Marat en avait donné le signal, la générale bat aussitôt dans quelques sections; bientôt le rappel bat dans tous les quartiers, et le tocsin commence à retentir (1).

C'était la contre-partie de la journée de la veille. Le 31 mai avait commencé par le bruit du tocsin et celui de la générale pour finir par une *fête civique*. Après avoir commencé par des chants et des illuminations, le 1er juin a fini par le bruit de la générale et celui du tocsin.

Lorsque la Convention a rouvert sa séance à neuf heures du soir, le Palais-National (2) était investi par la force armée et entouré de canons; le pont National, les quais, le jardin des Tuileries et toutes les rues adjacentes étaient occupés par les bataillons des sections (3). La députation de la Commune et du Comité révolutionnaire a paru à la barre, et Hassenfratz, son orateur, a donné lecture de sa pétition, plus violente encore que celle que Lullier avait présentée la veille. « Représentants du peuple, disait-elle, les quarante-huit sections de Paris, les corps constitués du département, sont venus vous deman-

(1) *Mémoires de Jérôme Petion*, p. 5. — Convention nationale, 1er juin 1793, séance du soir.
(2) Palais des Tuileries.
(3) *Chronique de Paris*, n° 154.

der le décret d'accusation contre la Commission des Douze, contre les correspondants de Dumouriez, contre les hommes qui provoquent les habitants des départements contre les habitants de Paris... Le peuple est levé, il est debout... Les autorités constituées viennent vous demander un décret d'accusation contre les traîtres qui siègent parmi vous... »
Et après avoir nommé les députés, dont ils demandaient le renvoi au tribunal révolutionnaire, les pétitionnaires ajoutaient : « Législateurs, il faut en finir, il faut terminer cette contre-révolution ; il faut que tous les conspirateurs tombent sous le glaive de la loi, sans aucune considération. Patriotes, qui avez sauvé plusieurs fois la patrie, décrétez tous ces traîtres d'accusation ; dites si vous pouvez nous assurer la liberté ; nous sommes tous debout, et nous la sauverons. Les derniers conspirateurs mordront la poussière (1). »

Pas un membre de la Gironde n'a protesté contre cet abominable langage ! Pas un n'a élevé la voix pour se défendre ou pour défendre ceux de ses amis dont on demande la tête ! Seul, le vieux Dusaulx, l'un des dénoncés, monte à la tribune, mais c'est pour balbutier des excuses. Où étaient Vergniaud, Buzot, Guadet, Brissot, Gensonné, Pétion ? Ils n'assistaient pas à la séance : là pourtant était le devoir, car là était le danger. A défaut des chefs, quelques-uns de leurs lieutenants et de leurs soldats étaient dans la salle. Au bureau, sur les six secrétaires, cinq étaient girondins : Lasource, Lidon, Fonfrède, Lanthenas,

---

(1) Convention nationale, séance du samedi 1ᵉʳ juin 1793. (*Moniteur* du 4 juin).

Rabaut Saint-Étienne (1). Aucun d'eux n'a demandé la parole. Ils ont subi en silence les odieuses menaces d'Hassenfratz et des conspirateurs de l'Hôtel-de-Ville, qui ont été admis aux honneurs de la séance !

La pétition a été renvoyée au Comité de salut public, chargé de faire, dans un délai de trois jours, un rapport sur les membres de la Convention dénoncés par les autorités constituées de Paris. Au moment où ce renvoi était prononcé, un des pétitionnaires, chamarré d'un ruban tricolore, a dit, de façon à être entendu par les députés : « Demain les choses ne se passeront pas de cette manière (2). »

La séance a été levée à minuit.

Pendant toute la nuit de samedi à dimanche les bataillons des sections sont restés sous les armes, réconfortés par les vins et les victuailles si opportunément mis à leur disposition par la prévoyance du Comité révolutionnaire. Le commandant général Hanriot, mandé à la Commune à trois heures et demie du matin, a déclaré que le peuple était levé et ne voulait se rasseoir que lorsque les traîtres seraient mis en état d'arrestation (3).

A quatre heures, le tocsin a recommencé à sonner (4).

---

(1) Voyez le *Procès-verbal de la séance extraordinaire du samedy 1er juin 1793*, publié par Ch. Vatel. (*Vergniaud*, t. II, p. 395).

(2) *Compte-rendu et Déclaration, par J.-B.-M. Saladin, député du département de la Somme, sur les journées des 27 et 31 mai, 1er et 2 juin 1793*.

(3) *Procès-verbal de la Commune*.

(4) *Ibid*.

Lorsque la Convention, sur les dix heures du matin, est entrée en séance, les Tuileries étaient entourées par une armée qui peut être évaluée à plus de quatre-vingt mille hommes (1). Hanriot avait eu soin d'introduire dans le jardin et dans les cours du château les hommes dont il était sûr, au nombre de cinq mille environ. Cette troupe d'élite, ces gardes du corps de l'insurrection, étaient isolés des bataillons qui n'inspiraient pas au commandant général une confiance aussi absolue, d'un côté, par l'enlèvement du Pont-Tournant ; de l'autre, par la clôture en bois qui sépare le Carrousel et les cours du Palais-National (2). Le reste de l'armée d'Hanriot, artillerie, infanterie et cavalerie, occupait la place du Carrousel, les quais et les Champs-Élysées ; armée étrange, composée des éléments les plus divers, où les soldats allemands de la légion de Rosenthal, qui ne comprennent pas un mot de français, sont placés non loin des fédérés *Marseillais*, écume de la Provence (3) ; où les contingents de la Vendée (4), que l'on a fait revenir sur leurs pas, se trouvent à côté des détachements de la Garde nationale de Courbevoie, de Saint-Germain-en-Laye, de Melun et de Versailles. Il y a près de trois mille canonniers avec cent soixante-trois pièces de canon. Des fourneaux avec grils, pour chauffer des boulets rouges, sont

(1) *Mémoires de Meillan* député des Basses-Pyrénées à la Convention nationale. — Lanjuinais, dans son *Fragment sur les 31 mai, 1er et 2 juin 1793*, porte à cent un mille hommes le chiffre de l'armée qui entourait le lieu des séances.
(2) *Mémoires de Meillan*.
(3) Gorsas, *Récit rapide...*
(4) Beaulieu, *Diurnal*, 2 juin 1793.

installés dans les Champs-Elysés. Un nombreux corps de réserve, avec quatorze pièces de canon, est établi dans le bois de Boulogne (1).

Le mot d'ordre était *Insurrection et vigueur* (2).

Un si formidable déploiement de forces n'était certes pas nécessaire pour faire capituler la majorité de la Convention. Depuis le jour où elle s'est réunie pour la première fois dans ce même palais des Tuileries, depuis le 20 septembre 1792, chacune de ses séances n'a-t-elle pas été marquée par une concession et par une faiblesse ? Le 2 juin au soir, faisant droit à la requête de la Commune et du Comité révolutionnaire, elle a décrété que vingt-neuf de ses membres et deux ministres seraient mis en état d'arrestation. Les deux ministres sont Clavière et Lebrun. Les vingt-neuf députés sont : Gensonné, Guadet, Brissot, Gorsas, Pétion, Vergniaud, Salle, Barbaroux, Chambon, Buzot, Birotteau, Lidon, Rabaut Saint-Etienne, Lasource, Lanjuinais, Grangeneuve, Lehardi, Lesage, Louvet, Valazé, Kervélégan, Gardien, Boilleau, Bertrand, Viger, Mollevaut, Henry-Larivière, Gomaire, Bergoeing.

Ainsi s'est terminée, par la déchéance de la Gironde, comme le 10 août par la déchéance de Louis XVI, cette révolution nouvelle, que l'on appelle déjà la *Révolution du 31 mai*.

A défaut d'un tableau complet, impossible à tracer au lendemain d'un si grand évènement, voici du moins les traits les plus caractéristiques de la séance

---

(1) Gorsas *Récit rapide*, etc.
(2) *Ibid.*

du 2 juin, les épisodes qui m'ont le plus vivement frappé, parmi ceux dont les Tuileries ont été avant-hier le théâtre.

J'avais réussi, grâce à l'huissier Berthollet jeune (1), à entrer au château. Un instant, je me trouvai, dans l'un des vestibules du rez-de-chaussée, au milieu d'une foule en tumulte. Il y avait là beaucoup de femmes ; et quelques-unes rappelaient, avec de grands éclats de voix, qu'elles ne visitaient point les Tuileries pour la première fois et que déjà elles y étaient venues au 20 juin et au 10 août. Cependant un homme, monté sur les degrés de l'escalier, faisait signe qu'il voulait parler. Le silence se rétablit à la fin, et l'orateur, après quelques mots énergiques, invita les assistants à faire le serment de ne laisser sortir personne de la salle, tant que le décret contre les traîtres du côté droit ne serait pas voté. Aussitôt toutes les mains se levèrent ; le serment fut prêté avec enthousiasme, par les femmes, en particulier, avec une passion extraordinaire. Il était alors deux heures et demie (2). A partir de ce moment, les députés ont été tenus en chartre privée. Lorsque, sur la motion de Barère, ils sont sortis *pour prouver qu'ils étaient libres*, cette promenade à travers les cours et le jardin du Palais-National n'a fait que mettre dans une plus éclatante lumière l'humiliant esclavage auquel ils étaient réduits. Toutes les avenues, toutes les portes de la salle des séances étaient gardées par les émeutiers. Les députés que les besoins les plus pressants appelaient au dehors ne pouvaient faire

---

(1) Voy. ci-dessus c. XXV, p. 250.
(2) *Compte-rendu et Déclaration*, par J.-B.-M. Saladin.

un pas sans être escortés par des hommes armés, sans être reconduits par eux dans l'enceinte législative transformée en prison (1).

Plus l'avilissement de la Convention a été grand, plus le courage déployé par Lanjuinais a été admirable. Nous avons eu déjà, depuis 1789, bien des journées révolutionnaires, et le mois de juin en a eu sa large part :

20 juin 1789 : Serment du Jeu de paume.

25 juin 1791 : Retour de la famille royale arrêtée à Varennes.

20 juin 1792 : Invasion des Tuileries par la populace.

2 juin 1793 : Renversement de la Gironde.

A toutes les *journées*, à toutes les insurrections dont nous avons été les témoins, combien d'autres s'ajouteront dans l'avenir ! Un jour viendra donc, bientôt peut-être, où cette révolution du 2 juin aura disparu sous l'amas des révolutions successives, comme les premières feuilles tombées au pied du chêne disparaissent en hiver sous l'amoncellement des feuilles mortes. Mais tant que la France vivra, tant qu'il y aura dans notre pays un cœur qui battra aux mots d'honneur et de liberté, on gardera la mémoire de l'héroïsme de Lanjuinais. Au milieu de l'Assemblée investie par quatre-vingt-mille hommes, devant les colères de la Montagne et les imprécations des tribunes, n'ayant aucun appui à attendre du côté droit dont les bancs sont presque déserts, ni de la *plaine* qui appartient déjà toute entière à l'insurrection victorieuse, il met à nu les complots de la

(1) *Compte-rendu et Déclaration*, par J.-B.-M. Saladin.

Commune et du Comité révolutionnaire. Des huées formidables, de véritables hurlements couvrent sa voix. Il domine le tumulte et il continue ; il dénonce ces pétitions *traînées dans la boue des rues de Paris !..* Le boucher Legendre, faisant avec effort le geste du merlin, le menace et lui crie : *Descends... ou je vais t'assommer.* Et Lanjuinais de répondre avec calme : *Fais décréter que je suis bœuf et tu m'assommeras* (1).

Cependant la montagne est debout. Legendre, Chabot, Turreau, Drouet, Robespierre le jeune, Julien, d'autres encore, armés de pistolets, escaladent la tribune et s'efforcent de l'en arracher. Legendre lui applique son pistolet sur la gorge, pour l'obliger à descendre. Des membres du côté droit, Defermon, Birotteau, Leclerc (de Loir-et-Cher), Penières, Pilastre, armés aussi de pistolets, viennent à son secours. Pendant qu'une lutte violente s'établit au pied et sur les marches de la tribune et que l'Assemblée tout entière est en proie à un tumulte effroyable, injurié, menacé, frappé, Lanjuinais demeure impassible. Cramponné à la tribune, il ne lâche pas prise (2) : le président s'est couvert ; le calme revient enfin, et Lanjuinais reprend son discours. Il conclut en ces termes :

Je demande que toutes les autorités révolutionnaires de Paris, et notamment l'Assemblée de l'Évêché, le Comité central ou exécutif de cette Assemblée, soient cassés, ainsi que ce qu'ils ont fait depuis trois jours, et que le Comité de salut public vous rende compte après-demain de l'ex-

---

(1) Lanjuinais, *Fragment sur les 31 mai, 1er et 2 juin 93*.
(2) *Fragment*, etc., par Lanjuinais.

pédition du décret que vous rendrez à ce sujet. Je demande encore que tous ceux qui voudront s'arroger une autorité nouvelle et contraire à la loi, soient déclarés hors la loi, et qu'il soit permis à tous les citoyens de leur courir sus (1).

A la fin de la séance, quand Barère a donné le signal de la défection de la *plaine*, quand tout est perdu et que les membres de la Gironde qui sont dans la salle souscrivent eux-mêmes à leur suspension, Lanjuinais se lève de nouveau. « N'attendez de moi, dit-il, ni suspension, ni démission. » Interrompu avec violence, il reprend : « On a vu quelquefois, dans des contrées barbares, des peuples conduire au bûcher des victimes humaines après les avoir couronnées de fleurs ; mais les prêtres qui les égorgeaient ne les insultaient pas (2). »

Mirabeau eut-il jamais une inspiration plus sublime? et combien sa fameuse apostrophe à M. de Brézé pâlit auprès de cette admirable réplique, jetée à la face d'une insurrection triomphante!

La fin de ce second discours de Lanjuinais n'est point d'ailleurs restée au-dessous de ce magnifique début. Il a terminé par ces paroles, — j'allais dire par cette prophétie :

Cassez dès ce moment toutes les autorités que les lois ne connaissent pas ; défendez à toutes personnes de leur obéir ; énoncez la volonté nationale : ce ne sera pas en vain ; les factieux seront abandonnés des bons citoyens qu'ils abusent... Si vous n'avez pas ce courage, c'en est

---

(1) Convention nationale, séance du 2 juin 1793 (*Moniteur* du 4 juin).
(2) *Le Républicain français*, n° 202, du 5 juin 1793.

fait de la liberté. Je vois la guerre civile, qui est déjà allumée dans ma patrie, étendre partout ses ravages ; je vois l'horrible monstre de la dictature ou de la tyrannie, sous quelque nom que ce soit, s'avancer sur des monceaux de ruines et de cadavres, vous engloutir successivement les uns les autres, et renverser la république (1).

Peu s'en est fallu que le courage de Lanjuinais ne produisît ce prodige d'attendrir les tigres de la Montagne. Au moment du vote, elle parut hésiter à le décréter d'accusation, et l'un des plus fougueux de ses membres, Chabot, dit assez haut à Legendre : *Pourquoi est-il dans la liste ?f..., c'est un bon b...* (2) ! Mais deux autres Montagnards allèrent alors de bancs en bancs, en criant, en hurlant : *Lanjuinais catholique..., catholique..., catholique*, (3). — Catholique ! c'est là le crime irrémissible, et l'arrestation de Lanjuinais a été décrétée. Catholique, le député de Rennes l'est en effet, et il faut remercier ces deux excellents Montagnards *crétois* (4), qui ont voulu que l'héroïque député breton fût arrêté à ce titre, — et non à titre de Girondin. Girondin, Lanjuinais ne l'est pas (5) ; et je tiens à le rappeler avant de montrer quelle a

---

(1) *Discours de Lanjuinais, député par le département de l'Ille-et-Vilaine à la Convention nationale, prononcé le dimanche 2 juin 1793, et Détails très circonstanciés des faits les plus mémorables de cette journée* (Publié en juin 1793).

(2) *Ibid.*

(3) *Ibid.*

(4) L'abbé Georgel, *Mémoires pour servir à l'histoire des événements de la fin du dix-huitième siècle, depuis 1760 jusqu'à 1810.*

(5) Voyez la *Légende des Girondins*, pp. 118 et suiv.

été la conduite des chefs de la Gironde dans la journée du 2 juin.

Dans la matinée, et avant l'ouverture de la séance, ils étaient tous réunis, rue des Moulins, chez leur collègue Meillan, député des Basses-Pyrénées. La plupart y avaient passé la nuit, étendus sur des chaises (1). Il y avait là Brissot, Vergniaud, Gensonné, Guadet, Buzot, Pétion, Salle, Grangeneuve, Barbaroux (2), etc. Au lieu d'aller à la Convention, ils résolurent d'attendre les évènements. Comme au 10 mars et au 31 mai, ils désertaient le champ de bataille à l'heure décisive. Seul, Barbaroux a compris ce qu'une telle conduite avait de honteux. Malgré les efforts faits pour le retenir, il est allé à son poste, à son devoir (3). Meillan a tenu également à se rendre à l'Assemblée, promettant à ses collègues de leur envoyer des nouvelles d'heure en heure (4). Vergniaud l'a accompagné ; mais, à la différence de Barbaroux, qui est resté jusqu'au bout, il n'a pas tardé à quitter la salle, sans avoir rien tenté pour sauver ses amis. Quand il s'est retiré, — il pouvait être à ce moment une heure après-midi (5), — ses adversaires ne lui ont même pas fait l'honneur de s'apercevoir de sa disparition.

(1) *Mémoires de J. Pétion*, p. 5.
(2) *Mémoires de Meillan*, p. 52. — *Mémoires de Pétion*, p. 6. — *Précis rapide*, etc., par A. J. Gorsas.
(3) *Mémoires de Meillan*.
(4) *Ibid.*
(5) « Je sortis hier de l'Assemblée entre 1 et 2 heures. » (Lettre de Vergniaud au président de la Convention, en date du 2 juin 1793. — *Le Républicain français*, n° 202, du 5 juin 1794).

Ainsi abandonnés par leurs chefs, les députés girondistes pouvaient difficilement tenir tête à l'émeute. Un tiers à peu près assistait à la séance (1), protégés presque tous par leur obscurité. Quelques-uns cependant ont lutté courageusement pour défendre Lanjuinais; je les ai nommés tout à l'heure, mais je suis heureux de redire ici leurs noms : Birotteau, Leclerc, Lidon, Penières, Pilastre. — Defermon, qui s'est signalé aussi dans cette circonstance, n'appartient pas au parti de la Gironde. Député de Rennes, comme Lanjuinais, il a été, comme lui, membre de l'Assemblée constituante, et, à la Convention, dans le procès de Louis XVI, il s'est fait remarquer par la fermeté de son attitude et l'indépendance de ses votes.

Il était environ trois heures, lorsque Barère, au nom du Comité de salut public, a donné lecture d'un projet de décret invitant les députés dénoncés par le Département de Paris à se suspendre volontairement de leurs fonctions pour un temps déterminé. Des député à qui s'adressait cet appel, six seulement étaient présents : Isnard, Fauchet, Lanthenas, Dusaulx, Barbaroux et Lanjuinais. Birotteau avait quitté la salle. Tandis que Lanjuinais et Barbaroux refusaient de se démettre, Isnard, Fauchet Lanthenas et Dusaulx ont déclaré consentir à leur propre suspension. Les deux derniers ont mérité par là que Marat leur imprimât la flétrissure de sa protection : il les a fait effacer de la liste. Le châtiment de Fauchet et d'Isnard ne s'est pas non plus fait attendre. Le même décret qui proscrit leurs col-

---

(1) A. J. Gorsas, *Précis rapide*, etc.

lègues porte, dans un article additionnel, « qu'Isnard et Fauchet qui, pour la paix et la tranquillité publique, ont consenti à leur suspension, ne seront pas mis en état d'arrestation, mais seulement ne pourront sortir de Paris ».

Chose incroyable! A cette même heure, les Brissot, les Petion, les Gensonné, les Buzot, les Grangeneuve, les Vergniaud, étaient occupés, dans la chambre de Meillan, à rédiger une *Déclaration au peuple français*! A la Montagne, à la Commune, à l'émeute qui rugit, à la Révolution qui triomphe, ceux que l'*Ami du peuple* appelle les *hommes d'État* opposent une feuille de papier! Ils n'avaient pas eu le temps de limer leurs périodes, lorsque le frère de Rabaut Saint-Étienne, Rabaut-Pomier, est entré dans la chambre, et, avec l'accent d'un homme hors de lui : « Il n'y a plus de Convention, dit-il; on fait irruption dans la salle, on s'empare des députés. Sauve qui peut! Sauve qui peut! » *Sauve qui peut!* Aussitôt chacun détale et s'enfuit au plus fort (1).

De tous les chefs de la Gironde, — Barbaroux excepté, — il n'en est pas un seul qui, dans la journée du 2 juin, ait fait son devoir.

Il est d'ailleurs remarquable que si les principaux Girondins n'ont point paru à la Convention, les chefs de la Montagne n'ont pris presque aucune part aux événements de la journée. Danton n'a prononcé que quelques paroles, à propos d'un incident tout à fait secondaire. Quant à Robespierre, il n'est pas monté

---

(1) *Mémoires de Petion*, p. 6 : « Nous n'eûmes que le temps de nous dire : Cherchons vite des retraites, et chacun de nous se retira. »

à la tribune, et il n'a dit, lui aussi, que quelques mots. Comme ils n'ont été reproduits par aucun journal et qu'ils peignent au vif le personnage, je tiens à les consigner ici. Lorsque le président a prononcé le décret de mise en accusation des Vingt-Neuf, Robespierre, au pied de la tribune, dans un état d'agitation extrême, s'est écrié : « Que faites-vous ? Vous allez tout gâter : il faut poser là un principe (1) ! » — Poser un principe, à l'heure même où on les viole tous ! Voilà bien en effet Robespierre, — homme fort après tout, qui a compris mieux que personne, que, du moment où le peuple était proclamé souverain, tout devenait possible à celui qui parlait en son nom, à la seule condition, toutes les fois qu'on égorge un droit ou une liberté, de *poser un principe*, de crier bien haut qu'on agit au nom du droit et au profit de la liberté !

Un arrêté du conseil général révolutionnaire, pris dans la journée, a invité les citoyens à illuminer le premier et le second étage de leurs maisons (2). Ceux à qui s'adressait cette *invitation* n'ont eu garde de la tenir pour non avenue : dans la nuit de dimanche à lundi, toutes les rues ont été illuminées (3).

(1) *Supplément aux crimes des anciens comités*, etc., par Dulaure.
(2) Séance du Conseil général révolutionnaire, dimanche 2 juin.
(3) *Chronique de Paris*, n° 155.

XXXIV

LE 2 JUIN, COPIE DU 10 AOUT.

Mercredi 5 juin 1793.

Le 2 juin a été le 10 *août* de la Gironde. Les événements auxquels nous assistons depuis quatre ans, les insurrections succédant aux insurrections, le crime triomphant, le pouvoir devenu le prix de l'audace et de la scélératesse, cette série presque ininterrompue de lâchetés, d'ignominies, de proscriptions et de massacres, tout cela sans doute est bien fait pour plonger les bons citoyens dans le découragement et dans le désespoir. Parfois pourtant, au milieu de leur deuil et de leur tristesse, se glisse une sorte de consolation, quelque chose qui ressemble à de la joie, lorsqu'ils voient ces hommes qui ont voulu et qui ont fait le mal, frappés à leur tour et pris dans leurs propres pièges ; lorsqu'ils les voient, après avoir prêché l'émeute, renversés par l'émeute, poursuivis par cette même populace dont ils célébraient les vertus, alors qu'elle se bornait à poursuivre leurs adversaires. Je ne puis me défendre, pour ma part, de reconnaître, dans ces coups de théâtre, l'action de la Providence ; en présence d'événements tels que ceux du 31 mai et du 2 juin, je sens malgré moi ce cri s'échapper de mes lèvres : *Laissez passer la justice de Dieu !*

Fut-elle jamais plus visible ? Et ne semble-t-il pas que cette *Providence*, dont les Girondins se moquaient si haut (1), se soit complu à les faire repasser par cette voie douloureuse où ils avaient traîné Louis XVI ; à reproduire, dans les incidents qui ont accompagné leur chute, chacun de ceux qui avaient marqué la chute de la royauté ?

Il y a pas là seulement un spectacle d'un intérêt saisissant ; on y trouve aussi un enseignement d'une haute moralité : je crois donc devoir m'y arrêter quelques instants.

Le drame du 10 *août* a eu pour prologue le 20 *juin*.

Les auteurs du 20 juin avaient essayé de renverser Louis XVI. Ils n'avaient pu aller ce jour-là jus-

---

(1) Le 26 mars 1792, à la Société des Jacobins, Robespierre donna lecture d'un projet d'adresse dans lequel, à l'occasion de la mort de l'empereur d'Allemagne, Léopold II, frère de la reine Marie-Antoinette, il invoquait le nom de la Providence. Le girondin Guadet tourna en ridicule le projet de Robespierre. « J'ai entendu souvent dans cette adresse, dit-il, répéter le mot de *Providence* ; je crois même qu'il y est dit que la Providence nous a sauvés malgré nous. J'avoue que, ne voyant aucun sens à cette idée, je n'aurais jamais cru qu'un homme qui a travaillé avec tant de courage pendant trois ans pour tirer le peuple de l'esclavage du despotisme, pût contribuer à le remettre ensuite sous l'esclavage de la superstition. » Durand de Maillane, député des Bouches-du-Rhône à la Convention, a dit dans ses *Mémoires* : « Le parti girondin était plus impie même que le parti de Robespierre. » (Voy. *la Légende des Girondins*, pp. 62 et suiv.

qu'au bout de leurs desseins ; mais en rentrant dans l'ombre où ils tenaient leurs conciliabules, ils se proposaient de prendre une revanche prochaine : après moins de deux mois, ils la prenaient complète.

Le 2 juin a eu de même pour prologue le 10 mars (1). Cette fois, il ne s'agit plus de détrôner Louis XVI, mais de renverser les Girondins, de proscrire ces mêmes députés qui ont applaudi au 20 juin 1792: Vergniaud et Guadet, qui ont demandé que les faubourgs pussent *défiler en armes* dans l'enceinte législative; Pétion, qui a laissé l'insurrection se préparer sous ses yeux, qui a retenu à l'Hôtel-de-Ville, depuis huit heures du matin jusqu'à onze heures et demie, le commandant de la garde nationale, refusant de lui donner l'ordre écrit sans lequel celui-ci ne peut agir ; Brissot et Gorsas, qui, dans leurs journaux, ont célébré l'émeute avec enthousiasme, qui n'ont pas eu assez d'éloges pour le *patriotisme*, le calme et la décence de ces bons « habitants des faubourgs Saint-Antoine et Saint-Marceau *allant rendre visite au roi* (2) ; » Roland, ou plutôt (car le pauvre homme ne compte guère) Mme Roland, qui, le soir du 20 juin, quand elle a connu les détails de l'envahissement du château, et de quelles angoisses, de quelles douleurs et de quelles hontes avait été abreuvée la reine, a laissé échapper ce cri de joie et de regrets : « Que j'aurais voulu voir sa longue humiliation (3) ! »

---

(1) Voy. ci-dessus le c. XIII, p. 102.
(2) *Patriote français* du 21 juin 1793. — *Courrier des départements* du 21 juin.
(3) C'est M. de Lamartine, l'un des plus ardents panégyristes de Mme Roland, qui rapporte ce fait.

Les émeutiers du 10 mars qui, comme ceux du 20 juin, ont pour complice le maire de Paris, — seulement le maire ne s'appelle plus Petion, il s'apelle Pache, — occupent, dès le matin, les avenues de la salle du Manége. Petion est poursuivi sur la terrasse des Feuillants par les cris de : *Mort à Petion! Mort à Brissot!* Le soir, une foule nombreuse assiége les portes de la Convention. Vergniaud, Guadet et leurs amis, qui savent que leur tête est menacée, ne se rendent pas à la séance. Une pluie torrentielle disperse les conspirateurs. Le coup a manqué, comme il avait manqué au 20 juin ; mais, de même que les auteurs du 20 juin étaient rentrés en scène au bout de quelques semaines, et avaient enfin frappé un coup décisif, de même les auteurs du 10 mars ont reparu, au bout de deux mois et demi, et ont donné un pendant à la révolution du 10 août.

Dans l'intervalle qui sépare le 20 juin du 10 août, le maire de Paris, Petion, paraît à la barre de l'Assemblée législative et donne lecture d'une adresse des sections réclamant la déchéance de Louis XVI (1).

Dans l'intervalle qui sépare le 10 mars du 31 mai, le maire de Paris, Pache, paraît à la barre de la Convention nationale et présente une adresse des sections réclamant la déchéance de vingt-deux députés de la Gironde (2). Louvet figurait sur ces deux Adresses : sur la première, comme signataire ; sur la seconde, comme proscrit.

Du 20 juin au 10 août, les pétitionnaires contre

(1) Séance du 3 août 1792.
(2) Séance du 15 avril 1793.

Louis XVI se succèdent à la barre, applaudis par les Brissotins. Du 10 mars au 31 mai, les députations se succèdent, plus fréquentes encore, composées, d'ailleurs, à peu près, du même personnel, des mêmes *patriotes* ; seulement, Brissot et les membres de la députation de Bordeaux n'applaudissent plus : c'est à leur tour d'être dénoncés.

A la suite du 20 juin, les juges de paix Menjaud et Fayel lancent contre Pétion et contre Manuel, procureur de la Commune, des mandats d'amener. Une députation du Corps municipal vient protester contre cette mesure et en demander le retrait. Les Brissotins admettent les pétitionnaires aux honneurs de la séance. Ils dénoncent eux-mêmes, comme une violation de la loi, comme un attentat à la Constitution, la mesure prise par Menjaud et Fayel ; ils exigent qu'il ne soit pas donné suite à leur décision. « Je dénonce à l'Assemblée, dit Mazuyer, le comité des juges de paix, ce *tribunal de sang* établi aux Tuileries, et qui, de là, décerne des mandats d'amener contre les magistrats du peuple (1). »

A la suite du 10 mars, la Commission des Douze ordonne l'arrestation d'Hébert, substitut du procureur de la Commune. Une députation du corps municipal vient réclamer sa mise en liberté. « Le Conseil général, dit l'orateur de la Commune, défendra l'innocence jusqu'à la mort. Il demande que vous rendiez à ses fonctions un magistrat estimable par ses vertus civiques et ses lumières. Du reste, les arrestations arbitraires sont, pour les hommes de bien, des cou-

---

(1) Séance du 11 juillet 1792.

ronnes civiques (1) ». A quelques jours de là, nouvelles députations de la Commune et des sections. Elles sont admises aux honneurs de la séance ; l'Assemblée décrète l'élargissement d'Hébert et la cassation de la Commission des Douze.

Le 29 mai 1792, les députés Brissotins ont voté la dissolution de la garde constitutionnelle du roi. Comme l'état-major de la garde nationale et certaines compagnies d'élite étaient restés sympathiques à la cause de Louis XVI, ces mêmes députés, d'accord avec Petion et la Commune, ont fait décréter quelques jours avant le 10 août, la réorganisation d'un nouvel état-major, la punition des officiers qui donneraient d'autres ordres que ceux émanés de l'autorité civile, — la distribution des canons des soixante bataillons entre les quarante-huit sections, — la suppression de toutes les compagnies d'élite, comme contraires à l'égalité. En même temps qu'ils enlevaient au roi ses défenseurs, ils décidaient la formation, sous les murs de Paris, d'un camp de vingt-mille hommes, composés des *fédérés* des départements ; le 11 juillet, ils décrétaient que chacun de ces fédérés recevrait une paie de 39 sous par jour.

Au 10 mars, les fédérés du Finistère et de la Loire-Inférieure ont sauvé les députés de la Gironde. Buzot et ses amis, après avoir proposé vainement la création d'une garde départementale, qui aurait été pour eux ce qu'était pour Louis XVI la garde constitutionnelle, essaient de retenir à Paris les volontaires venus des départements. La Montagne demande que

(1) Séance du 25 mai 1793.

ces volontaires soient tenus de se rendre aux frontières sous trois jours. Cette proposition n'est pas adoptée, mais la Convention décrète que « les corps armés envoyés à Paris par les départements maritimes y retourneront pour défendre la patrie, et que les volontaires qui les composent seront, comme les autres citoyens, en état de réquisition permanente (1). » — Avant le 10 août, les Girondins ont fait venir à Paris les volontaires de Marseille et de la Provence ; avant le 2 juin, Hanriot rappelle dans la capitale les volontaires parisiens qui sont en route pour la Vendée. Et comme il faut que les événements qui ont précédé la chute de la royauté aient exactement leur contre-partie dans les événements qui précèdent la chute de la Gironde, à l'exemple de la Législative, qui avait voté la formation d'un camp de vingt mille hommes sous Paris, la Convention vote la formation sous Paris d'un camp de quarante mille hommes, et décide qu'aucun ex-noble ne sera admis dans cette armée, ni comme officier, ni comme soldat (2). Elle décide également qu'outre cette *armée de sans-culottes*, il sera créé une *garde du peuple*, salariée par la nation (3).

A ces rapprochements, combien d'autres seraient à ajouter ! Jamais la loi du talion, jamais le vieil adage : *Patere legem quam fecisti,* n'a reçu plus nombreuses, plus frappantes applications.

A la veille du 10 août, plusieurs députés du côté droit, Froudière, Lacretelle aîné, Soret, Calvet, Qua-

---

(1) Séance du 5 mars 1793. *Moniteur* du 6 mars.
(2) Séance du 5 avril 1793.
(3) *Ibid.*

tremère, Deuzy, Desbois, Mezières, Regnault-Beaucarron, Dumolard, Jollivet, Stanislas de Girardin, dénoncent à l'Assemblée les violences dont ils ont été victimes : des volontaires, coiffés du bonnet rouge, leur ont jeté de la boue et des pierres, les ont menacés de la lanterne. Leurs plaintes sont accueillies, sur les bancs de la Gironde, par des exclamations ironiques : « En quel endroit, leur crie-t-elle, avez-vous donc été frappés (1)? »

Mais voici qu'à la veille du 31 mai nos rieurs se plaignent à leur tour d'être insultés et menacés par les forcenés qui occupent chaque jour les avenues de la Convention. La Montagne répond par des ricanements et des haussements d'épaules. « Depuis deux ans, s'écrie Marat, on entend vos lamentations, et vous n'avez pas une égratignure à montrer à vos commettants (2)! »

Dans la séance du 9 août 1792, la voix du courageux Vaublanc est couverte à plusieurs reprises par les cris des tribunes. Le président donne des ordres pour qu'elles se tiennent silencieuses, mais ces ordres sont méconnus. « J'entends sans cesse, dit Vaublanc, invoquer contre les tribunes l'autorité de l'Assemblée, et cette autorité est sans force. N'est-il pas ridicule d'entendre le président rappeler vingt fois les tribunes à l'ordre, et sa voix être toujours couverte par des murmures? Il vaut mieux qu'une bonne fois nous déclarions que nous sortirons d'ici. » Le côté droit appuie les paroles de Vaublanc et veut que Petion soit appelé à la barre pour déclarer, oui ou non, s'il répond

(1) Séance du 9 août 1792.
(2) Séance u 20 mai 1793.

de la sûreté des représentants de la nation. Isnard et Guadet s'élèvent avec violence contre cette motion et la font rejeter. Puisque les tribunes sont pour elle, la Gironde estime que leur intervention dans les débats de l'Assemblée est légitime et salutaire.

Nous sommes en mai 1793 ; pas de séances où Vergniaud et ses amis, devenus le *côté droit*, n'aient à lutter, comme autrefois Vaublanc et ses collègues, contre les vociférations des tribunes. « Comment, s'écrie maintenant Vergniaud, comment peut-on espérer sauver la République, si on ne parvient à faire cesser ces troubles scandaleux qui arrêtent la marche de vos délibérations, ces ardentes clameurs, ces huées avilissantes qui viennent apporter le désordre au sein de la Convention (1)? » Il parle en vain ; on rit de ses lamentations comme il riait lui-même autrefois de celles de Vaublanc !

A l'ouverture de la séance du 28 mai, Guadet demande le rapport du décret qui, la veille, a supprimé la Commission des Douze. Il soutient que l'on ne peut même pas dire qu'il y ait eu un décret rendu, puisque les législateurs, consignés dans le lieu de leurs séances, après la dispersion de leur garde, ont délibéré au milieu des outrages, des violences et des menaces ; puisque plusieurs membres de la représentation nationale, et notamment Petion et Lasource, ont été dans l'impossibilité de percer une foule menaçante et de se rendre à leur poste... — Certes, le discours de Guadet était éloquent ; mais combien plus éloquente la réplique de Jean-Bon Saint-André, opposant aux récrimi-

---

(1) Séance du 20 mai 1793.

nations de la Gironde les principes dont elle se faisait gloire à la veille du 10 août : « Pour quiconque ne connaîtrait pas le cœur humain, il pourrait paraître étonnant que l'on méconnût avec tant d'audace dans un temps des principes avancés dans un autre. Mais les intérêts ne sont plus les mêmes... Dans l'Assemblée législative, quand il fut question de prononcer la suspension du tyran, Ramond et ses semblables avancèrent contre cette suspension les mêmes raisons qui viennent d'être présentées à cette tribune. Alors ils disaient qu'ils n'avaient pas été libres de se rendre à l'Assemblée ; ils disaient qu'ils n'avaient pu voter pour cette grande mesure, et ils voulaient infirmer les décrets de l'Assemblée, parce qu'ils n'y avaient pas pris part. »

Pétion, en mainte rencontre, s'est vanté de la part considérable qu'il a prise à la révolution du 10 août (1). Maire de Paris, chargé d'assurer le maintien de l'ordre, il s'est fait le complice des conspirateurs, il a livré Louis XVI. Pache n'a eu qu'à copier Pétion. Maire de Paris, Pache, comme Pétion, s'est fait le complice des émeutiers, il a livré les députés de la Gironde. Ici les analogies sont saisissantes. Il suffira d'en indiquer quelques-unes.

Le soir du 9 août, Pétion est introduit à la barre de l'Assemblée législative. « Depuis huit jours entiers, dit-il, la municipalité de Paris est continuellement occupée à maintenir le bon ordre et la tranquillité publique. Il n'est point de démarches que les officiers municipaux et le maire n'aient tentées pour calmer

(1) Voy. *Pièces intéressantes pour l'histoire*, an II de la République : *Récit du 10 août*, par J. Pétion.

les esprits... La municipalité a arrêté qu'il serait établi deux gardes de réserve, l'une au Carrousel, l'autre à la place Louis XV, toutes deux composées de la même manière que celle du roi... Je saurai supporter le poids de la responsabilité que la loi m'impose, et je puis assurer qu'on n'indiquera pas à la municipalité une bonne mesure qu'elle ne prenne à l'instant. »

Pour rassurer, pour endormir les députés de la Gironde, à la veille du 31 mai, Pache n'a eu qu'à reproduire le langage de son prédécesseur. Il écrit le 24 mai à la Convention : « Tout prouve qu'il n'y a point de conspiration. J'ajouterai que, depuis que je suis à la mairie, où j'ai eu de grandes inquiétudes sur d'autres objets, je n'en ai jamais eu sur la sûreté personnelle des membres de la Convention, et que tous les avis propres à en donner, qui me sont arrivés directement ou indirectement, paraissent venir de gens qui sont, par tempérament ou par circonstance, livrés aux terreurs paniques, ou qui ont intérêt d'en répandre... J'en appelle à l'expérience ; au milieu de toutes ces convulsions, qui feraient craindre à tous ceux qui les voient ou qui les lisent les plus sanglants événements ; malgré toutes ces armes dont chacun se hérisse à l'envi, Paris ne présente pas plus d'accidents qu'il n'en a jamais présenté... Il n'y a pas de ville où l'Assemblée puisse être plus respectée, et les personnes des députés plus en sûreté qu'à Paris (1). »

Le lendemain, nouvelle lettre de Pache, confirmant celle de la veille, et déclarant qu'il a *tout prévu*,

---

(1) Cette lettre de Pache est datée du *24 mai, l'an II de la République ;* il en a été donné lecture dans la séance de la Convention du 27.

tout examiné, et qu'il n'y a rien à craindre (1).

Dans la séance où il a été donné lecture de ces deux lettres, le 27 mai, le *bonhomme* Pache a paru à la barre de la Convention, comme le *vertueux* Pétion avait paru, le 9 août, à la barre de la Législative, et il a renouvelé son affirmation que le complot autour duquel on faisait tant de bruit était un *complot imaginaire!*

Tout était prêt pour l'insurrection du 10 août; le succès des conspirateurs était assuré; c'est ce moment que Pétion choisit pour parler de paix, d'ordre, de tranquillité, et pour lancer la proclamation suivante:

Citoyens, on a quelquefois voulu vous perdre en cherchant à ralentir votre zèle; *on veut aujourd'hui vous perdre en l'égarant.* L'Assemblée s'occupe en ce moment de nos plus grands intérêts; que le calme environne son enceinte!... Je pense que la circonstance est telle que les citoyens doivent se prescrire la loi impérieuse d'observer la tranquillité la plus parfaite (2).

De cette proclamation de Pétion affichée le matin du 10 août, comment ne pas rapprocher la proclamation de Pache, affichée le matin du 31 mai?

Ouvrez les yeux; de grands dangers vous environnent. Des *citoyens égarés* demandent que les barrières soient fermées, que le tocsin soit sonné; ils veulent une nouvelle insurrection. Rapprochez les événements, et vous serez à portée de juger les scélérats *qui égarent ces citoyens,* qui conseillent ces mouvements...

(1) Cette seconde lettre de Pache a été lue également dans la séance du 27 mai.
(2) Buchez et Roux, *Histoire parlementaire,* t. XVI, p. 402.

Au coup de minuit, à l'heure où commençait la journée du 10 août, le tocsin retentit dans les églises situées sur le territoire des sections des Gravilliers, des Lombards et de Mauconseil. Ni l'Assemblée législative, ni la Commission extraordinaire des Vingt-et-un, composée de Vergniaud et de ses amis, ne daignent s'enquérir des hommes qui donnaient ainsi le signal de la révolte.

Dans la nuit du 31 mai, le tocsin se fait entendre comme dans celle du 10 août. Cette fois, Vergniaud et ses amis s'émeuvent : « Il faut avant tout, dit Vergniaud, savoir qui a donné l'ordre de sonner le tocsin... Je demande que le commandant général soit mandé à la barre. » Lasource propose un projet d'adresse ainsi conçu : « Des *conspirateurs*, travestis en patriotes pour égarer le peuple et perdre la liberté, ont fait tirer le canon d'alarme et *sonner le tocsin*. » Pour toute réponse, Barère, comme Jean-Bon Saint-André quelques jours auparavant, évoque ces souvenirs du 10 août qui, à chaque pas, se dressent devant les hommes de la Gironde. « Qu'est-ce au reste, s'écrie-t-il, que ce dont Vergniaud vous a parlé ? Des mouvements particuliers qui ne doivent pas faire juger la Révolution qui vient de s'effectuer. *Avez-vous demandé au 10 août, quels étaient les individus qui avaient sonné le tocsin?* » Couthon, qui, le 2 juin, a porté le coup de grâce aux députés girondistes, ne s'est pas fait faute, lui non plus, de signaler l'étonnante concordance qui existe entre le 10 août et le 31 mai. « Rappelez-vous citoyens, a-t-il dit, que la cour, cherchant toujours quelque nouveau moyen de perdre la liberté, inventa d'établir un Comité central de juges de paix ; ainsi la faction a fait créer une Commission. Le Comité des juges de paix fit arrêter Hébert; la Commission des Douze l'a fait arrêter aussi. Les juges de paix ne se bornèrent pas là; ils lancèrent un mandat d'arrêt contre trois députés de la législature; lorsqu'ils virent que l'opinion publique les abandonnait, ils se hasardèrent à requérir la force armée; n'est-ce pas là ce qu'a fait la Commission des Douze? Cette ressemblance est frappante, mais elle est réelle (1). »

Pendant que le tocsin sonne à tous les clochers de Paris et que l'on bat la générale dans toutes les rues, entre une heure et deux heures du matin, les commissaires des sections se réunissent à l'Hôtel-de-ville, sans rencontrer le moindre obstacle. Tous sont des hommes obscurs; la plupart sont des amis et des affidés de Marat. Une des salles principales de la maison commune est mise à leur disposition. Dans une salle voisine, autour de laquelle sont établies des tribunes qui regorgent de spectateurs, siège le Conseil général de la Commune. Soudain les délégués des commissaires des sections entrent dans la salle du Conseil général et déclarent, au nom du peuple, les membres du Conseil suspendus de leurs fonctions. Ils leur font connaître en même temps que le maire, le procureur de la Commune et les seize administrateurs sont autorisés à continuer leurs fonctions administratives. Peu d'instants après, les commissaires des sections arrivent en masse dans la salle du Conseil; ils déposent sur le bureau les pouvoirs dont ils se préten-

(1) Séance du 1 mai 1793.

dent revêtus, et leur président monte au fauteuil. Le pouvoir insurrectionnel est constitué.

J'ai tracé dans les lignes qui précèdent le récit de ce qui s'est passé à l'Hôtel-de-Ville dans la nuit du 10 août ; j'ai tracé en même temps le récit de ce qui s'est passé, à ce même Hôtel-de-Ville, dans la nuit du 31 mai. Le théâtre, les acteurs, la pièce, tout est pareil. Il semble que l'histoire ait pris plaisir à se copier elle-même, à se répéter jusque dans les détails: le 10 août était un *vendredi*, le 31 mai également. — Les sections qui, dans la nuit du 10 août, ont envoyé des commissaires à l'Hôtel-de-ville, étaient au nombre de *vingt-six* (1). Combien de sections étaient représentées à l'Hôtel-de-Ville dans la nuit du 31 mai? *vingt-six* (2).

Mais nous ne sommes encore qu'au matin du 10 août ; les analogies vont se poursuivre jusqu'à la fin.

Une des premières mesures prises par les commissaires des sections, le 10 août, est de nommer un nouveau commandant général de la garde nationale. D'une voix unanime, ils proclament commandant général provisoire le citoyen Santerre, ex-commandant du bataillon des enfants-trouvés.

---

(1) La *Révolution*, par Edgard Quinet, t. I, p. 357.

(2) Convention nationale, séance du 31 mai 1793. « J'examine, dit Guadet, d'après les pouvoirs déposés sur le bureau, quels sont ceux qui se sont présentés à votre barre, je vois que ce sont des députés de *vingt-six sections seulement*. (Plusieurs voix : C'est faux ! Ils sont envoyés par les quarante-huit sections de Paris). *Guadet* : « Que ceux qui ne veulent pas me croire viennent eux-mêmes examiner les pouvoirs. »

Le premier acte des commissaires de la majorité des sections, le 31 mai, est d'investir le citoyen Hanriot, commandant de la section des Sans-culottes, du titre de commandant général provisoire de la force armée de Paris.

Les insurgés se préparent, sous la direction de Santerre, à marcher sur les Tuileries. La crise suprême approche. Au château, le trouble est extrême. Seul le roi est calme, impassible. On lui dit que sa présence électrisera les citoyens armés, postés dans les cours et dans le jardin. Il sort, accompagné de quelques officiers et commence la revue par les corps stationnés dans la cour royale. Il visite successivement tous les postes des cours qui avoisinent la place du Carrousel; puis il pénètre dans le jardin, va du côté de la terrasse du bord de l'eau et se dirige vers le Pont-Tournant. Les cris de *vive le roi!* nombreux dans la cour royale, avaient été sans cesse diminuant; ceux de *vive la nation!* s'étaient au contraire multipliés, et à la fin le malheureux Louis XVI avait été accueilli par des cris menaçants, par de véritables vociférations : *Vivent les sans-culottes! A bas le veto! A bas le roi! A bas le gros cochon* (1) ! Quand le roi rentra, la reine dit tout bas à Mme Campan : « Tout est perdu, cette revue a fait plus de mal que de bien (2) ! »

(1) *Procès-verbal des évènements relatifs à la journée du 10 août et dans lesquels je soussigné, J. J. Leroux, officier municipal et administrateur du département des domaines, finances et impositions de la ville de Paris, ai été acteur ou témoin.* (1er septembre 1792, IVe de la liberté.)

(2) *Mémoires de Mme Campan*, t. II, 244.

Le 2 juin, c'était aux membres de la Gironde de sortir du château, de traverser ces cours, ce jardin, d'entendre les mêmes insultes et les mêmes menaces, et de rentrer aux Tuileries pour y être renversés à leur tour.

La Convention, le président Hérault-Séchelles à sa tête, descend le grand escalier, traverse le vestibule, arrive dans la cour royale et se dirige vers la porte qui s'ouvre sur le Carrousel. Hanriot, qui garde cette porte avec des militaires et plusieurs pièces de canon, refuse de livrer passage aux députés et crie : Canonniers, à vos pièces ! Le président tourne alors à gauche et se porte vers une autre issue située au nord de la cour. La résistance est la même sur ce point. Les députés reviennent vers le château, traversent de nouveau le vestibule et descendent dans le jardin. Comme Louis XVI, ils vont d'abord vers la porte située presque en face du Pont-Royal et longent ensuite la terrasse du bord de l'eau. Arrivés à la porte du Pont-Tournant, le président harangue les officiers du poste qui lui opposent leur consigne et refusent le passage. Enfin, sur l'ordre qui leur en est intimé, les membres de la convention reprennent le chemin du palais, aux cris de *Vive Marat ! Vive la Montagne ! A la guillotine Brissot, Guadet, Vergniaud ! Purgez la Convention ! Tirez le mauvais sang !* Humiliée, vaincue, l'Assemblée rentre dans la salle de ses séances, et sans doute quelqu'un des députés de la Gironde a dû dire, comme Marie-Antoinette : « Tout est perdu, cette revue a fait plus de mal que de bien ! »

La promenade de la Convention, prisonnière aux Tuileries, a eu, avec celle de Louis XVI, captif au château, des rapports de ressemblance tels qu'ils se sont imposés, dès le premier instant, à tous les esprits. Lorsqu'est parvenue à l'Hôtel-de-ville la nouvelle que l'Assemblée parcourait les rangs de la force armée, Hébert se précipitant à la tribune, a comparé « la conduite de la Convention à celle du tyran passant en revue, le matin du 10 août, ces troupes sur lesquelles il comptait (1). »

Au premier rang des hommes armés, — cavalerie, artillerie, infanterie, — qui entouraient la salle de la Convention dans la journée du 2 juin, se trouvaient les fameux *Marseillais*, qui avaient pris part à l'attaque des Tuileries le 10 août (2). Seulement, à l'époque du 10 août, les Marseillais obéissaient aux ordres de Barbaroux; le 2 juin, ils demandaient sa tête. Le 2 juin, comme le 10 août, s'est fait au chant de l'*Hymne des Marseillais*; au chant du *Ça ira!* dont le *vertueux* Petion a osé dire, dans une lettre à l'Assemblée législative: « Le *Ça ira!* cet air fameux qui *réjouit les patriotes* et fait trembler leurs ennemis (3). » Petion écrivait cela le 30 mai 1792. Le 30 mai 1793, le *Ça ira!* avait-il toujours pour lui les mêmes charmes (4)?

(1) *Compte-rendu et déclaration*, par J.-B.-M. Saladin.
(2) *Les 31 mai, 1ᵉʳ et 2 juin 1793*, par M. le comte Lanjuinais.
(3) *Moniteur* de 1792, p. 632.
(4) *Mémoires de J. Petion*, p 8 — « Nous arrivons dans les champs (2 juin 1793), nous apercevons un seigle assez élevé, nous nous jetons dedans, nous nous y couchons à plat ventre... Nous fûmes pendant 7 heures d'horloge dans cette affreuse position, sans boire ni manger, n'osant parler, articulant quelques mots d'une voix étouffée et respirant à peine...

Faut-il pousser plus loin ces rapprochements? J'en indiquerai encore deux, qui méritent, je crois d'être signalés.

Louis XVI et sa famille sont installés dans la loge du logotachygraphe. Vergniaud monte à la tribune; il annonce qu'il va présenter, au nom de la commission des Vingt-et-un (1), « une mesure rigoureuse, que les événements ont rendue indispensable; » et il donne lecture d'un projet de décret qui est adopté immédiatement sans discussion. Voici deux des articles de ce décret :

Art. II. — Le chef du pouvoir exécutif est *provisoirement suspendu de ses fonctions*.

Art. VIII. — Le département donnera des ordres pour leur (le roi et sa famille) faire préparer, dans le jour, un logement au Luxembourg, et ils *seront mis sous la sauvegarde des citoyens et de la loi*.

En regard de ce décret du 10 août, plaçons celui du 2 juin, qui a, lui aussi, *suspendu provisoirement de leurs fonctions* les principaux députés de la Gironde :

La Convention décrète que les députés, ses membres, dont les noms suivent, seront mis en état d'arrestation

Le bruit des tambours retentissait sans interruption, et nous entendîmes des cris de joie qui nous perçaient l'âme. Pendant 2 heures de suite, ce refrain guerrier, *jadis si beau*, qui réveillait dans les cœurs des sentiments si fiers : *Qu'un sang impur abreuve nos sillons!* nous faisait verser des larmes bien amères... »

(1) Les principaux membres de la Commission des Vingt-et-un étaient Brissot, Vergniaud, Gensonné, Guadet et Lasource. Ils figurent tous les cinq parmi les députés mis en état d'arrestation le 2 juin 1793.

chez eux, et qu'ils y seront *sous la sauvegarde du peuple français et de la Convention nationale, ainsi que de la loyauté des citoyens de Paris.*

La chute de la royauté avait eu pour conséquence l'emprisonnement de la reine, de la noble et courageuse femme, dont Mirabeau disait: *Le roi n'a qu'un homme, sa femme* (1).

Si les Girondins n'ont eu ni la vertu, ni l'humanité de Louis XVI, ils ont montré la même indécision et la même faiblesse, et il serait vrai également de dire: *Le parti de la Gironde n'a qu'un homme*, Mme *Roland*. Eh bien ! la reine de la Gironde a été emprisonnée après le 31 mai, comme la Reine de France l'avait été après le 10 août. Elle a été arrêtée le 1er juin, à sept heures du matin, dans sa maison de la rue de la Harpe, vis-à-vis Saint-Côme, et conduite à l'Abbaye (2). Ni son courage, ni son malheur ne peuvent faire oublier que, des journées d'octobre 1789 à la journée du 10 août 1792, pendant ces trois années qui ont été pour la reine un long martyre héroïquement supporté, Mme Roland n'a pas cessé de la poursuivre de sa haine. Elle a applaudi à tous les outra-

---

(1) « La reine est le seul homme que le roi ait auprès de lui » (*Correspondance entre Mirabeau et le comte de La Mark ; — Mémoires de Mirabeau*, t. VII, p. 312).

(2). *Mémoires de Mme Roland*, p. 195. — Le soir du 31 mai, Mme Roland, qui déploya dans toute cette crise un courage auquel il n'est que juste de rendre hommage, après avoir essayé vainement de pénétrer dans la salle la Convention, s'arrêta dans la cour du château à causer avec des sans-culottes groupés autour d'un canon. — « Pour savoir, leur dit-elle, le vœu des départements, il aurait fallu des assemblées primaires. » A quoi un vieux sans-culotte lui répliqua : « *Est-ce qu'il en a fallu au 10 août ?* » (*Mémoires*, p. 196).

ges dont la Révolution a abreuvé la fille de Marie-Thérèse. Le 25 juin 1791, quand Marie-Antoinette, ramenée de Varennes, rentrait aux Tuileries, humiliée et captive (1); le 20 juin 1792, quand la populace couvrait d'injures et d'imprécations Mme Veto, Mme Roland ne cachait pas sa joie (2). Plus ardente, plus passionnée que ses amis, elle leur reprochait d'être trop faibles et de ne pas oser *faire le procès* à Louis XVI et *à sa femme* (3) !...

Aujourd'hui Roland est proscrit ; sa femme attend, dans un cachot de l'Abbaye, le jour où on lui fera son procès. Je m'arrête... Mais n'ai-je pas le droit de redire, en terminant ces pages, ce que j'écrivais en les commençant : *LAISSONS PASSER LA JUSTICE DE DIEU !*

(1) « Trente à quarante mille gardes nationaux entourent nos *grands brigands* (Louis XVI et Marie-Antoinette)... Je ne sais plus me tenir chez moi ; je vais voir les braves gens de ma connaissance pour nous exciter aux grandes mesures. » (Lettre de Mme Roland du 23 juin 1791).

(2) Voy. ci-dessus, p. 372.

(3) « Il me semble qu'il faudrait mettre le mannequin royal en séquestre et *faire le procès à sa femme*. » (Lettres de Mme Roland). — Le 25 juin 1791, elle écrivait à Bancal des Issards : « *Nous ne pourrons être régénérés que par le sang.* »

FIN

TABLE DES MATIÈRES

I. — Les funérailles de Michel Lepeletier. 1
II. — Le testament de Louis XVI. 21
III. — Une nuit au Palais de l'Egalité 25
IV. — Un cocher de fiacre 3c
V. — La chaste Suzanne 37
VI. — Physionomie de la Convention. 43
VII. — Les Censeurs de la République une et indivisible. 52
VIII. — Guerre aux chats et aux moineaux. 55
IX. — L'émeute du 25 février 1793 63
X. — La Harpe et la Gironde 77
XI. — Septembre ! 82
XII. — Le tribunal criminel extraordinaire. 90
XIII. — Un discours de Vergniaud. 101
XIV. — La Feuille du Matin 120
XV. — Les noces de Figaro. 131
XVI. — Bilan de quinzaine. 146
XVII. — La Société des Feuillants. 165
XVIII. — Second bilan de quinzaine. 178
XIX. — Second bilan de quinzaine (suite). 192
XX. — Florian et Fouquier-Tinville. 213
XXI. — Le triomphe de Marat. 217
XXII. — Le mariage de Mme Récamier 228
XXIII. — Les funérailles de Lazowski 232
XXIV. — Au théâtre de la Nation. 242

XXV. — La nouvelle Salle.	260
XXVI. — Lazare Hoche.	275
XXVII. — Un observateur de l'esprit public.	279
XXVIII. — Les fêtes de la Pentecôte	286
XXIX. — La journée d'un observateur	297
XXX. — La Fête-Dieu	310
XXXI. — La réunion de l'Évêché	313
XXXII. — Le 31 mai.	336
XXXIII. — Le 2 juin.	353
XXXIV. — Le 2 juin, copie du 10 aout.	370

Tours et Mayenne, imprimeries E. SOUDÉE.

www.ingramcontent.com/pod-product-compliance
Lightning Source LLC
Chambersburg PA
CBHW050426170426
43201CB00008B/562